Alessandro Pronzato / Eine Null mit Herz

ALESSANDRO PRONZATO

Eine Null mit Herz

Das Leben des Karl Steeb

PAUL PATTLOCH VERLAG
ASCHAFFENBURG

Titel der italienischen Originalausgabe:
NEL SEGNO DELLA MISERICORDIA!
Ins Deutsche übertragen von Christine Garbe

1975

Umschlagentwurf Willy Kretzer
Gesamtherstellung E. C. Baumann KG, Kulmbach
ISBN 3 557 91115 2

Dolmetscher gesucht

Er ist ein junger Priester, ganze dreiundzwanzig Jahre alt; ein Deutscher, Lutheraner, der sich seit kurzer Zeit in Verona seßhaft gemacht hat. Bisher hat er alles in Eile getan: In wenig mehr als drei Jahren ist er Katholik geworden und anschließend Priester.

Seine eigentliche Schulung, das Seminar, beginnt sogleich danach ... Und soll recht lange dauern. Mit Ausnahme der ersten Zeit, in der die Geschehnisse – sagen wir ruhig: die Überraschungen – in gedrängtem Rhythmus einander folgen, wird er dann immer ein Mann der langen Epochen sein.

Man bittet ihn ins Lazarett zu kommen. Ein Dolmetscher wird für die zahlreichen Soldaten benötigt, die dort eingepfercht sind, vor allem Österreicher. Die napoleonischen Soldaten verwüsteten das Land, und die grausamen Schlachten füllen, noch ehe sie die Seiten der Geschichte einnehmen, ganze Wagenladungen mit Soldaten, Verwundeten oder Opfern von Epidemien.

Hinter jeder Siegesmeldung zieht eine schreckenerregende Karawane von zerstörten Leibern her. Wenn auch aus unterschiedlichen Lagern, sie alle sind «Besiegte», ohne Unterschied.

Das Lazarett von Verona ist wegen seiner geographischen Lage in Verbindung mit den Kriegsoperationen eines der Auffanglager, wo diese Opfer der mörderischen Torheit der sogenannten Großen der Erde am häufigsten eingesammelt werden.

Vom ästhetischen Gesichtspunkt gesehen kann der Bau, an den sich der Name des Sammicheli knüpft, seinen artistischen Wert verbrieft bekommen. Menschlich betrachtet ist er ein trostloser Ort.

Er liegt in einer Krümmung der Etsch, auf der rechten Seite des Flusses, wenige Kilometer von der Stadt entfernt. Ein rechteckiger Hof, von über siebenhundert Metern gezinnter Außenmauer umgeben, der eine Flucht von einhundertfünfzig Bogengängen birgt. Einem jeden Bogen entspricht eine Zelle mit gewölbter Decke. Eine Aussparung in der Tür dient dem Hindurchreichen der Kost.

In der Mitte des Hofes zeichnet sich ein kleiner runder Tempel ab, der offen ist, damit die Kranken aus allen Zellen den zelebrierenden Priester sehen können.

Und hier wird nun ein Dolmetscher benötigt. Don Carlo Steeb beherrscht nicht nur vollkommen die deutsche Sprache, was ja natürlich ist, sondern kommt auch ausgezeichnet mit dem Französischen und Italienischen zurecht.

Der junge Priester trifft also im Lazarett ein. Wir befinden uns Ende des Jahres 1796.

Der Anblick, der sich ihm darbietet, ist erschütternd. Über zweitausend Soldaten sind in Räume eingepfercht, denen es an den grundlegendsten Bequemlichkeiten fehlt, die nichts als Wände aufzuweisen haben. Sie zittern vor Kälte, werden vom Fieber geschüttelt. Es fehlen Betten, Decken, Medikamente. Die Nahrung ist spärlich und widerlich. Selbst an Wagen für den Transport der Kadaver herrscht Mangel.

Und . . . es fehlt ein Dolmetscher.

Die Ärzte finden sich in diesem Gewirr von Sprachen, Hilferufen, Klagen, Flüchen nicht zurecht . . .

Don Carlo Steeb schiebt sich durch die Menge.

Ein Blick genügt ihm, um sich ein Bild über die Lage zu machen. Um das Inventar dessen aufzustellen, das da drinnen fehlt: in den Räumen; aber auch in den Menschen.

Er wird den Dolmetscher spielen, gewiß.

Doch vor allem wird er eine Sprache sprechen, die weder die italienische, noch die deutsche, noch die französische ist und doch von diesen Unglücklichen verstanden werden soll.

«Wenn ich mit den Zungen der Menschen und der Engel rede, doch die Liebe nicht habe, bin ich ein tönendes Metall oder eine klingende Schelle» (1 Kor. 13,1).

Er beschränkt sich nicht darauf, Töne zu übertragen. Er deutet tiefe Bedürfnisse, wenn diese auch nicht ausgedrückt werden.

Man hat ihn gerufen, weil er sprachkundig ist.

Doch nach dem, was er im Lazarett gesehen hat, – jenen entsetzlichen Anblick des Elends und der Entwürdigung – kann er nicht mehr ruhig in seinem Bett schlafen.

Er wird an jenem trostlosen Ort bleiben, und zwar fast ununterbrochen achtzehn Jahre lang.

... Und wird auch dolmetschen.

Die Soldaten haben endlich einen Menschen gefunden, der sie versteht. Der ihre Worte begreift. Und der ihnen die Botschaft eines Gottes auslegt, der sich des Leidens annimmt, der sich das Elend zu Herzen nimmt, der nicht gefühllos die Qual seiner Geschöpfe hinnimmt, der angesichts des Gestanks, der Insekten, der abstoßendsten Wunden nicht zurückweicht.

Im Lazarett, dem schmutzigen Hafen, wo die ... Siegestrophäen der verschiedenen Schlachten ausgeladen werden, gibt es jetzt einen Dolmetscher.

Und, vor allem, ein Herz.

Die vor Fieber glühenden Augen finden gewiß keinen Trost für ihre Angst beim Anblick der Kunstwerke des Sammicheli. Steine bleiben eben Steine, so schön sie auch zusammengefügt sein mögen. Und spenden keine Wärme dem, der sich verlassen fühlt wie ein gefangenes Tier.

Nur das Mitleid dessen, der sich zum Nächsten macht, der Deuter des Klageschreis und der Antwort der Barmherzigkeit wird, gleicht die Kälte jener Steine aus, deren Anordnung einem berühmten Architekten zu verdanken ist.

Don Carlo Steeb, der junge deutsche Priester, dreiundzwanzig Jahre alt, seit kurzem konvertiert, kommt ins Lazarett, denn dort, in diesem scheußlichen Babel, braucht man jemanden, der die Sprachen der Fremden kennt.

Er wird sich auch voll und ganz dafür einsetzen, sich verständlich zu machen.

Keinem Dolmetscher wird es besser als ihm gelingen, all diese unglückseligen Barrieren niederzureißen, die von den Menschen errichtet wurden: Feinde, Alliierte, Sieger, Besiegte, Gute, Böse.

Für ihn gibt es im Lazarett nur Brüder, über die man sich beugen muß, die eigene Müdigkeit und jede Abscheu überwindend.

Und es wird nur eine einzige Sprache gesprochen werden: die der Nächstenliebe des Erlösers.

Eine Sprache, die den Zungen nicht zu schaffen macht, da sie – zum Glück – der Worte entbehren kann.

Schurken machen die Geschichte

Die Großen führen Kriege, indem sie skrupellos mit dem Leben der Armen spielen.

Und die Geschichte beschäftigt sich selbstverständlich nur mit ihnen, den «Großen», während die Kleinen, die doch den Preis gewisser Erfolge so hart bezahlen mußten, vergessen werden.

Irgend jemand hat, sehr treffend, von den «unterirdischen Gemäuern der Geschichte» gesprochen, in die der gewöhnliche Mensch eingesperrt wird, der Mann, der nicht zählt, auf dessen Gebeinen jedoch die Monumente der sogenannten Helden errichtet werden.

In dem Gedicht «Fragen eines lesenden Arbeiters» sagt Brecht: «*Cäsar* besiegte die Gallier. Hatte er nicht einmal einen Koch bei sich?» Es ist eine Frage, die polemisierend herausstellen will, was wir als Löcher in der Geschichte bezeichnen könnten. Die Löcher in der Geschichte sind das Fehlen des gewöhnlichen Mannes, die Aberkennung seines Anspruchs auf die Geschichte. Der Kult mit den Helden, die aristokratische Mentalität, die Unkenntnis der ökonomischen und sozialen Werte und viele andere haltlose Gründe haben zu dieser falschen Perspektive geführt, die, wenn auch vom modernen Historiker überwunden, noch zäh in der Schule und in der volkstümlichen Sicht der Vergangenheit und auch der Gegenwart, d. h. im Starunwesen beibehalten wird.

Welches sind also die wahren Hauptfiguren der Geschichte?

Die «Großen», die den Erfolg der Unternehmungen als ihr ausschließliches Verdienst in Beschlag nehmen? Oder aber die unzähligen Kleinen, die da regelmäßig mit dem eigenen Blute bezahlen?

Carlo Steeb, der, nur mit seinen Armen und seinem übergroßen Herzen ausgerüstet, sich dazu berufen fühlt, das vom Kriege verursachte Unheil gutzumachen? Oder diejenigen, die da unbekümmert das Unheil anrichten und dabei sogar noch Ruhm und Reichtum davontragen?

Ein Schriftsteller – der gewiß nicht als «fromm» bezeichnet werden kann –hat gesagt: «Wir lehren die Geschichte anhand der Biographien von Schurken. Wann werden wir endlich lernen, sie zu lehren, indem wir uns auf das Leben unserer Heiligen stützen?» (G. B. Shaw)

Ein Carlo Steeb steht bereits zur Verfügung.

Wir können beginnen.

Das malerische Tübingen liegt 332 Meter über dem Meeresspiegel und wird vom Neckar durchquert. Lachende Höhen mit kleinen Wäldchen legen sich schützend um dieses württembergische Städtchen.

Unter den Kunstwerken Tübingens verdienen besondere Erwähnung die gotische Sankt-Georgs-Kirche und das Schloß. Seine Universität ist in der ganzen Welt berühmt, besonders die theologische Fakultät.

Eindrucksvoll der Marktplatz, den schöne alte Bauten umgeben, unter ihnen das Rathaus. Neben dem Neptunbrunnen das Hotel Lamm, dessen Besitzer Carlo Steebs Eltern sind.

Johann Heinrich Steeb und Christine Immendörfer haben im Februar 1773 geheiratet. Beide gehören Familien gehobenen gesellschaftlichen und wirtschaftlichen Standes an, die zudem fest in einem lutherischen Glauben verwurzelt sind, dem es nicht an augenfälligen pietistischen Zügen fehlt.

In den beiden Stammbäumen gibt es eine nicht unbeträchtliche Zahl von Pfarrern, Justizbeamten, Bürgermeistern, Schriftstellern und Hoteliers.

Carlo Steeb kann sich unter seinen Ahnen gemeinsamer Vorfahren mit Schiller, Hölderlin, dem Theologen David Friedrich Strauß und keinem geringeren als dem Philosophen Hegel rühmen.

Das Hotel Lamm gehört der Familie Steeb seit über hundertfünfzig Jahren. Doch die Steebs waren nicht nur Hoteliers, sondern genossen auch einen gewissen Ruhm – und beträchtliche Renditen – in ihrer Eigenschaft als Verwalter der Herzogsfamilie.

Die hervorstechendste Gestalt war zweifellos Karls Großvater väterlicherseits, Johann Friedrich Steeb. Dieser bekleidete dank seiner Intelligenz und Geschicklichkeit viele bedeutende Ämter in Tübingen, war Bürgermeister der Stadt und wurde schließlich zum Abgeordneten in den württembergischen Landtag zu Stuttgart erwählt.

Johann Heinrich, der – im Alter von nur achtzehn Jahren – das gewichtige väterliche Erbe (Hotel und herzögliche Verwaltung) antreten mußte, war aus ganz anderem Stoff gemacht, und mit ihm begann das Wappen des Hauses sich unerbittlich zu verdunkeln. Vier Jahre lang gingen die Geschäfte, vor allem dank der Unterstützung der Mutter, noch recht gut. Nach dem Tode der Mutter suchte Johann Heinrich, der nunmehr zweiundzwanzig Jahre zählte, eine «geeignete Lösung» durch eine Heirat. Die Hochzeit wurde mit großem Prunk gefeiert.

Auch Christine Immendörfer kam aus einer Hoteliersfamilie, und zwar aus Herrenberg, einem nahegelegenen Städtchen. Doch die goldenen Zeiten der Steebs sollten sich nicht wiederholen. Die Dekadenz zeichnet sich bereits mit aller Unerbittlichkeit ab.

Karl wurde am 18. Dezember 1773 geboren. Am darauffolgenden Tage, einem Sonntag, wurde er in der Stiftskirche von Sankt Georg getauft* auf die Namen Johann Heinrich Karl (er wird jedoch gewöhnlich Karl genannt werden).

Nach einem Brauch jener Gemeinde wurde dem kleinen Karl ein Vers aus der Heiligen Schrift zugedacht, und zwar der Satz des Apostels Paulus: «Mitbegraben wurden wir also mit ihm durch die Taufe auf seinen Tod, damit, wie Christus auferweckt wurde von den Toten durch die Herrlichkeit des Vaters, so auch wir im Neusein des Lebens wandeln» (Röm. 6,4).

Das Leben Karl Steebs wird diesen Text gleich einem getreuen und farbenprächtigen Bild illustrieren.

* Die Gültigkeit dieser Taufe wird von keinem Gelehrten zur Diskussion gestellt. In dieser Hinsicht wurde auch ein zustimmendes Urteil von der Inquisition abgegeben (1794), als um die Dispens ersucht wurde, die für Carlo Steebs Priesterweihe benötigt wurde.

Ein Heim ohne Lächeln

Der kleine Karl hatte nicht das Glück, seine Mutter oft lächeln zu sehen. Im Gegenteil, oft bemerkte er, daß ihre Augen tränenverschleiert waren. Und die Ärmste hatte allen Grund zum Weinen.

Nach der Geburt ihres ersten Sohnes kamen im Laufe von zehn Jahren noch sieben Kinder zur Welt, von denen jedoch nur das letzte, Henriketta Wilhelmine, überleben sollte. Die übrigen brachten es nur auf wenige Tage oder wenige Monate, im besten Falle bis zum vierten Lebensjahr.

Der Verlust von sechs Kindern stellt ein schweres Kreuz dar, auch für eine starke Frau wie Christine. Die beiden überlebenden Kinder, das erste und das letzte, Karl und Wilhelmine, vermögen es nicht, diesen Kummer auszulöschen.

Doch versuchen wir, die Gestalt dieser Frau ein wenig genauer zu betrachten. Leider sind die Daten, über die wir verfügen, so spärlich wie ihr Lächeln.

Das Zusammenleben mit dem Ehemann ist nicht leicht. Johann Heinrich Steeb ist ein herber Typ, ein ungeschliffener, abweisender Mensch, der recht hart sein kann und sich bei jeder Gelegenheit als Egoist erweist.

Er kann die Enttäuschung in den Augen seiner Mitbürger sehen, die ihn instinktiv mit seinem Vater vergleichen – einem Mann von ganz anderem Format –, und das verfinstert ihn nur noch mehr und verstärkt das Gefühl der Niederlage und des Versagens, das bereits an ihm nagt.

Selbst den Familienangehörigen gegenüber vermag er nicht großzügig zu sein. Da seine Brüder in wirtschaftliche Schwierigkeiten gelangen, müssen sie selbst zusehen, wie sie zurechtkommen, und sehen sich gezwungen, große Teile ihres Erbes zu liquidieren. Das Höchste, was er für sie tun kann, ist der käufliche Erwerb ihres Erbes, und zwar zu gar nicht so ungünstigen Bedingungen für den Käufer.

Er ist ein dickköpfiger Händelsucher, und seine Querelen verschaffen dem Stadtgericht allerhand Arbeit.

Eine bezeichnende Episode: Da er das Hotel verkauft und nur noch das Amt eines herzöglichen Verwalters innehat, beschließt er, sich aufs Land zurückzuziehen; doch es bereitet ihm äußerste Schwierigkeiten, die Dienerschaft für sein Haus anzuheuern. Da nämlich die Schlechtgelauntheit dieses Brotherren bekannt ist, wollen sehr viele nichts mit ihm zu tun haben.

Er war immerhin der Kultur recht aufgeschlossen. Seine Bibliothek verkündet Interessen, die über wirtschaftliche Fragen, Landwirtschaft und Schafzucht hinausgehen (auf letztgenanntem Gebiet war er recht erfahren und konnte sich sogar einer Veröffentlichung rühmen).

Auch außerhalb des Vaterlandes unterhielt er Handelsbeziehungen. Zu diesem Zwecke erwarb er in besonderem Maße Kenntnisse in der französichen und italienischen Sprache.

Doch auch bei seinen Geschäften erlitt er harte Nackenschläge. Ein wenig die Unerfahrenheit, doch auch ein gut Teil Pech spielte dabei eine Rolle. Im Alter von neunundvierzig Jahren sollte er an der Schwindsucht sterben.

Christine Elisabeth hat ständig die Rauheiten des gewiß nicht lieblichen Charakters ihres Ehemannes auszugleichen, vermittelnd aufzutreten, wieder gutzumachen versucht, was er sich oft zu tun erdreistet.

Sie ist sanft, feinfühlig, gut, auch wenn sie Proben von einer beachtlichen Bestimmtheit und Entschiedenheit ablegt, ihre Aufgabe erfordert jedoch eine ungewöhnliche Gemütsstärke, da die Trauer immer wieder in ihr Haus einkehrt. Dazu die Ungewitter, die sich in regelmäßigen Abständen entladen. Die Geschäfte, mit denen es alles andere als gut steht. Und sie ist stets mitten darein verwickelt. Um sich in aller Eile die Tränen abzutrocknen und die Ruhe wiederherzustellen oder das angerichtete Unheil wiedergutzumachen.

Gewiß kommt ihr das große Verdienst zu, das Drama, das sie fast zerbrechen macht, ihre Kinder nicht zu sehr spüren gelassen zu haben.

Das ist ihr gelungen, weil sie eine starke Frau mit einem festen Glauben war.

Man kann es nicht abstreiten, daß auch die häusliche Atmosphäre sich tief auf Karls Gemüt ausgewirkt haben muß. Die negativen Aspekte des väterlichen Temperaments trugen dazu bei, in ihm – ich möchte sagen: infolge eines Prozesses heilsamer Auflehnung – einen sanften, nachdenklichen, nachsichtigen, verständnisvollen Charakter zu bewirken, der die Merkmale ausgesprochener Großmut und Geduld aufwies.

Doch den besten Einfluß übte zweifellos die Mutter auf ihn aus. Er verstand sie aus tiefstem Herzen, kannte den Preis jener Ruhe, über der nur der zarte Schleier der Melancholie lag. Und er konnte nicht umhin, zärtliche Dankbarkeit für das zu empfinden, was seine Mutter inmitten all der Lebensstürme, die sie nicht verschonten, *war*.

Trotz der religiösen Spaltung, die so unvermittelt und dramatisch stattfinden sollte, bestehen doch keine Zweifel, daß Carlo Steeb etwas von seiner Mutter in das Lazarett bringen wird, in die Hospize und Spitäler des katholischen Verona. Jene Güte, all diese Spielarten der Zartheit, jenes tiefempfundene Teilnehmen, jenes warme Verständnis, tragen ein unverkennbares Gütezeichen: Christine Elisabeth Immendörfer.

Karls Knabenzeit und Jugend lassen sich in wenigen Zeilen erzählen.

Im Alter von fünfzehn Jahren wird er, am 26. Oktober 1788, offiziell in die Pfarrgemeinde aufgenommen. Das geschieht durch die «Konfirmation», eine feierliche Bestätigung der bei der Taufe eingegangenen Verpflichtung nach vorausgegangener Erfahrung des Glaubens*.

Währenddessen besucht er das *Anatolicum*, eine recht berühmte Schule, aus der die meistgeachteten Akademiker und Kaufleute der Stadt hervorgegangen sind. Der vier Jahre währende Studiengang ist nicht nur humanistisch ausgerichtet, sondern bietet auch eine ausgezeichnete Vorbereitung auf das praktische Leben. Tatsächlich wird neben Latein und Griechisch auch Französisch gelehrt, die Sprache, die zu jener Zeit auf internationaler Ebene im Handel gebraucht wird.

Und es ist gerade aus dieser praktischen Sicht heraus, daß der Vater Karl aufs *Anatolicum* schickt: denn dieser sein Sohn soll sich nicht so sehr auf die Universitätsstudien vorbereiten, sondern wird vielmehr die Familiengeschäfte in die Hand nehmen müssen, mit denen es durchaus nicht zum besten steht.

Auf jeden Fall hat Karl eine große Möglichkeit, seinen kulturellen Horizont zu erweitern: die bietet ihm das Hotel Lamm, das berühmte Universitätsdozenten beherbergt und zahlreiche Studenten, besonders anläßlich der Feierlichkeiten bei Eröffnung und Abschluß des akademischen Jahres. Und auch das Gartenhaus, das die Steebs zu Füßen des Ostbergs besitzen, nimmt ganze Scharen von Studenten auf.

Vergessen wir nicht, daß in jenen Jahren Hegel, ein entfernter Verwandter der Steebs, protestantische Theologie in Tübingen studiert. Und gerade im Jahre 1788 trifft der Dichter Hölderlin in dem Städtchen ein, der genau so alt wie Karl und ebenfalls ein Verwandter von ihm ist.

Wir wissen, daß der junge Steeb die Natur liebt und sich für Literatur interessiert.

Soweit die Quellen. Über weitere Berichte verfügen wir nicht. Und es hat auch keinen Sinn, Mutmaßungen anzustellen, wenn auch unsere Neugier keineswegs befriedigt ist.

Wir können höchstens insgesamt feststellen, daß es offensichtlich einen Übergang von den grauen Tönen der Knaben-

* Luther anerkennt als Sakrament *im engen Sinne des Wortes* die Taufe und das Abendmahl.

zeit zu heitereren und sogar frohen Horizonten gegeben hat. Dies vor allem dank der Studien und der Möglichkeit zu Begegnungen, denen das Hotel Lamm zweifellos als strategischer Punkt gedient hat.

Der Vater stieß ihn mitten ins Leben hinein: er durfte die Universität nicht besuchen.

Dieser tüchtige Junge sollte sehr bald die Verantwortung für das Haus übernehmen. Eine andere Lösung gab es nicht. Daher Schluß mit den Studien. Was er im *Anatolicum* gelernt hatte, war mehr als ausreichend. Nun hieß es, sich um die Schafställe des Herzogs zu kümmern – welche der Vater verwaltete – und folglich um den Handel mit Wollgarnen und Geweben. Es tat not, die Geschäftswelt zu betreten, mit Menschen zu verkehren und zu verhandeln.

Und so kam es also zu diesem recht frühzeitigen Kopfsprung ins Leben.

Im Alter von sechzehn Jahren reist Karl nach Frankreich ab. Offensichtlich unkundig der Tatsache, daß es in diesem siedenden Kessel in Kürze zum Ausbruch der Revolution kommen wird.

Am 14. Juli 1789 befindet er sich mit Gewißheit in Paris und wohnt dem bei, was als eine der entscheidenden Wendungen der Geschichte betrachtet wird.

Wir wissen nicht, wie lange er, genau genommen, in Frankreich blieb. Später wird er, in dem ihm eigenen nüchternen und distanzierten Stil erzählen, daß «die tragischen Geschehnisse, die dort vorgefallen waren», ihn gezwungen hatten, ins Vaterland zurückzukehren.

Wie auch immer, die im Land der Revolution verbrachte Zeit war mehr als ausreichend, um Herr der französischen Sprache zu werden. Und der Vater hatte – Revolution hin, Revolution her – durchaus einen Grund, befriedigt zu sein.

Mehr noch, da er die positiven Ergebnisse jenes ersten Versuchs feststellte, beschloß er, gleich noch einen zweiten zu unternehmen, und zwar diesmal in Italien.

Seine Wahl fiel auf Verona, und das ausschließlich des Rufes wegen, den diese Stadt aufgrund ihrer Spinnereien und Färbereien in der ganzen Welt genoß. In der letzten Zeit war sie außerdem dabei, sich auch auf dem Gebiet der Seidenindustrie durchzusetzen.

Karls Vater hegt keine Zweifel hinsichtlich der Treffsicherheit seiner Wahl. Unter anderem steht er bereits in freundschaftlichen Beziehungen zu einigen Veroneser Firmen, so daß ihm das Milieu nicht ganz fremd ist.

Die einzigen Zweifel, die er hat, sind religiöser Art. Und sie sind es, die vor allem die Mutter ratlos machen. Denn in Verona würde Karl nicht ausreichend geschützt sein vor dem «unheilvollen katholischen Einfluß», der sich in dieser Stadt, die ja bekannt war für ihre päpstliche Treue, besonders fühlbar machen würde.

Doch auch Christine muß sich den vorwiegend kaufmännischen Gründen ergeben.

Vor Karls Abreise nimmt sie ihren Sohn beiseite und verabschiedet sich von ihm mit Empfehlungen dieser Art:

«Also schön, mein Sohn, du gehst nach Italien: Ich kann es dem Willen deines Vaters nicht abschlagen und der Ehre deiner Familie, deinem eigenen Besten. So geh halt mit Gott. Sei anständig und brav. Gedenke oft deiner Mutter und des Glaubens deiner Väter. Handle mit den Katholiken mit großer Redlichkeit. Über Religion sprich nicht mit ihnen, oder nur mit großer Zurückhaltung, und vertraue weder den Schriften noch den Worten dieser italienischen Priester, die ja nur darauf bedacht sind, die armen Protestanten zu verführen... Sieh zu, lebendig wie jetzt und deinem Glauben treu, an meinen Busen zurückzukehren...»

Sieht man von jeder Polemik ab, muß man anerkennen, daß es sich um sehr edle Worte handelt, von einer Frau ausgesprochen, die von ihrem Glauben überzeugt ist und ihn praktisch lebt (wobei sie stark unter dem Einfluß des Pietismus steht), und die in ihrer Familie stets ihre Liebe zu den Armen auf sehr konkrete Weise bezeugt hat.

Die Empfehlungen des Vaters betrafen natürlich, außer der Religion, das Gebiet der Geschäfte.

Es war ein trauriger Abschied. Das Haus mußte den Steebs recht leer vorkommen, wenngleich Wilhelmine noch da war.

Und Karl mußte sich wieder einmal ganz allein eine neue Welt erobern.

Er war neunzehn Jahre alt.

Er würde nicht mehr zurückkehren.

Die Revolution würde diesmal er machen. Eine friedliche, doch nicht weniger umwälzende innere Revolution, die eine mitreißende neue Seite in der Geschichte der Nächstenliebe schreiben sollte.

Die Empfehlungen der Eltern vergißt er, möchte man sagen, sobald er das Vaterhaus verlassen hat.

Seine Sprachkenntnisse werden ihm nicht dazu dienen, sich um die Schafe des Herzogs und ihre kostbare Wolle zu kümmern, sondern sich den armen Leidenden verständlich zu machen. Auf käufmännischem Gebiet wird er keine Geschäfte machen, wohl aber auf einer anderen Ebene, wo alle Regeln der Buchhaltung versagen.

Nein, er wird nicht mehr zurückkehren.

Es werden ihm andere Häuser offenstehen, weniger anheimelnd, doch bedeutender als das Vaterhaus.

Er hat einen anderen Weg zu gehen. Bis ans Ende.

Er wird ungehorsam sein, im Namen eines höheren Gehorsams.

Er wird dem Glauben der Väter nicht die Treue halten, im Namen einer tieferen Treue und eines tieferen Verlangens.

Und dieser gehorsame Ungehorsam, diese treue Untreue, sie werden nur in einer schmerzhaften Loslösung verwirklicht.

Die wahre Entfremdung von der Familie wird Karl später so recht zu spüren bekommen.

Und es wird ein Riß im lebendigen Fleisch sein, der nie wieder vernarben wird.

Bezauberndes Verona
(. . . Als die Soldaten die Nadel führten . . .)

Ein Deutscher in Verona. Ein anderer, ein recht berühmter, war einige Jahre zuvor gekommen*. Er nannte sich Goethe, und da er ein Literat war, konnte er nicht umhin, seine Eindrücke der Feder anzuvertrauen:

«Man sieht das Volk sich durchaus hier rühren und in einigen Straßen, wo Kaufmannsläden und Handwerks-Boutiquen aneinander sind, sieht es recht lustig aus. Der milde Himmel, die bequeme Nahrung läßt sie leicht leben, alles was nur kann ist unter freiem Himmel. Nachts geht das Singen und Lärmen erst recht an. Sie üben sich, alle Vögel mit Pfeifen nachzuahmen, man hört Töne, von denen man keinen Begriff hat. Ein solches Vorgefühl seines Daseins gibt ein mildes Klima auch der Armut und macht den Schatten des Volkes selbst noch respektabel.»

«Bezauberndes Verona!», soll später einmal begeistert ein anderer Schriftsteller, Charles Dickens, ausrufen**.

Tatsächlich genießt die Stadt Verona, zu Füßen der Lessinischen Berge, mit der Etsch, die sich in weiten Bögen durch ihre Viertel windet, eine Vorzugslage und kann sich einer sehr langen Geschichte rühmen, von der außergewöhnliche Überreste im Überfluß vorhanden sind.

Zahlreich sind die Orte, auf die sich ihr Ruhm stützt: Da gibt es die Arena, San Zeno, Piazza delle Erbe («bizarr, ein-

* September 1786
** Sommer 1845.

zigartig, pittoresk» bezeichnet sie Dickens), Romeo und Julia, den kleinen Platz von Santa Maria Antica, den Monte Baldo, die romanischen Stadttore, Sant'Anastasia, Piazza dei Signori ... Namen, die in aller Welt bekannt sind.

Verona gehört zur Republik von Venedig, der es sich freiwillig, im Jahre 1405, ergeben hat, ohne besondere Begeisterung, einzig zu dem Zwecke, nicht ständig der Gewalt der verschiedenen Aufwiegler preisgegeben zu sein, die sich gegenseitig ausrotteten, und den Dreistigkeiten des ersten besten. Die Venetianer behielten sich, nicht dumm, die Ämter des Bürgermeisters und des Stadtkommandanten vor. Und auch gewisse kirchliche Ämter, das heißt die ehrenvollsten und die der reichsten Präbenden, werden fast ausschließlich venezianischen Adligen zugewendet*.

Zu Ende des 18. Jahrhunderts, das heißt der Zeit des Eintreffens von Karl Steeb, zählt Verona etwa fünfundvierzigtausend Einwohner, die zum großen Teil von der althergebrachten Wollindustrie und der jüngeren Seidenindustrie leben.

Die Adligen spielen noch eine beträchtliche Rolle, dank der Macht, die sie im Laufe der Jahrhunderte durch den Gebrauch und Mißbrauch der Waffen an sich zu reißen vermocht hatten, wenn sie sich auch nicht mehr die Schurkenstreiche von einst erlauben können.

Zu Ende des 18. Jahrhunderts erscheint die Lage so ruhig, daß ein Historiker vermerken kann: »Die Stadttore wurden

* Im Jahre 1509 hatte sich die Stadt dem deutschen Kaiser Maximilian übergeben. Doch während der acht Jahre der kaiserlichen Besatzung hatten die Gewalttätigkeit, die Plündereien und die Bedrückung durch die deutschen Söldnerbanden die Veroneser endgültig zu der Überzeugung gebracht, daß der Venetianische Herrscher weitaus besser sei (und damit ist alles gesagt!). Sobald Venedig wieder in den Besitz der Stadt kam, sorgte es sich darum, sie gleichsam uneinnehmbar zu machen, indem sie sie mit einer Reihe beeindruckender Mauern, Bastionen, Burgen und Festungen umgab. Kurz und gut, es war ein Juwel, zu dessen Verteidigung es die Zähne zu zeigen hieß.

von wenigen alten Kriegsinvaliden bewacht, welche sich, um nicht ganz müßig zu sein, mit Handarbeiten beschäftigten: sie spannen oder wickelten die Seide und das Leinen auf Knäuel auf.»

Bald jedoch sollten die Soldaten ihr Rheuma und alle anderen Beschwerden vergessen. Um dem Unwetter zu trotzen, das sich da drohend zusammenzog, waren Nadel und Faden gewiß nicht die geeignete Bewaffnung.

Die Winde des Monte Baldo

Ja, der Monte Baldo ... Er ist bekannt wegen der seltenen Steine, des Marmors und einiger mehr oder weniger wertvoller Mineralien. Doch, vor allem, wegen der Luft, die – hält man sich an die Meinung einiger recht seriöser Gelehrter – das Vermögen haben soll, die Phantasie zu beflügeln und die Tatkraft der Veroneser anzuregen.

Ein ortsansässiger Dichter bekräftigt es: «Da dieser Berg Verona beherrscht, schickt er edle Luft in die Stadt, und so kommt es, daß der Geist der Veroneser gewissermaßen von Geburt an feurig und beschwingt ist*.»

Gemäß dem Abt und Dichter also nähmen die Winde des Monte Baldo direkten Einfluß auf die Hirntätigkeit der Veroneser, indem sie diese scharfsinnig, jovial, bizarr und selbst extravagant werden lassen.

Sogar eine Frau wie die selige Maddalena di Canossa beruft sich oft auf die Luft des Monte Baldo, um gewisse ihr eigenen Verschrobenheiten zu rechtfertigen.

«Das macht die Luft vom Monte Baldo», sagt man in Verona angesichts irgendwelcher Überspanntheiten. Und daher auch der volkstümliche, lakonische Spruch: *«Veronesi tuti mati»* («Die Veroneser sind alle verrückt»).

* Es handelt sich um den Abt Gioachino Avesani (1741–1818).

Doch es ist nicht nur die Luft des Monte Baldo, die gewisse Verrücktheiten auslöst. Irgendwie muß auch der Wein dabei mitspielen. Valpolicella, Soave, Recioto, Bardolino und andere berühmte Sorten waren bereits auf den Tafeln der römischen Imperatoren anzutreffen. Bei den venetianischen Banquetten hielt man sie dann für unentbehrlich.

Somit muß es zu einer seltsamen Verbindung, einer geheimnisvollen und kräftigen Mischung zwischen dem Wein und der Luft des Monte Baldo kommen. Das entdeckt uns unverhohlen ein anderer veronesischer Dichter*:

«Senza del vin, troppo poco è il vento» (ohne den Wein ist die Luft keine hinreichende Erklärung).

Und da bin ich völlig derselben Meinung!

Papst Gregor XVI., selbst Venezianer, hatte in Verona viele Freunde; eines Tages, bei einer Audienz, trat ein kräftiger junger Kerl vor ihn. Als er erfahren hatte, daß er aus Verona war, gab er ihm einen Nasenstüber und fing an, mit ihm zu scherzen:

«Nun, ihr Veroneser, ihr werdet auch nie rebellieren.»

«Wieso, Heiliger Vater?»

«Weil die Luft vom Monte Baldo euch immer lustig erhält, und so verfinstert sich euer Gemüt nicht und denkt nicht an Aufruhr und Betrug.»

Und unser Mann erwiderte doch:

«Heiliger Vater, ich werd den Meinen schreiben, daß das von nun ab Glaubensgut geworden, weil es *ex ore sanctissimi*** bekräftigt wurde.»

Mit der Luft des Monte Baldo und ihrer anregenden Wirkung ist das also eine recht ernsthafte Sache. Gibt es doch selbst eine päpstliche «Äußerung» in dieser Hinsicht.

Ein Veroneser Literat der Berühmtheit eines Scipione Maffei

* Pater Luigi Fortis von der Gesellschaft Jesu.

** Die Episode wird berichtet von Pater Antonio Bresciano, s. j., *L'Ebreo di Verona, racconte storico dall'anno 1846 al 1849.*

stellt seinen Mitbürgern folgende Bescheinigung aus: «Die Veroneser sind meist von sehr lebhaftem und erfolgsicherem Wesen, besonders aber tun sie sich in den Studien und in der Literatur hervor.»

Was geschieht nun, wenn ein junger Deutscher, nach Verona geschickt, um sich dort Kenntnisse in der Webekunst anzueignen, von den Winden des Monte Baldo ergriffen wird?

Ein typisch deutsches Temperament, das mit der geräuschvollen venetianischen Jovialität in Berührung kommt. Das ergäbe eine äußerst reizvolle psychologische Studie!

Der größte Teil der Historiker stellt heraus, was der «junge Lutheraner» von Verona empfangen hat.

Die gestrenge Haltung Tübingens, wie sie sich mit der zwanglosen des Monte Baldo mischt. Die Gesetztheit, wie sie auf ein überschäumendes Gebaren stößt. Die Nachdenklichkeit, wie sie mit der unbändigsten Beschwingtheit in Berührung kommt. Der Ernst, das gravitätische Wesen, in Auseinandersetzung mit dem feurigen Temperament und der Unbekümmertheit. Der Marktplatz einerseits und der *Papà del Gnocco* andererseits. Überlassen wir es irgendeinem Forscher der intellektuellen Beschaffenheit der Barmherzigkeit, die Folgen dieser Vermischung aufzudecken.

Auf jeden Fall wird Karl Steeb nicht viel Zeit haben, um die Luft des Monte Baldo einzuatmen.

Sehr bald wird er von einer nicht gerade prickelnden Luft erfaßt werden.

Gesättigt mit den Ausdünstungen der Kranken im Lazarett.

Grillenjagd und Dreigroschen-Gesellschaft

Die religiöse Lage in Verona zu Ende des 18. Jahrhunderts kann mit einem triumphalen Ausdruck als «recht trostreich» bezeichnet werden.

Die diesbezüglichen Zahlen sprechen für sich. Auf eine Bevölkerung von etwa fünfundvierzigtausend Einwohnern kommen tatsächlich siebenundvierzig Pfarreien, dreiundvierzig Klöster, dreiundfünfzig Bruderschaften und dreizehn öffentliche Oratorien.

Die Priester der Diözese sind über siebenhundert, der Ordensklerus kommt auf dreihundertachtzig.

Eine typische Pfarrei, zum Beispiel die von San Paolo di Campo Marzio, mit wenig mehr als zweitausendfünfhundert Seelen, stützt sich auf sechsunddreißig Priester und zwei Meßdiener. (Und dennoch beklagt sich der Pfarrer, weil es ihm nicht immer gelingt, einen Priester aufzutreiben, der bereit ist, an Festtagen dem Volk die letzte Messe zu zelebrieren!)

Ein Historiker bestätigt: «Der religiöse Geist durchdrang das ganze bürgerliche, private und öffentliche Leben und schuf die Atmosphäre, in der sich der einzelne Bürger bewegte sowie jeglicher Verein, gleich ob er der öffentlichen Wohlfahrt, der Kultur oder der Regierung diente.»

Somit hat die von dem heiligen Zeno, wie Tertullian Afrikaner – und vor diesem Dimidriano, Simplizius, Sankt Procolus, Saturnino, Lucio etc. – begonnene Arbeit gute Früchte gezeitigt.

Der Klerus ist äußerst zahlreich, dermaßen, daß viele seiner Mitglieder die Möglichkeit haben, sich einigen Ruhm zu erwerben, indem sie sich der Dichtkunst, der Archäologie, dem Studium Dantescher Texte widmen (man denke nur an einen Pater Antonio Cesari), kleine Lehrgedichte schreiben wie «Die Begattung der Rinder» oder Verse des Titels «Die Jagd der Grillen»; oder aber sich auf theologischem Gebiet in die Haare kommen, da sie einerseits Verfechter des Probabilismus und andererseits solche des Probabiliorismus sind.

Unter all diesen Priester-Literaten, die mit Geistesblitzen – und recht viel Freizeit versehen – in den undenkbarsten Gebieten der Kultur umherschweifen, gab es eine kleine Schar, die keiner Akademie angehörte, und die, anstatt die Bibliotheken zu besuchen, in die Spitäler ging. Ihre Anhänger gaben sich nicht so sehr mit Gelehrten, sondern vielmehr mit den Armen der Stadt ab.

Man hatte ihnen einen seltsamen Namen gegeben: «Dreigroschengesellschaft». In Wirklichkeit nannten sie sich «Evangelische Bruderschaft der Spitalpriester» und war im Jahre 1796 von Don Pietro Leonardi, in Fortsetzung einer langjährigen Tradition der Caritas, gegründet worden.

Später wurden auch Laien zugelassen (Männer und Frauen, Adlige und Bürger).

Die Geldmittel waren die der Brüder*, und dazu kamen noch die Almosen, die von den «Bettelmönchen» im Kreise der Subskribenten eingesammelt wurden (drei Soldi war der Beitrag).

Die Aufgabe, die sich die Brüder** gesetzt hatten, war recht vielseitig. Man nahm sich der religiösen Unterweisung an,

* Der Laienbrüder, versteht sich. Denn man setzte voraus, daß die Priester nicht über viel Geld verfügten oder bereits andere Werke unterstützten.

** In der Struktur der Bruderschaft zeichnen sich verschiedene Funktionen ab. Da gibt es die «Kundschafter», die beauftragt sind, den Grad der religiösen Observanz der Kranken festzustellen; dann haben wir die ordentlichen und außerordentlichen «Beichtväter»; die «Meditierer», die dafür sorgen, mindestens einmal im Monat die Meditation zu diktieren und im allgemeinen für die religiöse Unterweisung verantwortlich sind; dann haben wir die «Beter«, die in die Krankensäle gehen, um den Rosenkranz und andere Gebete zu sprechen, die «Fürsorger» (Laien), die allabendlich das Schmorobst bringen, die Körbchen mit den kleinen Trostspendern bereiten, das heißt mit Obst, Weinbrand, Honig, Zypernwein, Honigbrot, welche den Sterbenden oder den Schwerkranken gereicht werden ... (aus dem «Hauptplan der Bruderschaft der Spitalpriester und -laien»).

Besonderen Einsatz erfordert die Arbeit der «Nachtbrüder»: «Nachts werden barmherzige Menschen benötigt, die freiwillig am Bett der Kranken wachen, um ihnen die Hemden zu wechseln, wenn sie sie vor Fieber durchgeschwitzt haben, um das Bettgeschirr zu leeren, ihnen zu trinken zu geben, besonders während der Sommermonate; um die Medikamente zu bestimmten vorgeschriebenen Stunden zu verabreichen, ihnen in ihrem Leiden und besonders während der Agonie zur Seite zu stehen und schließlich und endlich für all das zu sorgen und aufzukommen, das ihre Hilfsbedürftigkeit von einer äußerst umsichtigen und inbrünstigen Nächsten-

kümmerte sich aber auch um die Parasiten, die auf den Köpfen der Kranken blühten und gediehen; nahm Beichten ab und sorgte für die Sauberkeit der Leiber und der Weißwäsche; hielt Moralpredigten und verabreichte die Mahlzeiten, gab den Kranken die Sakramente und schnitt ihnen die Haare, Nägel und stutzte ihnen die Bärte, lehrte sie den Katechismus und hielt Nachtwache an ihren Betten. Betete und verteilte Medikamente. Las ihnen erbauliche Bücher vor und leerte das Bettgeschirr.

Bindende Gelübde gab es nicht. Nur ein gemeinsames Ideal unbegrenzter Nächstenliebe und intensiven Betens.

Die Brüder gehen einen Weg voller Schwierigkeiten. Sie sind gezwungen, sehr umsichtig vorzuschreiten und falsche Schritte zu vermeiden. Der aus Frankreich blasende Wind des Laizismus facht Verdächtigungen an, Vorurteile und Fanatismus. Und die Verwalter des Spitals, dem französischen Herrscher untergeben, sind keineswegs gewillt, der «religiösen Propaganda» Zugeständnisse zu machen.

Die Bruderschaft arbeitet mit Ernsthaftigkeit und windet sich ausgezeichnet durch Tausende von Schwierigkeiten hindurch. Sie hat auf zwei Fronten zu kämpfen: denn auf einer Seite herrscht ein gewisser jansenistischer Rigorismus, auf der anderen ein erdrückender Antiklerikalismus. Und es gelingt ihr, die Härte des erstgenannten zu mildern und die listigen Fallen des zweitgenannten zu umgehen.

Und das alles nicht durch irgendwelche Polemik, sondern einfach durch das Verb «tun».

Es handelt sich – und das Wort ist hier keineswegs rhetorisch gebraucht – um eine Schule des Heldenmutes.

Bedeutende Namen gibt es unter den Mitgliedern der Bru-

liebe in jenen für ihre Gesundheit so gefährlichen und entscheidenden Augenblicken erfordert» (aus dem «Plan»).

Das Geld der «Kasse» dient dazu, die *Trostspender* zu kaufen, die den Kranken gereicht werden, um die Kämmerin zu bezahlen, den Barbier usw.

derschaft: als erster von allen ist da der Anreger, Don Pietro Leonardi, und dann der Bischof Avogadro, der ehrwürdige Bertoni, die Marquise Maddalena di Canossa. Und später wird der neue Bischof der Stadt, Msgr. Grasser, darum bitten, so wie alle anderen Brüder die Nachtschicht im Spital machen zu dürfen, und man wird es ihm gewähren.

Es ist nur natürlich, daß Karl Steeb sich von dieser einzigartigen Familie angezogen fühlt. Er wird ihr mit Ausdauer angehören*. Wo es etwas zu tun gibt, da fühlt er sich sofort an seinem Platz. Besonders, wenn die Arbeit stillschweigend verrichtet wird.

Aber das berichte ich am besten der Reihe nach.

Die Glocken stören ihn nicht

Er war am 24. März 1792 in Verona eingetroffen und von einem erregten Glockenläuten begrüßt worden, welches den bevorstehenden Festtag ankündigte, den Tag von Mariae Verkündigung.

Jene Klänge, jene Menschenmenge, jene Prozession des Vorabends zur Kapelle der Piazzetta dei Signori** konnten auf dem Antlitz eines Lutheraners nur einen Ausdruck der Ironie hervorrufen, der doch pflichtschuldigst voller Vorurteile über die Marienverehrung der Katholiken ist. Jeden anderen hätten sie verärgern können, doch ihn nicht.

Karl besitzt bereits eine wohlumrissene Persönlichkeit, die sich nicht so leicht beeindrucken läßt, um so weniger von der Folklore. Er ist zur tiefen Überzeugung gelangt, achtet jedoch auch die der anderen, selbst wenn sie der seinen diametral ent-

* Karl Steebs Zugehörigkeit zu der Bruderschaft wird durch verschiedene Dokumente jener Zeit eindeutig bezeugt, außerdem durch die Freundschaft, die ihn mit Leonardi verband.

** Es handelt sich um die Erfüllung eines Gelübdes, das im 17. Jahrhundert anläßlich einer Pestilenz abgelegt worden war.

gegengesetzt ist. Er zeigt keine Reaktionen emotiver Art.

Dort, wo oberflächliche Menschen nur religiöse Folklore oder, was noch schlimmer ist, abergläubische Phänomene erblicken, schürft er tiefer, um zu entdecken, ob unter der mehr oder weniger schimmernden, mehr oder weniger anziehenden Oberfläche nicht etwas Wesentlicheres liegt. Etwas, das ihm vielleicht fehlen mag.

Bruder Max Thurian, Vize-Prior von Taizé, sagt: «Wir Protestanten sind ein wenig wie mutterlos aufgewachsene Kinder. Immer wird einem solchen Kind etwas fehlen. Wir spüren, daß unserem Kult ein paar Noten mütterlicher Zärtlichkeit fehlen, wie sie die katholische Gottergebenheit kennzeichnen.»

Irgendein schnell mit polemischen Worten um sich schmeißender Katholik behauptet mit einer Ungenauigkeit, die schon dem Fehlen intellektueller Redlichkeit gleichkommt, daß Luther die Jungfrau «ignoriert» oder, noch schlimmer, «nicht zuläßt»(!!)* Man braucht nur den Kommentar zum Magnifikat zu lesen, der von Luther geschrieben wurde, gerade um die Leichtfertigkeit jener Anschuldigungen festzustellen. Wir finden dort unter anderem: «Maria ist Gottes Mutter geworden. Durch dieses Werk sind ihr so viele und so große Wohltaten gewährt worden, daß niemand sie je begreifen wird können. Tatsächlich kommt ihr von da alle Ehre und Seligkeit, und dem verdankt sie ihre einzigartige Stellung über allen und in der ganzen Menschheit. Niemand kommt ihr gleich, denn sie hat vom himmlischen Vater einen Sohn empfangen, und welch einen Sohn!»

Die getrennten Brüder halten die *Zentralität* Christi für unantastbar.

Was die Reformation den Katholiken vorwirft, ist die Tatsache, daß sie Maria vom Mysterium des Heils isolieren und

* Luther anerkennt die vollkommene Jungfräulichkeit Mariae, ihre Gnadenfülle, ihr Freisein von der Sünde und ihre Vorbildhaftigkeit.

sie gleichsam in eine losgelöste Position bringen, das heißt nicht das in ihr sehen, was sie wirklich ist, nämlich *Urbild* der durch das Wirken Christi erlösten Menschheit, ein Geschöpf, in dem »auf besondere Weise die Wirkungen der Erlösung sichtbar werden», und das schlechthin das verwirklicht, was das Wesen der Erlösung ausmacht: nämlich an der Bildgestalt des Sohnes teilzuhaben (Röm. 8, 29).

Außerdem werfen die Protestanten der Marienverehrung vor, daß sie die Jungfrau zu sehr isoliert von der Gemeinschaft der übrigen Gläubigen – besonders im Verhältnis zu ihren Privilegien, wobei sie einen übertriebenen Kult pflegen, der schon an Anbetung grenze.

Das II. Vatikanische Konzil hat mit Genauigkeit die Stellung angegeben, welche die Jungfrau «in der Heiligen Kirche» einnimmt: nämlich «die höchste und uns am nächsten gelegene», und außerdem «ihre untergeordnete Heilsfunktion». Und hat spezifiziert, daß der Kult, «wenn auch ganz einzig in seiner Art, wesentlich von dem Kult der Anbetung abweicht, der dem fleischgewordenen Wort dargebracht wird ...» Und hat schließlich empfohlen, sich mit aller Sorgfalt jeder falschen Übertreibung zu enthalten wie auch aller kleinlichen Denkungsart ... (bei Betrachtung der einzigartigen Würde der Muttergottes). Die wahre Andacht besteht weder in einem unfruchtbaren und flüchtigen Sentimentalismus, noch in einer gewissen eitlen Leichtgläubigkeit, sondern geht vom wahren Glauben aus ...

Es bleibt die Tatsache, daß die getrennten Christen der protestantischen Kirchen, ängstlich darauf bedacht, jedem Ding seinen Platz zu geben und die rechte Hierarchie wiederherzustellen, die Jungfrau in einen dunklen Bereich eingekreist haben, in eine Art Limbus, und ihr dadurch die notwendige Plastizität genommen haben. Aus übermäßiger Reaktion auf gewisse Übertreibungen einiger Katholiken haben sie am Ende das Bild der Jungfrau verwischt. Und in ihrer Absicht, die Entgleisungen eines gewissen Kultes abzuschaffen, haben sie die Gestalt der Madonna substanzlos, aseptisch, aller menschlichen Wärme bar werden lassen. Um das Übermaß an Feuer zu löschen, sind sie dazu übergegangen, sich an einem Häufchen recht erkalteter Asche zu wärmen. Und haben am Ende einen übermäßigen Abstand eingehalten, wodurch sie nicht mehr den ganzen Zauber der *Jungfrau* (schweigendes Dasein, einladendes Schweigen, vollkommene Verfügbarkeit, Begegnungsstätte zwischen Mensch und Gott) und der *Mutter* verspüren – «Trägerin der keimenden Kräfte des Heiligen Geistes» (Vannucci).

Karl Steeb wird später, dank seines Temperaments, das die Merkmale der Gemäßigtheit und Besonnenheit aufweist und dem alle Oberflächlichkeit und Geziertheit fremd ist, ein überzeugendes Zeugnis einer innigen, zärtlichen Marienverehrung ablegen, die frei ist von aller Rhetorik und Gefühlsduselei. Und auch darin wird er ein Symbol der Einheit und des Ökumenismus sein.

Ein Dichter spricht im Namen der getrennten Brüder und wünscht den Tag herbei, «da wir sie aufsuchen und mit Feldblumen und grünen Zweigen ehren werden. Und da werden wir ihren Besuch feiern: denn die Mutter ist zu unserer Kirche zurückgekehrt. Da werden wir sie anrufen und singen ... Wir wollten wirklich, sie käme zurück.»

Doch vorläufig – es ist der 24. März 1792 – schaut Karl Steeb erst einmal zu. Und versucht zu begreifen. Sein Geist ist frei von Vorurteilen, doch andererseits auch nicht bereit zu leichter Begeisterung und billigen Emotionen.

Gewiß, er fühlt sich einsam. Befindet er sich doch im Hause von Fremden, wenn diese auch höflich und gastfreundlich sind*.

* Karl wurde zunächst von der Familie Sartori aufgenommen, dann kam er in das Haus der Elena Bertolini. Zum Zwecke seines kaufmännischen Praktikums hospitierte er bei der Firma Camploi in der heutigen Via Mazzini.

Er weiß nicht, daß jene «Mutter», die von den Katholiken so inniglich verehrt wird, sich bereits für ihn interessiert hat und ihn zur Verwirklichung eines außergewöhnlichen Planes bringen wird. Ohne alles Aufsehen. Mit großer Verschwiegenheit und Feinfühligkeit. So recht in dem Stil dieses jungen Deutschen, der sich nichts von grellen Deckfarben vormachen läßt, da er tiefer in die Dinge hineinschaut. Bis auf den Grund der Wahrheit.

Die Jungfrau des Schweigens wird keine Schwierigkeiten haben, sich diesem Geschöpf vernehmbar zu machen, das da allen Abenteuern offensteht, die das Gütezeichen der wahren Größe tragen sollten.

Und die Begegnung geschieht in jenem Bereich der Tiefe, wo nur das Schweigen eine Idee des Mysteriums zu geben vermag.

Wer hat Angst vor dem bösen Wolf?

Jetzt jedoch spielt er mit dem Feuer. Und die Eltern, in Tübingen, beginnen, so sicher sie auch der Ernsthaftigkeit und Klugheit ihres Sohnes sind, Zeichen der Beunruhigung zu geben. Sie wissen, daß er nicht leicht beeinflußbar ist, doch immerhin ...

Er jedoch fährt fort, unbeirrt auf die Gefahr zuzuschreiten. Denn er hat beschlossen, den Feind aus der Nähe kennenzulernen. Und wenn bei diesem Deutschen gewisse Beschlüsse ausgereift sind, dann können selbst die Kanonenschüsse ihn nicht vom Wege abbringen.

Er will sich also dem großen Feind nähern, dem katholischen Priester, ihn beobachten, analysieren, seine Maße nehmen, ihn sozusagen auseinandernehmen, um zu sehen, wie er beschaffen ist.

Und er stößt auf den Abt Sante Fontana. Das ist so recht

sein Mann. Unter anderem ist er der Geistliche, der ihn die italienische Sprache lehrt. Somit eine ausgezeichnete Gelegenheit, neben der Sprache noch sehr vieler anderer Dinge kundig zu werden. Und dabei die harmloseste Miene aufzusetzen ...

Der Abt Fontana steht im Rufe eines Gebildeten, der sich besonders in den Danteschen Studien hervortut. Die «oberen Zehntausend» von Verona machen ihn sich einander abstreitig für die Erziehung ihrer Kinder.

Doch sein Ruf eines Literaten erlesenen Stils führt dazu, daß er auch außerhalb der – zahlreichen – Mauern Veronas äußerst gesucht ist für Festreden und das Aufsetzen von Gedenkworten.

Kurz und gut, seine Feder hat nicht ihresgleichen. Er ist ein Ideal von einem Priester seiner Zeit.

In den größten Teil der Zeit des Abtes Fontana teilen sich das aristokratischste Kolleg der Stadt und die Privatschule (die er in seinem Hause hält).

Nach wenigen Monaten spricht Karl Steeb perfekt Deutsch, Französisch und Italienisch.

Und inzwischen fährt er fort, seinen Lehrer äußerst aufmerksam zu beobachten.

Und der «böse Wolf» erweist sich fast als ein Schäferhund.

Lebendes Zeugnis

Und einen Priester fand er sogar in der Pension, wo er untergekommen war. Er nannte sich Don Giovanni Martini und muß eine sehr bedeutende Persönlichkeit gewesen sein, wenn er bald zu Karls Vertrautem wurde, da dieser sich nicht leicht anderen öffnete.

Der Freund ließ ihn eines Abends auf dem Nachttisch ein kleines Werk finden, dessen Ton entschieden apologetisch war, und das zudem noch eine gute Dosis Pedanterie enthielt. Sie waren nicht sehr großartig, diese Seiten*. Sie machten einen negativen Eindruck auf Karl, und dieser wurde nur teilweise beim zweiten Lesen des Textes gemildert.

Wenig später hielt er ein gewichtiges Werk in den Händen: *Storia delle variazioni delle Chiese protestanti,* von Bossuet (Geschichte der Abweichungen der protestantischen Kirchen). In den Stunden, wo er nicht arbeitete oder Studien trieb, widmete er sich diesem Werk mit Ausdauer. Es umfaßte fünfzehn Bände, war also eine durchaus ernsthafte Angelegenheit. Doch dadurch ließ sich ein Mensch wie Karl, der sich nun einmal vorgenommen hatte, die Dinge klar zu sehen, nicht entmutigen.

Bisher hatte er die katholische Kirche nur durch die verzerrende Lupe der allergrimmigsten Polemik betrachten können.

Und nun hört er sich einmal die andere Seite an. Und, obwohl es auch dort nicht an Mißklängen fehlt, war er doch in der Lage, Summen zu ziehen, Übertreibungen abzuwägen, schwache Stellen festzustellen, Ungenauigkeiten zu wittern, von sektengebundenen Fanatismen abzusehen, Nebenaspekte auszuschalten, um zum Kern der Sache vorzudringen.

Und sehr bald gelang es ihm, die Bilanz aufzustellen, denn dank seiner Geistesschärfe, seiner Unvoreingenommenheit, seiner Leidenschaftslosigkeit gelangte er rasch und sicher zu einem Schluß.

Gewiß war er umgeben von den nicht ganz uneigennützigen «Aufmerksamkeiten» seiner katholischen Freunde, vor allem der Priester (man mußte ja dumm sein, wenn man das nicht bemerkte . . .). Doch kam ihnen das Verdienst zu, intuitiv er-

* Ihr nicht enden wollender Titel lautete ungefähr so: Fünfzig Gründe und Motive, aus denen die Katholische Kirche Roms allen derzeitigen Sekten des Christentums vorzuziehen ist, und die Seine Durchlaucht, den Herzog von Braunschweig und Lüneburg etc. dazu geführt haben, dem Lutheranischen Bekenntnis abzuschwören.

faßt zu haben, daß Winkelzüge oder Aufdringlichkeit bei diesem jungen Deutschen nicht angebracht waren, im Gegenteil, alles hätte verderben können. Die einzig mögliche Taktik war die der Zurückhaltung. Die einzig wirksame Strategie bestand in dem Respektieren seiner Freiheit.

Somit keinerlei lästiges Druckausüben. Denn gewisse Pforten müssen von innen erschlossen werden, nicht von außen her eingerammt werden (selbst nicht unter Zuhilfenahme der frommsten Rechtfertigungen). Ein vorwitziger Schritt, und Karl Steeb hätte sich zusammengerollt wie ein Igel.

Doch die Schlüsselgestalt der Angelegenheit war zweifellos der Kleriker Pietro Leonardi. Karl begegnet ihm in der Schule des Abtes Sante Fontana. Jener junge Mensch von dreiundzwanzig Jahren, der sich da auf das Priestertum vorbereitet, eine Gestalt, für die das Eigenschaftswort «außergewöhnlich» fast ein wenig eng bemessen ist.

Er übt eine äußerst starke Anziehungskraft auf die Menschen in seiner Nähe aus. Viele Priester sehen in ihm einen unersetzlichen Führer.

Intelligent, sensibel, allen Abenteuern der Nächstenliebe aufgeschlossen. Er wird die unvergleichliche Seele der Dreigroschengesellschaft sein.

Karl Steeb hat Bücher gelesen, Ideen abgewogen. Doch vor allem ist er einem Geschöpf der Größenordnung eines Pietro Leonardi begegnet. Und das war, zweifellos, das ausschlaggebende Element – Hauptinstrument der Gnade – bei seiner «Bekehrung».

Auf dem Weg des jungen Deutschen gibt es einen Menschen, gibt es die Transparenz eines Lebens. Und dieser «Beweis» wiegt schwerer als die fünfzehn Bände von Boussuet.

Die letzten Unsicherheiten fallen von ihm ab.

Denn wenn die Wahrheit nicht aus den staubigen Seiten der Bücher, sondern auf dem Antlitz eines Freundes klar hervorscheint, da kann man nur noch die Waffen strecken.

Die Bücher liefern einem Gründe intellektueller Art.

Die Aussagekraft eines Lebens bietet «Motive», welche den Willen anregen: Lebendes Zeugnis.

Im ersten der beiden Fälle gelangt man zu Überzeugungen.

Im letztgenannten trifft man Entscheidungen.

Das Gleichnis vom verlorenen ... Vater

14. September 1792. Fest der Kreuzeserhöhung.

Karl Steeb schwört feierlich dem Irrtum ab in die Hände des Inquisitors der Heiligen Inquisition, Pater Filippo Bettoni, Dominikaner.

Anwesend sind der Bischof von Verona, Msgr. Giovanni Andrea Avogadro, und einige Freunde.

Der Entschluß ist gereift, nachdem Karl die Konsequenzen dessen gezogen, was er gelesen und meditiert hat, da es ihm gelingt, in dem Gewirr von Schmähschriften, gegenseitigen Anschuldigungen und Vorurteilen klar zu sehen. Und vor allem, nachdem die Wahrheit sich ihm gezeigt hatte, und zwar nicht durch eine nüchterne, wenn auch tadellose verstandesmäßige Demonstration, sondern in Gestalt des Lichtes und der Wärme, die von einem ihm befreundeten Menschen ausgingen und ihn sofort zu bezaubern vermochten.

Unter der Führung von zwei Patres des Oratoriums von San Filippo hatte er sich gewissenhaft auf diesen Schritt vorbereitet.

Er selbst hatte jene Monate über der Arbeit und den abgeklärtesten Überlegungen verbracht. Er hatte sich keinerlei Abwechslung gegönnt, die auch eine «glaubenstreue» Stadt wie Verona immerhin im Überfluß zu bieten vermochte*.

* Beim Lesen der Chroniken stellt man fest, daß zu jener Zeit ausgelassene Vergnügungen – und nicht einmal so ganz unschuldiger Art – an der

Vor allem war sich Karl über den Preis im klaren, den ihn dieser Entschluß kosten würde. Seine Eltern würden die Sache als Beleidigung auffassen, eine Schande, welche die religiösen Traditionen der Familie auf nicht wieder gutzumachende Art beflecken würde. Er wäre der entartete Sohn, der ihr Vertrauen mißbraucht hatte und sich leichtgläubig von den heimtückischen Katholiken hatte umgarnen lassen . . . Welche Entehrung für sie alle!

Auf jeden Fall hat Karl, korrekt wie er war, seine Wahl in Tübingen bekanntgegeben, in der schwachen Hoffnung, die Zustimmung der Eltern zu erhalten.

Doch die Antwort, die scharfe, schneidende, macht jede Illusion zunichte. Es hagelt Vorhaltungen, und man droht ihm unumwunden: Wenn Karl diesen Schritt tatsächlich gehen sollte, so wird er von den Eltern verstoßen und enterbt.

Dieser harte Schlag, obgleich erwartet, war deshalb doch nicht weniger schmerzlich. Als Sohn wird er verleugnet, und alle materielle Unterstützung wird ihm verweigert.

In der Zeit, die der Abschwörung der Häresie vorausging, schlief er nicht ruhig. Eines Nachts, da er von Angst und Besorgnis ergriffen war, heftete sich sein tränenverschleierter Blick auf ein Bildnis der Madonna, das an der Wand hing.

Er warf sich auf die Knie, und mit tränenerstickter Stimme rief er aus: «Ich laß also alles hinter mir zurück, Vater, Mutter, Schwester, Hab und Gut, und vertraue mich Dir an, denn ich will Katholik sein. Du wirst für mich sorgen.»

Es handelt sich also um eine Art von Gegenseitigkeitsabkommen. Die Jungfrau war dazu verpflichtet, für den zu sorgen, der da alles für sie aufgegeben hatte.

Tagesordnung der Stadt waren (und Schuld daran kann nicht nur die Luft des Monte Baldo gewesen sein!). Und gewisse Adlige nahmen nicht nur an den Prozessionen teil, sondern hielten sich auch nicht für zu fein, mit Eifer und Hingabe entschieden zweideutige Treffpunkte aufzusuchen. Sie besaßen sogar die Schamlosigkeit, die Einzelheiten gewisser «Unternehmungen» in alle Winde zu verbreiten und sich derselben zu rühmen.

Gewiß, die Wunde, die diese Losreißung von seinen Lieben ihm eingetragen hatte, würde nie wieder ganz vernarben. Im Gegenteil, bei sehr vielen Gelegenheiten würden ganze Handvoll Salz darein geworfen werden und ihn quälen.

Jetzt jedoch ist Karl wieder froh geworden, hat seine gewöhnliche Seelenruhe wiedererlangt. Sehr bald lernt er, daß gewisse Wirklichkeiten nicht das wert sind, was sie einbringen, sondern das, was sie kosten.

Und nur er ist in der Lage, mit aller Genauigkeit den Preis zu ermessen, den er für diesen seinen Entschluß bezahlt hat.

«Das Himmelreich ist gleich einem im Acker verborgenen Schatz, den einer fand und verborgen hielt. Voll Freude geht er hin, verkauft alles, was er hat, und kauft jenen Acker» (Matth. 13, 44).

Karl steht jetzt ganz allein da. Seine Eltern anerkennen ihn nicht mehr als ihren Sohn.

Und arm ist er jetzt. Er hat nicht einmal «alles, was er hat», zu verkaufen zu brauchen; denn seine Angehörigen selbst haben es ihm entzogen, ohne große Umstände zu machen.

Doch gerade dieses vollkommene Beraubtwerden ist, nach dem Evangelium, die Voraussetzung dafür, einmal alles zu besitzen.

Er ist voller Freude, trotz des Faustschlags, der ihn mitten ins Gesicht getroffen hat.

Von den Eltern verstoßen, gibt es für eine väterliche Tür, die sich ihm verschließt, einen unermeßlichen Horizont, der sich diesem «verlorenen Sohn» auftut, der da das Gut der Familientradition vertan hat. Was ihn anbetrifft, so wird er niemals irgendjemand die Tür ins Gesicht schlagen.

Er befindet sich, es erscheint einem unglaublich, in der Lage eines «Niemandskindes». Und wird einmal aller Vater und Bruder werden.

Man nimmt ihm Hab und Gut. Doch seinen wahren, nicht in Zahlen ausdrückbaren Reichtum, den des Herzens, können sie ihm gewiß nicht nehmen. Auch weil er bereits an alle ausgegeben, dargeboten, zugedacht wurde und deshalb nicht mehr sein ist.

Dieser Mensch, ein Fremder, arm, niemandes Kind, fühlt sich am Ende sogar noch reich.

Er hat gelernt, nicht das zu berechnen, was er von den anderen empfängt, sondern das, was er zu geben hat.

Und in diesem Falle entspricht sein Vermögen der Größe und Weite seines Herzens.

Wenn Gott es eilig hat, bleibt gerade Zeit, um «Ja» zu sagen

Sinnlos, es verbergen zu wollen: Da sind zwei Daten, die sofort in die Augen springen und einen Verdacht aufbringen. 24. März 1792: Karl trifft in Verona ein. 14. September des gleichen Jahres: Er schwört ab. Weniger als sechs Monate gehen seiner «Bekehrung» voraus! Der Zeitraum für die Ausreifung einer Entscheidung dieser Art erscheint einem wirklich als zu knapp bemessen.

War es eine überstürzte Sache? War das Element «Beeinflussung» ausschlaggebend? Hat vielleicht die Bedingung durch die Umwelt – eine Art ... konfessionellen Terrors – eine übereilte Wahl bewirkt? Waren emotionale Faktoren am Ende ausschlaggebend?

Karl Steebs Charakter reicht aus, um Zweifel dieser Art zu zerstreuen und die Grundlosigkeit ähnlicher Erklärungen aufzuzeigen.

Karl, eine ausgeprägte Persönlichkeit, ein ruhiger, nachdenklicher, intelligenter, ausgeglichener Mensch und durchaus befähigt, Menschen und Ideen aufmerksam abzuwägen, war gewiß kein leicht zu beeinflussender Typ. Noch ließ er sich von flüchtigen Begeisterungen mitreißen. Er verstand es, Emotionen zu kontrollieren und ihrer Herr zu werden. Seine Besonnenheit feite ihn dagegen, übereilte Entscheidungen zu treffen.

Gut. Aber wie lassen sich dann diese beiden so nahe beieinanderstehenden Daten erklären?

Es bleibt die Tatsache, daß Karl Steeb später – wie wir bereits bemerkten – immer der Mann der langen Zeitspannen sein wird, der Geduld, der Gemütsruhe, der gewiß nicht übereilten, sondern wohldurchdachten und in Hinblick auf jede konkrete Lebenslage geprüften und voll ausgereiften Unternehmungen. Realistisch wie er ist, wird er stets mutig voranschreiten, doch auch sehr vorsichtig.

Anfangs hingegen legt er die Etappen im Zeitraffertempo zurück. Warum?

Die Erklärung scheint mir recht einfach: eine Art Ei des Kolumbus.

Später wird es um seine eigenen Initiativen gehen (wenn auch der Heilige Geist sie inspirieren und die Gnade sie befruchten wird). Und daher wird er mit äußerster Vorsicht vorschreiten, darauf bedacht, keinen Täuschungen zu erliegen und falsche Schritte zu vermeiden. Denn er ist nicht anmaßend und wird sich nie blindlings in Gefahr begeben, sondern stets eingehend alle Elemente, Menschen und Umstände abwägen.

Bei seiner «Bekehrung» hingegen geht die Initiative von Gott aus. Dem Gott der unendlichen Wartezeiten, der großen Geduld, doch auch dem Gott, der die Zeiten abkürzt, der ein Zögern nicht zuläßt, keinen Aufschub gewährt und eine unmittelbare Antwort fordert, wenn er eines Geschöpfes für irgendeinen seiner Pläne bedarf.

Nun denn, angesichts eines solchen Gottes, der da drängt, der sämtliche Auswege sperrt, der immer mehr Druck auf einen ausübt, kann man sich nur ergeben. Und zwar schnellstmöglich.

Ein Mensch, der Gottes Plänen offensteht, wird ihn nie sehr lange auf Antwort warten lassen.

Menschen wie Karl Steeb werden nicht viel Zeit vergehen lassen, nachdem sie die göttlichen Vorschläge vernommen haben. Gerade so viel, um «ja» zu sagen.

Widerruf oder Glaubensbekenntnis?

Außerdem muß, im Falle von Karl Steeb, die Bedeutung des Wortes «Bekehrung» festgelegt werden.

Der Versuch, die «Bekehrung» mit dem Abschwören der Häresie zu verwechseln oder ihm gleichzusetzen, erscheint mir als untragbare Vereinfachung.

Ich denke vielmehr, daß der feierliche Widerruf nur die Folgeerscheinung, eine Episode mit augenfälligen äußeren Reflexen jener ständigen inneren «Bekehrung» ist, die da tagtäglich vor sich geht und jedem Christen eine unaufschiebbare Notwendigkeit ist.

Gerade weil Karl daran gewöhnt war, sich tagtäglich zu «bekehren», das heißt, seine Denkungsart zu ändern, sich nie als endgültig «fertig» zu betrachten, sich selbst zur Diskussion zu stellen und die Wahrheit zu erfassen, die er mit vorurteilsfreiem und nicht von Trägheit irgendwelcher Art getrübtem Herzen und Verstand gewahrte, ist er auch zur Abschwörung des Protestantismus gelangt, welche einen öffentlichen Akt erforderte.

Doch zweifellos geht seine wahre Konversion dem Widerruf voraus und folgt ihm nach, so daß es unmöglich wird, ihr Datum mit Genauigkeit festzulegen. Zumal er sich nie als ein für allemal konvertiert angesehen hat.

Es geht bei ihm vor allem um eine innere Haltung, die gewöhnlich den «Bruch» mit etwas nach sich zieht sowie stets neue Entscheidungen und ein ständiges Wählen; einiges davon macht sich auch nach außen hin bemerkbar, und was sich nach außen hin davon zu erkennen gibt, erschöpft gewiß nicht die wahre Realität des Phänomens, das sich da in der Tiefe ereignet*.

Konversion bedeutet, im weitesten Sinne des Wortes, «eine Veränderung der Prinzipien, welche die Synthese oder die Richtung unseres Lebens steuern» (Congar).

Es kann eine *moralische Konversion* geben (Übergang von einem sündigen Leben zu einer ehrbaren Führung). Oder aber eine *religiöse Konversion* (welche den Übertritt vom Dunkel ins Licht bedeutet, das heißt von der Verleugnung oder dem Nichtkennen Gottes zur Anerkennung eines persönlichen Gottes, mit dem man eine Beziehung anknüpft). Manchmal gehen moralische und religiöse Konversion Hand in Hand.

Karl Steebs Konversion ist nicht von einer der beiden oben genannten Arten.

Sodann gibt es die *Konversion*, wie sie als *grundlegendes Erfordernis dessen* präsentiert wird, *der die Botschaft des Evangeliums in sich aufnimmt*, nämlich die «Aufforderung zu einer tiefen, inneren Lebensänderung, gemäß dem absolut neuen und entscheidenden Akt, durch den Gott als Befreier erscheint und die Sünden vergibt» (Congar). Leider drückt der Ausdruck «Pönitenz», Busse, mit dem das griechische Wort

* Das Phänomen der Konvertiten, das heißt derjenigen, die von den Angelsachsen mit einem recht bezeichnenden Ausdruck die «zweimal Geborenen» genannt werden, kann unter moralischen, gesellschaftlichen, historischen, theologischen, psychologischen und selbst genetischen Gesichtspunkten untersucht werden! Man vergleiche dazu folgende Studien:
Marshall, *Conversion or the New Birth*, London 1909.
A. Retté, *Notes sur la psychologie de la conversion*, Paris 1914.
M. Penido, *Conversion, subconscient et surnaturel*, in «Divus Thomas», Freiburg 1930, S. 305–316.
E. K. Dietrich, *Die Umkehr*, Stuttgart 1936.
Oddone, *I fattori della Conversione religiosa*, in «La Civiltà Cattolica», 1940, IV, S. 32–41.
Parente, Art. *Conversione* in «Enciclopedia Cattolica», Band IV.

«Metanoia» und das lateinische «poenitere» wiedergegeben wird, nur zum Teil die Wirklichkeit der Konversion, der Umkehr aus, welche eine substantielle Änderung des ganzen Ichs nach sich zieht sowie die Zuwendung, das Streben zu Gott (das lateinische «poenitere» ist, in diesem Sinne, weitaus angebrachter, da es eine Ableitung von «poena» ist und auch die Bedeutung des «Nichtzufriedenseins» in sich trägt. Während wir das Wort «poena», das heißt Bestrafung, Strafe, bedrükkende Vergeltung akzentuiert haben, was ja nur ein Aspekt der «Metanoia» ist).

Von diesem Gesichtspunkt aus stellt die Umkehr – wie wir bereits am Anfang herausgestellt haben – ein tägliches Erfordernis für den Christen dar, der ja nie ein für allemal bekehrt ist. Ein wahrer Christ stellt sich in den Dynamismus ständigen Suchens und Fragens und lebt im Geist der Aufnahmebereitschaft.

Schließlich gibt es noch die *konfessionelle Konversion*, das heißt das Überwechseln von einem christlichen Bekenntnis zu einem anderen. Und das ist der Fall des Karl Steeb.

Doch auch hier muß man sich vor Mißverständnissen hüten, zu denen der Ausdruck Widerruf selbst Anlaß geben kann, denn dieser führt, obwohl vom Theologischen her exakt, oberflächliche Denker zu der Annahme, daß all das, was man früher geglaubt hat, *ausschließlich* oder vorwiegend Finsternis und Böses gewesen und somit *en bloc* abzuleugnen sei, während das Licht nur auf der anderen Seite gewesen sei.

Bei Karl Steeb gibt es keinen Übergang von der Finsternis zum Licht, vom Irrtum zur Wahrheit. Sondern den Übergang von einer partiellen, verarmten, mit Irrtümern vermischten Wahrheit zur ganzen Wahrheit. Mehr als ein Von-vorn-Anfangen handelt es sich bei seiner Konversion um eine Vollendung*.

* Wir wollen nicht vergessen, daß Karl ja Christ war! Er hatte die Gnade der Taufe empfangen und lebte seinem Glauben entsprechend.

Es wird angebracht sein, einige Festhaltungen noch einmal durchzulesen, die diesbezüglich vom II. Vatikanischen Konzil zur Diskussion gestellt wurden. In dem Dekret über den Ökumenismus finden wir:

«In dieser einen und einzigen Kirche Gottes sind schon in den allerersten Zeiten einige Spaltungen entstanden, die vom Apostel mit ernsten Worten verdammt wurden; doch in den späteren Jahrhunderten sind weitere Meinungsverschiedenheiten aufgetreten, und nicht unbedeutende Gemeinden haben sich von der Gemeinschaft der katholischen Kirche gelöst, manchmal *nicht ohne Verschulden von Menschen auf beiden Seiten*. Die, welche jetzt in solchen Gemeinden im Glauben an Christum aufwachsen und unterwiesen werden, *können nicht der Sünde des Abfalls bezichtigt werden**. Die katholische Kirche umschließt sie mit brüderlichem Respekt und brüderlicher Liebe. Denn wer an Christus glaubt und die Taufe empfangen hat, befindet sich in einer gewissen, wenn auch unvollkommenen Gemeinschaft der katholischen Kirche. Es besteht kein Zweifel, daß aufgrund der Meinungsverschiedenheiten, die zwischen ihnen und der katholischen Kirche sowohl auf dem Gebiet der Doktrin als stellenweise auch auf dem der Disziplin sowie hinsichtlich der Struktur der Kirche bestehen, sich nicht wenige und manchmal ernsthafte Hinderungsgründe einer vollen geistlichen Gemeinschaft entgegenstellen, auf deren Überwindung die ökumenische Bewegung wie gesagt abzielt. Nichtsdestotrotz sind sie, da sie in der Taufe des Glaubens gerecht wurden, dem Heiland einverleibt, weshalb sie zu Recht mit dem Namen «Christen» aus-

* Die Unterstreichungen stammen von uns. Tatsächlich erscheint es mir wichtig, die beiden folgenden Gegebenheiten herauszustellen: Als erstes, daß die Ursachen der Trennung Menschen beider Seiten zuzuschreiben sind. Und als zweites, daß diejenigen, welche in dieser Situation der Trennung geboren werden, nicht als verantwortlich für die Sünde der Trennung betrachtet werden dürfen. Das scheinen grundlegende Dinge zu sein, und doch geraten sie leicht in Vergessenheit. Und in der Tat vergessen sie viele Menschen, oder tun wenigstens so, als vergäßen sie sie.

gezeichnet sind, und von den Söhnen der katholischen Kirche werden sie als Brüder im Herrn anerkannt.

«Außerdem können sich, von den Elementen oder Gütern, aus deren Komplex die Kirche selbst erbaut und belebt wird, einige oder vielmehr: recht viele außerhalb der sichtbaren Grenzen der katholischen Kirche befinden, wie das geschriebene Gotteswort, das Leben in Gnade, der Glaube, die Liebe, die Hoffnung, sowie weitere innere Gaben des Heiligen Geistes und sichtbare Elemente: All diese Dinge, die von Christus stammen und zu ihm führen, gehören rechtermaßen der einzigen Kirche Christi.

«Auch nicht wenige heilige Taten der christlichen Religion werden von den von uns getrennten Brüdern getan, und zwar auf verschiedene Weisen, gemäß der unterschiedlichen Lage einer jeden Kirche oder Gemeinde; sie können zweifelsohne tatsächlich das Gnadenleben bewirken und können als geeignet bezeichnet werden, den Zutritt zur Heilsgemeinschaft zu erschließen (...).

«Dennoch genießen die von uns getrennten Brüder, sowohl als einzelne Menschen als auch im Schoße ihrer Gemeinden und Kirchen, nicht jene Einheit, die Jesus Christus hat all denen zuteil kommen lassen wollen, die er miteinander neugeschaffen und belebt hat zu einem einzigen Leibe und einem neuen Leben (...). Tatsächlich kann man nur durch die katholische Kirche Christi, die das allgemeine Heilsinstrument ist, die *ganze Fülle der Heilsmittel erlangen**.»

Und im gleichen Dokument lesen wir:

«Es ist notwendig, daß die Katholiken mit Freude die wahrhaft christlichen *Werte anerkennen und wertschätzen*, die sich, vom gemeinsamen Vermögen herrührend, bei den von uns

* *Unitatis redintegratio*, 3. Es ist seltsam, daß einige Verfasser, obwohl man in der Konzilsprache von «Respekt und Liebe» spricht, unerschrocken fortfahren, Ausdrücke wie «protestantische Sekten» mit offensichtlich abfälligem Ton zu gebrauchen, während das Konzil von «Kirchen und Gemeinden» spricht.

getrennten Brüdern befinden. Die Reichtümer Christi und die tugendhaften Werke im Leben der anderen anzuerkennen, die da für Christus Zeugenschaft ablegen, manchmal sogar durch Blutvergießen, ist nur gerecht und heilsam: Denn Gott ist stets wunderbar und erhaben in seinen Werken*.»

Ein bekannter Theologe, Congar, hat von sich aus, noch vor dem Konzil, sehr richtig bemerkt:

«Es ist nicht gesagt, daß alles von dem Glauben, dem man bislang angehangen hatte, falsch und wertlos gewesen sei. In ihm gab es bereits heilige Wirklichkeiten, tatsächliche Werte, die jedoch unvollkommen und mehr oder weniger mit Irrtümern vermengt waren. Dermaßen, daß es, wenn man sich von einem christlichen Bekenntnis zur Kirche bekehrt, nichts von dem abzuleugnen gibt, was man bereits an Wahrem, Gutem, Christlichem besessen hat; man reicht dieses vielmehr dahin zurück, wo er herstammte, korrigiert es, kräftigt es, vervollständigt es und vollendet es durch die Gemeinschaft an einer Einheit, die Fülle der Gnade und der Wahrheit ist. Die Konversion als solche ist Vollendung.»

Nun denn, in Karl Steebs Falle hat die Konversion genau diese Bedeutung einer «Vollendung».

Und es wäre höchst ungerecht, nur das in Betracht zu ziehen, was er empfangen hat, und dabei das zu übersehen oder – in falsch verstandener apologetischer Absicht – herabzusetzen, was er «bereits besaß», was er mit sich brachte.

Und bezeichnend ist die Tatsache, daß daraufhin in den Formularen der heiligen Inquisition der Ausdruck Widerruf, Abschwörung durch den zutreffenderen, vor allem aber, vom psychologischen Standpunkt gesehen, verständnisvolleren, weniger verletzenden, feinfühligen des «Glaubensbekenntnisses» abgelöst wurde, welcher vielmehr in positiver Weise das Anhängen an die katholischen Glaubensgrundsätze unterstreicht und nicht so sehr die Absage an die Irrtümer.

* *Unitatis redintegratio,* 3.

Man würde Karl Steeb – und auch der Sache des Ökumenismus – einen äußerst schlechten Dienst erweisen, wollte man *heute* seinem «Abschwur» auf die gleiche polemisierend-triumphierende Weise eines Siegers und Konkurrenten die Bedeutung beimessen, die er damals – in Anbetracht des unterschiedlichen Klimas – gehabt hat. So bemerkt Msgr. Charrière: «Die Gemeinschaft kann nicht durch den Triumph der einen über die anderen verwirklicht werden.»

Viel besser ist es, Karl Steeb als den Menschen darzustellen, der *persönlich* jene Gemeinschaft *vorwegnimmt*, zu der alle Christen gerufen werden, und zwar ohne dabei anachronistische Haltungen von Wetteiferern oder Siegern einzunehmen.

Sein Glaubensbekenntnis wird auf diese Weise, mehr denn ein Abschwur, vor allem das Ziel der Erfüllung, der Fülle*. Was besagen will, daß er diesem Entschluß eine weitaus andere Bedeutung beimaß. Und gewisse verdammende Äußerungen von ihm hinsichtlich seiner Irrtümer aus der Vergangenheit lassen in diesem Zusammenhang keinerlei Zweifel zu.

Ich meine, daß diese seine Haltung mit der Mentalität der Zeit und der Umwelt, in der er gelebt hat, in Zusammenhang gebracht werden muß (mehr denn ein wahres Einanderkennen unter Katholiken und protestantischen Kirchen gab es einen Austausch von Anschuldigungen). Die Bedingtheit ist hier vollkommen logisch und natürlich. Es könnte ja nicht anders sein. Das Klima war eben das, was es war. Heute können wir die Dinge mit größerer Gelassenheit bewerten. Andererseits fällt es selbst dem Betroffenen äußerst schwer, das Inventar dessen aufzustellen, dem er absagte und dessen, was er annahm. Viel einfacher ist es für die Hagiographen, *en bloc* ein ganzes Kapitel verdammend auszustreichen und . . . eine Seite weiter zu blättern. Gleichsam als ob die Gestalt dadurch an

* Ich sehe einen Einwand voraus. Karl Steeb, wird man sagen, wird Jahr um Jahr den Tag seines Widerrufs feierlich begehen.

Größe gewänne und ihr Entschluß heldenmütiger erschiene. Statt dessen scheint mir, daß die Zuwendung zur katholischen Kirche ein um so größerer Akt ist, weil sie den Übergang von einem unvollkommenen Licht zur Fülle des Lichtes bedeutet, den Übergang von der Bruchstückhaftigkeit zur Ganzheitlichkeit. Und somit nicht einen *Bruch*, sondern eine Vollendung. Er «bricht» nicht so sehr mit sich selbst, sondern mit einem Milieu, einer Denkungsart und, vor allem, mit ihm nahestehenden Menschen.

Und wer kann uns am Ende schon erklären, was der Akt des «Abschwörens» wirklich für Don Carlo Steeb bedeutet hat? Ich meine, was dahinter steckte, in jener tiefen Zone des Mysteriums, dessen nur er sich bewußt war, und das sich notwendigermaßen den Blicken der anderen entzog? Mit anderen Worten: Er gewahrte eine Wirklichkeit, war sich eines Weges bewußt, der weit über den Akt der sogenannten Abschwörung hinausreichen würde.

Der liebe Gott und die lieben Psychologen

Im Alter von zwanzig Jahren stand er also allein, von der Familie verstoßen, mittellos in einem fremden Lande und sah sich gezwungen, eigenhändig sein Brot zu verdienen.

Zum Glück fehlte es ihm nicht an Freunden, die ihn wegen seines Mutes, seiner seriösen Haltung und seiner aufrichtigen und ungekünstelten Herzlichkeit wegen schätzten. Diesen gelang es, wohlhabende Familien von Verona für den Fall des jungen Konvertiten zu interessieren und einige Wohltäter anzuwerben. Und so konnte Karl ohne übermäßig Mangel zu leiden sein Leben fristen.

Es wurde ihm sogar ein Sommeraufenthalt auf dem Lande geboten, den er mit langen Spaziergängen und selbst mit

Treibjagden ausfüllte; letztere entschieden erfolglos (er selbst erklärt seinen Freunden – mit ein klein wenig Koketterie –, daß die leere Jagdtasche nicht seinen schiefen Schüssen zuzuschreiben sei, sondern lediglich dem außergewöhnlichen Mangel an Vögeln ...).

Und währenddessen reifte in ihm der Entschluß, sich auf das Priestertum vorzubereiten.

Hier nun verspürt der Biograph ein wenig Enttäuschung. Er würde gern die Evolution verfolgen, einzelne Etappen mit dem Leitfaden einer subtilen, scharfsinnigen psychologischen Deutung zusammennähen, Ursachen aufdecken, ausschlaggebende Ereignisse festhalten, ein paar erhellende Anekdoten aufstöbern.

Und statt dessen hält er nichts als ein nüchternes bürokratisches Dokument in Händen. Es handelt sich um die Bittschrift an den Papst, die wie folgt lautet: «Da der demütige Bittsteller sich danach sehnt, in den Geistlichen Stand zu treten, um seinen Nächsten von größerem Nutzen sein zu können, und da sich dem die Widrigkeit entgegenstellt, Sohn von Häretikern zu sein und sich zur Häresie bekannt zu haben, fleht er Eure Heiligkeit an, ihm wohlwollend die Absolution erteilen zu wollen ...»

Mehr läßt sich nicht zum Vorschein bringen. Das ist alles, was wir als «persönliche Bekenntnisse» hinsichtlich seiner Berufung zum Priestertum besitzen: Den nichtssagenden Text eines offiziellen Dokuments.

Und somit ist es nutzlos – und unredlich! – in unserer Neugier zu spintisieren oder, noch schlimmer, mit anmaßenden Deutungen auszuhelfen.

Karl Steeb hat beschlossen, Priester zu werden, und damit basta.

Und er ist der Typ, der eher Entschlüsse faßt, als daß er Erklärungen abgibt. In seinem Leben sind es die Fakten, die da zählen: an Kommentaren herrscht Mangel. Wir müssen uns halt daran gewöhnen, Karl zu sehen, wie er gewisse Dinge tut und dann regelmäßig vergißt – oder keine Zeit oder Lust dazu hat –, uns zu erzählen, weshalb er jene Dinge getan hat.

Andererseits ist es der allmächtige Protagonist jeder Berufung, der, welcher in solchen Fällen stets die Initiative ergreift, der da ruft, Verhandlungen führt, ohne dabei die Massen von Neugierigen auf sich aufmerksam zu machen. Und hat er erst einmal das Ja des Betroffenen erlangt, so ist es nicht seine Gewohnheit, bei den «Konsultorien» von Theologen, Psychologen, Soziologen und «Experten in Fragen der Berufung» vorzusprechen (ich möchte ja mal einen dieser Klugsprecher sehen, wie er Christus «analysiert», der einer Schar von Fischern einen Wink gibt), um mit Rechtfertigungen zu dienen. Er nimmt sich einfach seinen Jünger und überläßt es den Spezialisten, die Netze ihrer ausgeklügelten Analysen zu spannen, in denen sie das Mysterium an Land ziehen möchten.

Nie wie in diesem Falle sind die beiden Gesprächspartner, die Haupt- und die Nebenperson, Komplizen; geht es doch darum, privat und intim, in stillschweigendem Übereinkommen das Wesentliche des Ereignisses abzuschirmen, das nur sie beide etwas angeht.

Karl bleibt gerade noch Zeit genug, um in der Amtssprache seine Bittschrift aufzusetzen. Im übrigen ist er zu sehr damit beschäftigt, sich die Gabe zu bestaunen, die ihm da zuteil wurde.

Und sein Erstaunen ist die Antwort auf den Ruf.

Es gereicht uns nur zum Nachteil, wenn wir fortfahren, neugierig mit immer tiefergehenden Sonden Einzelheiten auszugraben, wenn wir jenes Wunder nicht zu respektieren wissen, wenn wir uns nicht mit dem Erstaunen begnügen, uns nicht bescheiden zurückziehen.

Unsere Aufdeckungsversuche enthüllen nur unsere eigene maßlose Vulgarität, mit der wir das Mysterium profanieren.

Er ist wirklich arm. Sie ist schon paradox, seine Lage: Es ist nicht einmal feststellbar, daß er jemals geboren wurde! Denn ihm wird nicht nur alles Hab und Gut entzogen, sondern das Elternhaus verweigert ihm sogar die Geburtsurkunde und den Taufschein. Weshalb er gezwungen ist, auch diesbezüglich um eine Dispens zu ersuchen und um Erlaubnis, die fehlenden Dokumente mit einer Eidesleistung zu ersetzen.

Aus Rom treffen Absolution und Dispens ein. Und zu Ostern 1794 wird Carlo, nachdem er die Tonsur empfangen, «hochwürdiger Kleriker».

Seine Formung obliegt den zwei Patres Bertolini, beide Oratorianer. Pater Francesco nimmt sich Karls Intellekt, Pater Giovanni Battista seiner geistigen Leitung an. Und die alte Mutter der beiden Priester, die Witwe ist, nimmt Carlo in ihrem reichen Hause als Gast auf. So kann sich der junge Mann, nachdem er die niederen Weihen empfangen, in einer Atmosphäre der Ruhe und Sammlung auf das Priestertum vorbereiten.

Am 19. September 1795 wird er Subdiakon. Und zu Pfingsten des darauffolgenden Jahres ist er Diakon.

Währenddessen erlebt die Stadt bange Tage. Napoleon führt seine Heere zur Eroberung der Poebene.

Die Piemonteser hat er zum Waffenstillstand von Cherasco gezwungen, und nun will er mit den Österreichern abrechnen.

Bonaparte hatte seinen «nackten und ausgehungerten» Soldaten versprochen: «Ich will euch in die fruchtbarsten Ebenen der Erde führen. Dort werdet ihr Ruhm, Ehre und Reichtümer erlangen.» So wenigstens lauten die offiziellen historischen Texte. Es hat jedoch den Anschein, als seien die genauen Worte folgende gewesen: «Dort werdet ihr zu Ruhm und Beute kommen.» Eine recht ins Gewicht fallende Nuance, die sehr vieles erklärt ... Es bestehen keine Zweifel, daß vor allem die Aussicht auf «Beute» eine ausschlaggebende Anziehungskraft auf diese recht zerlumpten Soldaten ausgeübt haben muß.

In Verona denkt man, den religiösen Überlieferungen der Stadt getreu, daran, in aller Eile alle heiligen Nothelfer mobil zu machen. Der Stadtrat ordnet unverzüglich die Exposition des Allerheiligsten Sakramentes in San Zeno an sowie das Zelebrieren von heiligen Messen für die Seelen im Purgatorium, um «von der göttlichen Gnade Schutz vor allem Übel und Unglück zu erflehen . . .»

Doch all das hindert Napoleon nicht daran, sich der Stadt immer mehr zu nähern und erbarmungslose Repressalien gegen die Stadt anzudrohen, die in seinen Augen die Schuld trifft, sich nicht neutral genug verhalten zu haben.

Man versucht auf alle nur erdenkliche Art, ihn zu besänftigen, besonders dank der Vermittlung des Generalinspektors für Zulieferungen auf dem Festland, der vom venezianischen Senat gewählt worden war.

Bonaparte zeigt sich am Ende weniger unnachgiebig und nimmt seinen Entschluß, die Stadt zu zerstören, zurück. Auf jeden Fall wird er nicht darauf verzichten, Verona zu bombardieren, falls er an seinen Toren dem geringsten Widerstand begegnen sollte.

Wer kann, – und das sind Tausende – flieht in Richtung Vicenza, in Hunderten von Karossen und anderen Fahrzeugen.

Am 1. Juni hält Napoleon, dem ein berittener Spähtrupp vorangeht und eine Dragonerschwadron folgt, seinen Einzug in Verona. Ein bedrückendes Schweigen lastet über der Stadt; die zurückgebliebenen Bewohner haben sich in ihren Häusern verschanzt.

Der Eroberer ist begeistert von der Stadt, von ihrer Lage, ihren Monumenten. Etwas weniger begeistert sind die Veroneser, die die Schikanen des neuen Herrschers ertragen müssen, die Durchsuchungen, die unerbittliche Besteuerung (da gibt es ungefähr zwölftausend französische Soldaten zu versorgen), und die Verantwortlichen haben alle Hände voll zu tun, um zur Mäßigung aufzufordern. Gewiß wird die Luft des Monte Baldo in dieser Situation nicht mehr wahrgenommen.

Dann geschieht es ganz unvermittelt, zu Ende des Juli, daß die Franzosen die Stadt verlassen, um dem österreichischen Heer des Marschall Wurmser nachzustellen und zu zertrümmern. Die Veroneser atmen tief auf vor Erleichterung, da sie die Österreicher anrücken sehen. Doch nach etwa zehn Tagen ist Napoleon erneut in der Nähe, und wenige Kanonenschüsse reichen ihm aus, um das Stadttor von San Zeno einzurammen und erneut Besitzer der Stadt zu werden, die dazu verdammt ist, seine Dreistigkeiten, wenn auch nicht ganz in ihr Geschick ergeben, über sich ergehen zu lassen.

Trotz dieser «kleinen Störungen» wurde Karl Steebs Ausbildung – wie auch der Lehrgang im Seminar – nicht verzögert oder unterbrochen. Tatsächlich empfängt er am 8. September jenes Jahres ganz regulär die Priesterweihe.

Auch hier möchte der eine oder andere etwas mehr im Hinblick auf jenen Tag erfahren. Und wer weiß, mit wie vielen sentimentalen Ausschmückungen und rhetorischen Erkünstelungen.

Doch es ist wohl besser, unserem frischgebackenen Priester unsere Indiskretion zu ersparen und seine Gefühle vor unserer wortreichen Neugier zu schützen.

Viel beredter sind dafür die dürftigen Zeilen, die wir in den Pfarregistern der Kirche von San Pietro Incarnario finden: «Der hochw. Kleriker Don Carlo Steeb hat heute früh um 9 Uhr seine erste Heilige Messe zelebriert; den 9. September 1796.»

Es gibt Menschen, die Gedichte schreiben.

Und dann gibt es solche – wenige, in Wahrheit –, deren

Leben Kunst, ja Meisterwerk ist. In solchem Falle kann auch ein Datum, die einfache Angabe einer Stunde, die sachliche Registrierung eines Ereignisses Poesie sein. Zumindest für diejenigen, welche Blick und Herz in die Wirklichkeit der Menschen zu versenken verstehen, ohne genießerisch am Lack der Äußerlichkeit zu verweilen.

Das Licht auf dem Fensterbrett

Einige übergründliche Chronisten berichten, der einzige Vorteil, den die Stadt von der napoleonischen Besetzung davongetragen habe, sei die nächtliche Beleuchtung der Straßen gewesen. Tatsächlich wurde Befehl erteilt, daß die Hausbesitzer verpflichtet wären, ein Licht in die Fenster zu stellen, die auf die öffentlichen Straßen gingen.

Abgesehen von der Nachtbeleuchtung wurde Veronas Lage von Tag zu Tag unhaltbarer.

Denn gerade von Verona aus stellte Napoleon mit seinem militärischen Genie die Falle des vorgetäuschten Rückzugs nach Peschiera, was ihm ermöglichte, die Österreicher zu überraschen und dadurch seine eindeutige zahlenmäßige Unterlegenheit gegenüber dem Feinde auszugleichen. Und das führte zum Sieg von Arcole (November 1796).

Der Sieger schreibt begeistert an die Gemahlin: «Endlich, liebe Josephine, lebe ich wieder auf. Ich habe den Tod nicht mehr vor Augen (. . .). Wir haben fünftausend Gefangene gemacht, sechstausend Feinde getötet.»

Weniger begeistert ist der Stadtkommandant und Vizestatthalter von Verona, der in einem harten, an Napoleon gerichteten Brief in düsteren Farben ein Bild der Stadt malt, die sich gezwungen sieht, einen unmöglichen Preis für jene Siege zu bezahlen:

«... Sämtliche Orte, in denen die französischen Truppen Quartier genommen hatten oder durchgezogen waren, wurden teils mehr, teils weniger der grausamsten Unterdrückung ausgesetzt. Die Schrecken des Krieges in einem feindlichen Lande können nicht größer sein als die, welche das gastfreie Land der Republik Venedig erfahren hat. Ganze Ländereien sind verwüstet. Kornspeicher und Keller geplündert, Pferde, Ochsen, Tiere aller Art geraubt, Möbel und Häuser zerstört oder versengt, Jungfrauen vergewaltigt, Heiligtümer entweiht, heilige Gefäße fortgetragen, einige der Einwohner getötet, unzählige beraubt und so weit gebracht, daß sie arm und heimatlos herumirren und für ihre Kinder im zarten Alter um Obdach und Nahrung betteln.

«Alles ist den Soldaten erlaubt, was sie begehren. Die Einwohner, die des Nachts wenig sicher sind, sehen sich auf den Straßen überfallen, werden ausgeraubt und beleidigt.»

Das ist es, was der Kommandant von Venedig beanstandet: «Die Bedrängungen haben den Gipfel erreicht; die Verzweiflung der Untertanen berührt bereits die Grenze des Erträglichen.

So möge man aufhören, die Stadt zur Kaserne zu machen, man möge die Häuser von den Scharen räumen, die sie besetzt halten und mit Gewalt in der Art von Besitzern fordern, was ihnen nicht zusteht; Straßen und Land mögen wieder sicher, Passanten nicht überfallen und beraubt, der Besitz der Städter und ihr Leben respektiert werden; Plündereien und Gewalttaten ein Ende nehmen*.»

Offensichtlich ließ dieser Protest den Eroberer völlig gleichgültig. Was wollten sie denn sonst noch, diese Veroneser, was hatten sie sich so zu beklagen, er begriff es wirklich nicht. Mein Gott, selbst die Straßenbeleuchtung hatten sie jetzt ...

* *Chronologisch geordnete Sammlung der unveröffentlichten Dokumente, welche die diplomatische Geschichte der Revolution und des Falls der Republik Venedig bilden,* Augsburg, 1799, Band 1, S. 248.

Doch die Veroneser begnügten sich keineswegs mit der nächtlichen Beleuchtung ihrer Straßen. Noch weniger hatten sie Anlaß, über den aufsehenerregenden Sieg von Rivoli oder die endgültige Kapitulation von Mantua, nach langen Monaten der Belagerung, begeistert zu sein. Die Erfolge bewirkten nicht, daß sie die Anwesenheit der Garnisonen des Generals Bonaparte als weniger unangenehm und störend empfanden. Und das sagten sie ihm auch unmißverständlich anläßlich des Osterfestes.

Die Episode des «Veronesischen Osterfestes» wurde nie vollkommen erhellt, besonders hinsichtlich des Funkens, der sie hatte explodieren lassen (ein Einberufungsbefehl, der die Unterschrift eines napoleonischen Offiziers trug, stellte sich später als gefälscht heraus).

Es war am Ostermontag, 17. April 1797. Viele Gläubige waren zur Vesper in der Kirche. Der Chor setzte mit der ersten Antiphone ein: «Angelus autem Domini descendit de caelo, et accedens revolvit lapidem, et sedebat super eum, alleluja, alleluja.» Das Dröhnen der Orgel wird übertönt vom Donner des ersten Kanonenschusses. Diese brutale «Antiphone» wurde vom Schloß San Felice abgefeuert. Und das Volk, das sich erregt in die Straßen ergießt, begreift sofort die finstere Bedeutung des Ganzen. Irgend jemand reagiert sofort und hängt sich an die Taue der Glocken, die Sturm läuten. Viele eilen mit Flinten und Heugabeln bewaffnet herbei. Es kommt zu einer grimmigen Jagd auf die Franzosen oder deren Anhänger. Der Haß, der seit geraumer Zeit aufgekeimt und von all den Drangsalen und Mißbräuchen genährt worden war, kommt in seiner ganzen blinden Heftigkeit zum Ausbruch. Die Zahl der Toten steigt auf hundert.

Das Ganze dauert mehrere Tage. Die Kanonen feuern ihre Schüsse von den Schießscharten der die Stadt umgebenden Burgen ab, und die Sturmglocken scheinen wild geworden zu sein.

Kurz und spannungsgeladen sind die Zeiten des Waffenstillstandes, da krampfhaft verhandelt wird. Auf die gebieterischen Befehle zu bedingungsloser Ergebung antwortet man abschlägig, da eine solche Kapitulation als demütigend empfunden wird; die beiden Seiten versteifen sich, dann kommt es zu erneuten Versuchen, Konzessionen; es werden Garantien verlangt; und schon werden die Bombardements und Schießereien wieder aufgenommen. Nur Venedig scheint das Dröhnen der Kanonen nicht zu hören und bleibt angesichts der eindringlichen Gesuche der getreuen Veroneser Untertanen taub und unglaublich gleichgültig.

Am 26. April endlich erscheint die weiße Fahne auf den Türmen der Stadt, wo inzwischen das Ende der Welt angebrochen zu sein scheint. Die französischen Soldaten kommen mit großer Behutsamkeit herbei, um sie zu besetzen (ohne dabei zu vergessen, die unbewohnten Häuser pflichtschuldigst zu plündern). Das Pfandhaus, in dem Schätze unberechenbaren Wertes verwahrt werden, wird buchstäblich geleert. Auf die Köpfe der Bürger hagelt es erneut maßlose Steuern.

Drei der Hauptverantwortlichen des Aufstandes werden auf den Bollwerken der Porta Nuova hingerichtet.

Ein weiteres trauriges Schauspiel, das der Bevölkerung geboten wird, ist der Bischof, Msgr. Avogadro, der schleppenden Schrittes den Pfad zum Gefängnis emporsteigt . . .

Napoleon war es inzwischen ein leichtes, die Zahl seiner Toten zu vervierfachen und eine beispielhafte Bestrafung über die rebellische Stadt zu verhängen, in der eine demokratische Stadtobrigkeit unter französischer Beaufsichtigung eingesetzt wird.

Überall ragen auf einmal, Bäumen gleich, Maste in die Höhe, über deren Zweck die Veroneser nur recht ausweichende Auskünfte erhalten, doch immerhin der Art, daß sie gerechtfertigtermaßen Verdacht hegen: Es sind die Maste der Freiheit.

Und es bleibt, selbstverständlich, die nächtliche Straßenbeleuchtung. Zu Lasten der Hausbesitzer.

Don Carlo Steeb befindet sich unter denen, die kein Licht ins Fenster zu stellen brauchen, weil er kein eigenes Haus besitzt.

Doch zum Ausgleich schickt er sich an, ein wesentlicheres Licht in jenen abenteuerlichen Jahren anzuzünden.

Eine Flamme ist das, die dieser junge Priester da angezündet hat, die das Dunkel der allzu vielen «denkwürdigen Daten» aufhellen soll.

Und sie wird brennen, Tag und Nacht, mehrere Jahre lang.

Während Napoleon und seine Freunde und Feinde sich darum sorgen, sich mit Ruhm zu bedecken, und sich abmühen, «glänzende Seiten Geschichte» zu schreiben, ist er, der junge deutsche Priester, dazu gezwungen, sein bescheidenes Licht unter Aufbringung unbeschreiblicher Opfer am Brennen zu erhalten.

Die Dunkelheit wäre sonst vollständig – für alle.

Herz ist Trumpf

Und für Don Carlo Steeb, den dreiundzwanzigjährigen Priester, war es sofort klar: Sein Platz war das Lazarett.

Vom Ideal der «Brüderlichkeit» inspiriert und unterstützt von der famosen «Dreigroschengesellschaft», wird er, der bereits mit einer kleinen Schar von engagierten Menschen in Kontakt steht, das «neue Gebot» anhand von Taten verkündigen, durch die tragischen Geschehnisse jener Zeit dazu angeregt, sein Werk auf einem ganz bestimmten Gebiet zu verrichten: dem der kranken und verwundeten Soldaten.

Die Franzosen fuhren fort, auf Kosten der Österreicher wichtige Schlachten zu gewinnen. Und zwischen einem Erfolg und dem anderen gewährten sie sich sogar einige makabre

Vergnügungen, wie zum Beispiel das, in dem Dominikanerkloster von Sant'Anastasia, wo sie die Kadaver ausgegraben hatten, um mit den Totenschädeln Ball zu spielen.

... «Und die Veroneser müssen's bezahlen», bemerkte dazu mit bitterer Ironie Graf Benedetto del Bene. Aber es waren nicht nur die Adligen, die in den Genuß des ungewöhnlichen «Privilegs» kamen, zahlen zu dürfen, sondern alle, unterschiedslos, auch die armen Teufel. Jemand hat berechnet, daß die französische Besatzung die Veroneser, an Unterhaltskosten für die Truppen, Schadenersatz, patriotischen Feierlichkeiten, Steuern, geraubtem Gut u. a., etwa auf siebzig Millionen des damaligen Geldes zu stehen gekommen ist. Auf diese Weise haben sich also im Laufe weniger Jahre die in Jahrhunderten mühsam angesammelten Schätze verflüchtigt.

«Und die Veroneser müssen's bezahlen.» Doch auch Don Carlo Steeb hat bezahlt, obwohl er ja nur Wahlveroneser war.

Er bezahlte, und zwar in einem Milieu, in dem sich der Krieg von seiner anderen Seite in aller Brutalität zeigte, und wo Hunderte von Soldaten Dekorationen zur Schau trugen, die aus Wunden und ... ansteckenden Errungenschaften bestanden.

Ihnen zu dienen, bedeutete, zumindest in seinen Augen, ein großes Privileg, das ihm selbst die neue demokratische Gesinnung nicht abzusprechen wagte.

Die Spitäler reichten nicht aus, um jene ergreifende Ausstellung menschlicher Verwüstung zu fassen. Es mußten weitere improvisiert werden, wozu Kasernen, Klöster und selbst Kirchen in Anspruch genommen wurden.

Über tausend österreichische Gefangene, die von Fieberepidemien betroffen waren, sollten auf dem schnellsten Wege von Trient eintreffen, wo man sie auf rudimentären Flößen den Strömungen der Etsch anvertraut hatte.

Im Lazarett gelang es nicht, für alle Platz zu schaffen.

Von den Flößen wurden unaufhaltsam Österreicher ausgeschifft. Die Franzosen wurden hingegen auf Wagen angefahren.

Im Oktober 1796 erreichte die Zahl der Lazarettinsassen zweitausend.

Ein Arzt beschreibt die Lage wie folgt:

«Der Zustand dieser Unglücklichen ist wirklich mitleiderregend, denn es fehlt an all dem, was die Verwaltung ihrer Truppen zu liefern hätte; sie haben keine Betten, keine Decken, keine geeignete Nahrung, noch Medikamente in ausreichenden Mengen ... Und daher kommt es, daß die Tertianfieber leicht in Faulfieber und bösartige Fieber degenerieren ...»

Es fehlte an allem. Es fehlten Decken, Strohsäcke, Medikamente, anständige Kost, Verbandzeug. Es fehlten selbst die Karren, um die Kadaver fortzufahren.

Zum Glück ist da ein junger Priester, der nichts besitzt und somit bereit ist, sich selbst voll und ganz für jene Männer herzugeben, die in seinen Augen, welche sie nicht auf banale Weise in «Freund» und «Feind» einteilen, ganz einfach «Brüder» sind.

Es fehlt alles, im Lazarett.

Doch ein junger deutscher Priester namens Karl Steeb ist eingetroffen, duftet noch förmlich nach dem Öl seiner Priesterweihe, bekleidet kein offizielles Amt, kennt drei Sprachen ... Andererseits braucht er, um sein Herz in einem Milieu zur Verfügung zu stellen, wo es an allem fehlt, keine besonderen Genehmigungen.

Es ist so: Es beginnt mit der Herausforderung durch einen Priester, der nichts weiter zu bieten hat als die Reichtümer seines Herzens.

Sie erscheint einem wahnsinnig, diese Herausforderung.

Ein einziges Herz gegenüber einem erdrückenden Haufen von Elend, Notdurft, Unglück, Leiden aller Art.

Ein einziges Herz geht das Unmögliche an.

Es ist die Herausforderung, nein besser: das Wunder der Barmherzigkeit.

Quellenstudium à la Steeb

Durch den Staub, den Napoleon in Verona aufgewirbelt hatte, waren viele «Kleriker» von ihren beliebten humanistischen und wissenschaftlichen Studien abgelenkt worden.

Jetzt gab es zwei «Stadtpriester», die den «Saal für Öffentliche Belehrung» leiteten, Sitz der Patriotischen Gesellschaft, die darauf bedacht war, den Prozeß der Demokratisierung zu beschleunigen. Wenn auch etwas naiv, ungemäßigt, recht viele Fehldeutungen auf sich ladend, bemühten sie sich, im Volk ein demokratisches Bewußtsein zur Ausreifung zu bringen. Und in vieler Hinsicht können sie als Vorkämpfer betrachtet werden, vor allem auf sozialem, erzieherischem und politischem Gebiet.

Es gelang den Ideen jakobinischen Gepräges jedoch nie, tief in den Geist des Volkes einzudringen. Auch weil die großmäuligsten Befürworter des Freiheitsprinzips ausgerechnet Anhänger jener Franzosen waren, die sich, und zwar an erster Stelle, die Freiheit nahmen, heimlich in der Stadt und ihrer Umgebung herumzustehlen. Als dann Napoleon Venedig – und Verona – an Österreich abtrat (17. Oktober 1797, Campoformido), erlitt die Glaubwürdigkeit der «Patrioten» in der öffentlichen Meinung einen harten Schlag.

Und es gab andere Priester, darunter Karls Freund Don Leonardi, die sich am Bett der Kranken aufopferten.

Es gab sogar einen Kleriker, der sich auf das Priestertum vorbereitete, indem er das Studium der theologischen Texte mit ständigen Besuchen in den Spitälern abwechselte. Er nannte sich Gaspare Bertoni. Er wird später die Stigmen-Kongregation ins Leben rufen.

Und dann gab es, vor allem, Don Carlo Steeb, der sich in seine historischen Studien verbiß.

Man kann geschichtliche Studien treiben, indem man sich über Bücher beugt, oder indem man Zeitungen liest, oder aber indem man die sogenannten Hauptgestalten interviewt.

Don Carlo hatte letztgenannte Möglichkeit. Und er beabsichtigte nicht, sie sich entgehen zu lassen. Auch wenn es ihn recht teuer zu stehen kam.

In der Etschkrümmung, am rechten Ufer des Flusses, dort wo das Lazarett errichtet war, kam ihm ein recht kostbares Menschenmaterial unter die Hände.

Eines Tages treffen zahlreiche Scharen von Verwundeten ein: Und er erfährt von der Schlacht von Caldiero (11. November 1796) mit Anatomie am Lebenden.

Ein anderes Mal wird ein Haufen Soldaten in erbarmungswürdigem Zustand ausgeschifft. Und er wird unterrichtet über die Schlacht von Arcole (15.–17. November) mit Anschauungsmaterial.

Eine weitere schaudererregende Prozession zerstörter Leiber «erklärt» ihm die Schlacht von Rivoli (10.–14. Januar 1797).

Das Ende der Belagerung von Mantua (2. Februar) wird ihm hingegen von einem ganzen Schwarm österreichischer Gefangener «gemeldet», die unmißverständlich die Zeichen monatelanger Entbehrungen und Anstrengungen tragen und von ihren Wunden geplagt werden, die nie richtig behandelt worden sind.

Lange Wochen haben sie das infizierte Fleisch von Tieren gegessen, die die Maul- und Klauenseuche hatten.

Wie auch immer die Kriegsgeschäfte ausgingen, im Lazarett gab es stets den gleichen, herzzerreißenden Anblick: erledigte Menschen, für die man einen Strohsack auftreiben mußte, um den von Fieberschauern geschüttelten Leib darauf zu betten; Wunden, die zu behandeln waren, Sterbende, denen man wenigstens ein Abschiedslächeln mit auf den Weg geben mußte, um sie über all diese grausame Einsamkeit hinwegzutrösten.

Über diesem täglichen, barbarischen Anblick hat Don Carlo Steeb gewiß das Absurde unseres Unterscheidens zwischen Siegen und Niederlagen erkannt. Wenn die Menschen Kriege führen, dann ist die Einteilung in Sieger und Besiegte eine schamlos konventionelle und bequeme Angelegenheit. Denn auf den Schlachtfeldern gibt es nur und ausschließlich *Besiegte.* Kriege werden immer «verloren». Man braucht nur einen Blick auf diese Strohsäcke da zu werfen, um sich dessen zu überzeugen.

«Wo es Krieg gibt, da fehlt Gott», ermahnte bereits Bernardino da Siena.

Wenn schon, dann trifft Gott, der regelmäßig auf den Schlachtfeldern fehlt, hinterher ein, im Spital, dank eines jungen Priesters, der zwischen diesen Strohsäcken und all diesem Elend herumläuft, in einem unerträglichen Gestank, und sich, wie eine «mitleidige Mutter» über jene vom Fieber und der Verzweiflung ausgezehrten Gesichter beugt.

Wenn man es sich recht überlegt, ist er der einzige und unumstrittene Sieger, er, Don Carlo Steeb. Und all die, welche ihm ähneln.

Doch das steht nicht in den Geschichtsbüchern, wie sie nach Menschenart geschrieben werden.

Der Himmel muß warten

Es war nicht schwer, dieses weitere Übel vorauszusehen.

Da es unmöglich war, die Befolgung der grundlegendsten Regeln der Hygiene zu gewährleisten, und weil diese von Entbehrungen und Krankheiten geschwächten Organismen zudem so gut wie keine Abwehrkräfte mehr besaßen, wurden der Epidemie sozusagen die Türen sperrangelweit aufgerissen.

Und schon haben wir das «Lagerfieber», das um sich greift und unbeschreibliche Verwüstungen anstellt.

Die ersten «Angesteckten», die niemand haben wollte, wurden wie Gegenstände zwischen Verona und Trient hin und her gestoßen und treffen Anfang Februar 1797 im Lazarett ein, das nur kurz geschlossen war.

Und wieder kommen auf der Etsch die mit pflegebedürftigen Gefangenen überladenen Flöße an. Pendeln wieder die in allen Fugen knackenden Wagen voller Kranker ihren Weg ab.

Ein offizieller Bericht liefert eine recht vielsagende Zahl über das, was sich da abspielte: «In der letzten Woche sind im Lazarett zweihundertachtundvierzig Menschen gestorben.» Also im Schnitt über fünfunddreißig Tote am Tag.

Es ist ein apokalyptisches Bild, das des Nachts erschreckende Züge annimmt. Das Dunkel wird hier und dort von fahlen Flämmlein unterbrochen. Wer auf einen Schrei, einen Klageruf hinzueilt, stolpert über diese Leiber, die zu Haufen ausgestreckt liegen, und zwar selbst in den Gängen und sogar im Freien, auf dem Hof.

Für Karl Steeb gibt es kein Innehalten. Für ihn gibt es keinen Wechsel von Tag und Nacht mehr, in seiner Aufgabe, sich über die Kranken wie eine mitleidende Mutter zu beugen.

Neben dem geistlichen Beistand, den er den Sterbenden leistet, verrichtet er von sich aus die niedrigsten und abstoßendsten Dienste. Er nimmt sich der Seelen an, doch vergißt er darüber nicht, auch die Leiber zu pflegen. Er tröstet die Verscheidenden und tut, was möglich und unmöglich ist, um die größtmögliche Zahl dem Tode zu entreißen. Seine Hand hebt sich, um zu segnen und die Absolution zu erteilen, doch legt sie sich auch liebevoll auf die vor Fieber glühenden Stirnen. Er nimmt die «Aufträge» derer entgegen, die sich anschicken, für immer die Augen zu schließen, und macht denen Mut, die da überleben.

Vor allem ist er jemand, der kämpft. Er schickt sich nicht in das Unvermeidliche. Und vergißt darüber das Schlafen, die Anstrengung, die Gefahr.

Nichts kann ihn halten, abschrecken, vorsichtiger werden lassen. Weder der unerträgliche Gestank noch die instinktive Abscheu, noch das immer größer werdende Risiko der Ansteckung.

In jenen namenlosen Gestalten, die da auf schmutzige Strohsäcke hingelagert wurden, die mit Wunden bedeckt sind und von Ungeziefer heimgesucht werden, vermag er – mit oder ohne Hilfe der fahlen Nachtlichter – das Antlitz, die Züge eines anderen zu erkennen ...

«Ich lag im Lazarett, und du hast dich liebereich über mich gebeugt ...»

«Ich konnte einfach nicht mehr, und du hast mir ein paar Stunden deines Schlafes geopfert ...»

«Ich verendete wie ein Hund, von allen verlassen, fern von Heimat und Familie, und du hast bei mir Mutterstelle vertreten ...»

Nur die Krankheit bringt ihn zum Stillstand. Der Flecktyphus, dem er ständig ausgesetzt war, greift ihn diesmal heftig an und setzt sein Leben aufs Spiel.

Don Carlo läßt seinen geistlichen Leiter rufen, um die «Tröstungen der Religion» zu empfangen.

Er sagt ihm, daß er zum Sterben bereit sei, und versichert ihm, daß er, vom Himmel aus, sowohl der Heimat gedenken werde, die ihn verleugnet hat, als auch der, die ihn aufgenommen hat. Unterschiedslos.

Doch Pater Giovanni Battista Bertolini versichert ihm:

«Dies ist nicht Eure Stunde. Gott ruft Euch nicht so früh zu sich. Im Gegenteil, er erwartet sich von Euch noch viel größere Dinge als die Ihr bisher getan habt.»

Wenn sein Zustand auch hoffnungslos erscheint, kommt er am Ende doch wieder zu Kräften und wird gesund. Tatsächlich sind da zu viele Menschen, die sich, ganz abgesehen von Gott, noch recht viele Dinge von ihm erwarten. Und Don Carlo ist nicht der Mensch, der Erwartungen enttäuscht, Hoffnungen zunichte macht.

Der Himmel kann diesmal noch warten. Denn hier unten gibt es Menschen, denen es an allem fehlt, und die nicht warten können.

Die Krankheit wird seinen Körper jedoch für immer zeichnen, so daß er immer wieder von Unwohlsein und körperlichem Leid befallen wird.

Also ein zusätzliches Kreuz. Aber den Christen hält ja das Kreuz nicht auf.

Im Gegenteil, er wird davon angespornt.

Im Falle Steeb wird daraus sogar noch ein Wettlauf werden.

Eine Front durch alle Fronten

Am 21. Januar 1798 traten die höchsten Würdenträger von Verona aus dem Neuen Tor, um dem kaiserlich-österreichischen Prokonsul, Baron von Kerfen, entgegenzugehen und ihm, auf einem silbernen Teller, die Schlüssel der Stadt zu überreichen.

Napoleon hatte, mit dem Vertrag von Campoformido, den famosen Tausch mit Österreich durchgeführt, dem er Venetien überlassen und dafür die Lombardei erhalten hatte.

Der General hatte in fast spöttischem Ton seine treuen Veroneser Patrioten «liquidiert», die ihm gegenüber ihren Sorgen über den Verlust der Freiheit Ausdruck gaben:

«Ihr wollt nicht dem Kaiser untertan sein? So verteidigt euch, nehmt die Waffen und kämpft für die Freiheit, wie wir es getan . . .»

Doch sie sorgten sich ja nicht nur um die Freiheit, sondern auch um ihre Haut.

«Was wird nur aus uns werden, wenn wir jetzt dem Haß des Volkes ausgesetzt sind?»

Und Bonaparte, mit gespielter Verblüffung:

«Wieso dem Haß des Volkes? Wenn ihr ihn durch schlechte Führung verdient habt, dann klagt nur über euch selbst.»

Und die Patrioten, die sich, nicht zu Unrecht, von ihrem Idol verspottet fühlten, suchten Hals über Kopf in den von den Franzosen überwachten Territorien Zuflucht.

Sie waren sich vollkommen klar darüber, was für eine Stimmung im Volke herrschte ...

In der Tat muß man erkennen, daß – wie ein aufmerksamer Historiker herausstellt – im Anschluß an die französische Besatzung, an den mächtigen erfrischenden Wind, der zusammen mit den napoleonischen Heeren das Land durchpeitscht hatte, Verona seine alte Stadtphysiognomie zu verlieren begann, die ihr, wenigstens dem Anschein nach, von Venedig erhalten worden war, und eine einheitliche und modernere Struktur annahm, was zweifellos die Überwindung der alten mittelalterlichen Welt bedeutete.

Doch die aus Frankreich gekommene Ideologie mit ihren Erneuerungsprogrammen lief mit einer systematischen und radikalen Verachtung all jener überlieferten Werte einher, an denen die gewöhnliche Mentalität zäh festhielt, weshalb eine fast unvermeidliche Krise der Abwehr ausgelöst wurde. Und als ob das noch nicht reichte, führten die Episoden der Gewalttätigkeit, die Entweihung der Kirchen und die Schändung der Klöster, der steuerliche Verdruß und die Drangsale aller Art dazu, daß die Sympathie der Bevölkerung für die Franzosen dahinschwand, wodurch die immerhin löblichen Versuche, ein demokratisches Bewußtsein zu schaffen, vergeblich verliefen.

Es erstaunt einen daher nicht, daß der Einzug der deutschen Truppen im Januar 1798 vom Glockengeläute der sechsundvierzig Pfarrkirchen der Stadt begrüßt wurde. Im Dom wurde das «Te Deum» gesungen. In sämtlichen Kirchen wurde ein Triduum der Danksagung an die Madonna des Volkes gehalten.

Auf dem Mast der Piazza delle Erbe wurde die zisalpinische Trikolore aufgezogen und das Banner mit dem kaiserlichen Adler gehißt. Auf der Piazza Bra wurde der berüchtigte Mast der Freiheit abgerissen.

Und während des Sommers führt die Polizei eine Aktion zur Moralisierung der «schamlosen» Sitten durch, indem sie bei der unverschämt lockeren Kleidung der Frauen ansetzt, welche, «indem sie die katholische Religion selbst in verachtungswürdigster Form beleidigen, sich kein Gewissen daraus machen, in einem solchen skandalösen Aufzug im heiligen Gottestempel zu erscheinen».

Doch die Kriegsgeschehnisse fahren fort, Verona in jenen qualvollen Jahren in Mitleidenschaft zu ziehen.

Die Bevölkerung bekommt Gelegenheit, die ungarischen Husaren aus der Nähe kennenzulernen, und auch die russischen Truppen (viele beobachten, daß sich die Russen, ehe sie zu essen beginnen, bekreuzigen). Und irgend jemand schreibt, ganz offensichtlich angenehm beeindruckt: «Sie haben viele Rosenkränze gekauft und geben zu erkennen, daß sie sehr fromm sind.»

Nach dem Frieden von Lunéville steht Verona plötzlich in zwei Teile gespalten da. Rechts der Etsch ist Verona *tout court,* das unter französischer Aufsicht steht. Und links vom Fluß haben wir Veronetta, das den Österreichern gehört.

Die Kurie, die Kathedrale und der Bischofssitz befinden sich auf französischem Gebiet.

Der Bischof hingegen läßt sich mit seinem Seminar bei den Österreichern nieder.

Don Carlos Wohnsitz liegt, vom geographischen Standpunkt betrachtet, auf der rechten Seite des Flusses.

Doch wie wir sehen werden, bringt ihn seine Tätigkeit dazu, ständig und ohne Unterschiede zu machen, von der einen auf die andere Seite überzuwechseln.

Die territorialen Teilungen scheinen ihn nichts anzugehen.

Sein «Territorium» ist das des Elends.

Sein Wohnsitz ist dort, wo Menschen leiden.

Und er geht über die Grenze, schreitet weiter, durchquert die Stadt, kehrt zurück, dringt vor – ganz unbeirrt, und zeigt lediglich den Paß seiner Großherzigkeit vor.

Er gehört denen, die ihn brauchen, wer immer sie auch sein mögen.

Am 26. Dezember 1805 (Friede von Preßburg) ändert sich Veronas Lage erneut, denn nun erscheint der französische «Befreier» wiederum und hält sich dort bis zum 6. April 1814 auf, und unter diesem Datum wird die Rückkehr der Österreicher vermerkt.

Inzwischen wurden die religiösen Kongregationen aufgehoben, und die katholischen Veroneser haben fassungslos die Räumung von über vierzig Klöstern mitangesehen.

In dem ihm eigenen knappen und distanzierten Stil faßt Don Carlo all die umwälzenden Ereignisse jener Jahre zusammen und die Rolle, die er inmitten dieser Stürme eingenommen hatte:

«Während unsere Truppen diese Staaten mal verloren, mal zurückeroberten, fuhr ich fort, bis zum Jahre 1814 meine priesterliche Hilfe zu leisten, soweit meine Gesundheit dies zuließ.»

Ich glaube, daß kaum ein Schriftsteller, wie geschickt er auch sein möge, dazu fähig wäre, eine derart komplizierte Realität mit einer ebensolchen erstaunlichen Einfachheit und ohne alles Pathos auszudrücken.

In weniger als zwanzig Jahren gibt es da drei Obergewalten, die sich einander abwechseln, und dazwischen Kriege, Koalitionen, Dutzende von Schlachten, Hunderte von Zusammenprallen, Plündereien, Raubzüge, Rückzüge, plötzliche Wiedereinzüge, Repressalien, Säuberungen, radikale Änderungen, die unterschiedlichsten Systeme . . .

Und er steht mitten darin, sozusagen im Zentrum des Taifuns.

Recht der Gefahr ausgesetzt, ja sogar kompromittiert (er ist ja doch ein Deutscher, der sich durch seinen Akzent beim ersten Auftun des Mundes verrät).

Und doch hatte Don Carlo während all dieser Zeit – wie Freund Bresciani herausstellt – nie die geringsten Schwierigkeiten mit den verschiedenen Wachen. «Er hat nie seine Haltung, seinen Glauben, seinen Mut verloren, noch läßt sich im geringsten feststellen, daß er je ausgefragt, festgenommen oder umgestimmt worden sei.»

In Wirklichkeit ist Don Carlo Steeb gar nicht neutral. Im Gegenteil, er ist parteiisch. Er ist ein Mensch, der sich zu kompromittieren vermag. Denn regelmäßig nimmt er Partei für die Armen, für die Schwachen, für die Vergessenen, für die Opfer, in einem Wort: für die *Kleinen.*

Und so meidet er die Klippen eines zweideutigen Angelismus (das heißt: Fehlen weltlichen Engagements), doch andererseits auch die eines politischen Macchiavellismus.

Auch darin hält er, der Priester, die Linie Christi ein:

«. . . denn er hat mich gesalbt, Armen frohe Botschaft zu bringen . . .» (Luk. 4, 18).

Während er dem Schwanken und dem Zusammenbruch großer Imperien beiwohnt, arbeitet Don Carlo für die Größe der Kleinen.

Keinerlei Sektentum (Christentum ist Universalität, ist Gemeinschaft mit allen Menschen), doch andererseits vorzugsweise Verbrüderung mit den Bedrücktesten, Bedürftigsten, mit den Vergessenen, mit denen, die da der Gleichgültigkeit der anderen begegnen.

Seine Vorliebe ist die des Heilands.

Das ist die einzige Erklärung der Tatsache, daß er, es ist schier unglaublich, in all diesen Stürmen immer obenauf blieb, ohne sich von diesen so radikalen Umstürzen umwerfen zu lassen.

Und wenn er «obenauf» blieb, so nicht etwa, weil er leicht war wie ein Korken, sondern dank des *Gewichts* seines Herzens.

Er ist nicht untergegangen, weil er es verstanden hat, bis auf den Grund des menschlichen Elends vorzudringen.

Nein. Ein Diplomat war er nicht. Auch kein Politiker. Und nicht einmal ein Rechner.

Er war jemand, der, da er alles verloren und nichts mehr zu verlieren hatte, sich selbst zu verlieren verstanden hat, im Sinne des Evangeliums. Und er hat stets, mit aller Hartnäkkigkeit und Leidenschaft, auf die «Verlierer» gesetzt.

Gewiß, er war schon ein parteiischer Mensch.

Da er Priester war, nahm er Partei für Gott. Und folglich Partei für den Menschen.

Die Gewaltigen dieser Erde bedienen sich sogar eines Flusses, um die Bewohner ein und derselben Stadt voneinander zu trennen.

Don Carlo läßt sich nicht in die Falle locken.

Das Evangelium zur Hand, schlägt er sich ganz instinktiv auf die «richtige» Seite, nimmt er den «richtigen» Platz ein.

Partei für die Armen.

Priester mit Großfamilie

«Ich sehe ihn fast alle Tage in den Spitälern, und hier steht er den an Cholera und anderen ansteckenden Krankheiten Darniederliegenden mit Worten und Werken bei, nicht anders als eine mitleidige Mutter; ich sehe ihn erregt auf den Schlachtfeldern umherlaufen und auf den Glacis, zwischen Verendenden und Verblutenden, auf dem Lande und in der Stadt ...». Mit diesen Worten beschreibt sein Freund, Pater Cesare Bresciani, Don Carlos Tätigkeit während jener Jahre.

Er selbst, die Hauptfigur, ist nicht für Rhetorik und rednerische Verbrämung und erklärt sich ganz einfach wie folgt: «Nachdem es im Jahre 1796 zur Invasion der Franzosen in Italien gekommen war und diese absoluten Besitz von Verona ergriffen hatten, richteten sie dort ein Spital für ihre Kranken ein, unter denen sich auch Leute von unseren Truppen befanden, und da ich französisch spreche, gelang es mir später, vom Leiter des Spitals die Erlaubnis zu erwirken, dort ein- und auszugehen, um unseren Leuten meinen geistlichen Beistand zu leisten ... ich fuhr darin, soweit meine Gesundheit es mir gestattete, bis zum Jahre 1814 fort.»

Mit anderen Worten: Ich sprach Französisch. Ich konnte mich nützlich machen. Ich ging hin. Und blieb ein wenig. Achtzehn Jahre lang ...

Das wär's für heute.

Nicht ein Wort über die Opfer, die Nachtwachen, die Schwierigkeiten, die Abscheu, die Gefahren, die Anstrengungen, die Kämpfe, die er gefochten.

Es scheint sich um eine Beschreibung der Bewerbung um Aufnahme in eine Akademie zu handeln.

Daher mag vielleicht ein oberflächlicher Leser oder der, welcher nicht die Situation der Spitäler jener Zeit und besonders in jener verzweifelten Notlage in aller Schärfe zu erfassen vermag, nichts Außergewöhnliches an dieser Zahl «achtzehn Jahre» finden.

Doch wer zwischen den Zeilen zu lesen versteht – den rhetorischen des Bresciani oder den fast amtlich anmutenden aus Don Carlos eigener Feder –, kommt nicht umhin, ein Wörterbuch aufzuschlagen. Und unter all den Ausdrücken einen hervorsuchen, der ein wenig abgenutzt ist, der zuviel im Munde geführt wird und selbst ein wenig an Glaubwürdigkeit eingebüßt hat, der aber, in diesem Falle, ganz einfach das richtige Wort ist: Heldenhaftigkeit.

Es braucht nur eine bezeichnende Tatsache zitiert zu werden: Im April des Jahres 1799 liegen in den verschiedenen Spitälern von Verona über viertausend Soldaten (Folgeerscheinung des österreichisch-russischen Krieges gegen Frankreich). Gut denn, zu deren Betreuung konnten nicht mehr als zwei Priester gefunden werden, wovon einer, ganz offensichtlich, Don Carlo Steeb war.

Man wendet ein: Sprachschwierigkeiten. Denn es handelt sich, zum großen Teil, um Österreicher, Franzosen, Russen, Ungarn. Einverstanden. Doch vergessen wir bitte nicht, daß der Klerus der Stadt Verona in jenen Jahren, weltliche Priester und Mönche zusammengerechnet, die Zahl tausend reichlich übertraf! Wenn wir einmal ganz von den Sprachschwierigkeiten absehen, so sind zwei von tausend recht wenig, da wollen wir uns doch nichts vormachen.

Wenn wir bedenken, daß es allein in der Pfarre von San Paolo sechsunddreißig Priester gibt, der Pfarrer sich jedoch beklagt, weil «fast alle sich die Freiheit nehmen, an Festtagen unabgemeldet zu fehlen, so daß es oft vorkommt, daß die Kirche, indem man auf die wartet, welche zu zelebrieren hätten, ohne ordentliches Meßamt bleibt und das Volk zum Narren gehalten wird», dann, ja dann können wir uns auch erklären, ohne deshalb als boshaft bezeichnet werden zu müssen, daß sich die Priester auch in den Spitälern nicht zu sehr abmühten. Zumal ja die Liturgie, die an jenen Orten zelebriert wurde, noch verbindlicher war als die gewöhnliche.

Zum Ausgleich war da aber jemand, der für alle arbeitete, ohne erst lange zu fragen, wer eigentlich an der Reihe sei. Wenn sich niemand angesprochen fühlt, so ist es eben klar, daß er einspringen muß.

«Erregtes Umherlaufen» lautet die Definition von Don Carlos Hirtentätigkeit in jener Zeit.

Und es kann ja nicht anders sein. Schließlich muß man sich doch auch den Teil derer aufladen, die zu sehr mit gelehrten Studien beschäftigt sind oder gerade Gedichtchen über die «Grillenjagd» und «Die Begattung der Kühe» schreiben.

Man muß die Stelle derer vertreten, die es vorziehen, sich begeisterungserregenden archäologischen Studien zu widmen, anstatt zwischen Wunden, schmutzigen Strohsäcken und Läusen nach Funden zu suchen.

Die Luft, die in den Spitälern weht, duftet nicht gerade nach Frühlingswiesen. Doch er hat sich ja daran gewöhnt.

Der Gestank, der aus dem Lazarett kommt, kann selbst kilometerweit noch gewahrt werden, dermaßen, daß die Bewohner der Gegend lebhaft bei den Behörden protestieren. Doch er lebt darin, Tag und Nacht.

Wunden, ansteckende Krankheiten, Schmutz – das ist alles nichts für den verfeinerten Gaumen derer, die es gewöhnt sind, einen Danteschen Vers zu erläutern oder einen halben Tag lang über einen Spruch des Origenes zu diskutieren.

Don Carlo hingegen, der in einer berühmten Universitätsstadt aufgewachsen ist, wo er einige der größten Denker jener Zeit hat aus der Nähe kennenlernen können, gibt sich jetzt unbeirrt damit ab, Verbandzeug aufzuwickeln, Absolutionen zu erteilen, Strohsäcke zu säubern, Trost zu spenden, Wunden zu behandeln, Geständnisse anzuhören, Leichen die Hände zu falten. Als hätte er nie etwas anderes in seinem Leben getan.

Es lassen sich einige Linien von Don Carlos Liebeswerken verfolgen. Da gibt es zunächst das Lazarett, dann die anderen Militärkrankenhäuser, die Tätigkeit der Bruderschaft, das Spital der Barmherzigkeit, die Hütten der Armen.

Auch im Armenhaus war er einer der eifrigsten Besucher.

Und hier muß näher ausgeführt werden:

Unvermeidliche Folgeerscheinungen der Kriege jener Jahre war das Phänomen des Bettelns. Es nahm alarmierende Ausmaße auf den Straßen der Stadt an.

Natürlich tritt dieses Phänomen nie isoliert auf: Hand in Hand mit ihm gehen das moralische Elend, das Laster, der Ungehorsam, die Unordnung.

Und die üblichen Heuchler, die die Härte ihrer Herzen damit rechtfertigen, daß angeblich die Armen ihr «Unwesen» treiben. So daß das Glas Wein, das getrunken wird, um die Verzweiflung ein wenig zurückzuhalten, gleich zur «Orgie« wird. Den Leichtgläubigen möchte man weismachen, daß die Bettler sich bei Einbruch der Dämmerung zum gemeinsamen Schmaus versammeln, wo sie sich an den auserlesensten Speisen gütlich tun. Kurz und gut, große Gelage halten, und das alles von dem Almosen, das sie am Portal der Kirche erbettelt haben!

So ist das eben. Die sogenannten Rechtschaffenen vermögen alles, außer Recht zu schaffen.

Die Regierung sorgt sich um das Betteltum. Und es fällt ihr nichts besseres ein, als dieses durch Dekrete abzuschaffen (das erste stammt vom 20. August 1808). Auf diese Weise wird den Armen sogar das Existenzrecht abgesprochen. Das Elend wird als «gesetzwidrig» erklärt.

Man sollte die Ursachen der Erscheinung analysieren und beseitigen? Nicht doch, das wäre ein Luxus nach Art der Intellektuellen. Es heißt doch rasch zu handeln. Man verbietet den Armen einfach, sich sehen zu lassen, und schon ist alles in Ordnung. Das Bild der Stadt kann nur Vorteil daraus ziehen, außerdem wird dadurch vermieden, daß das Gewissen der Mehrzahl erschüttert wird.

Der gesunde Menschenverstand flüstert zum Glück ein, daß all diese Menschen, deren Anblick recht unerbaulich ist, doch irgendwie untergebracht werden müssen.

Auf jeden Fall vergehen seit der Bekanntmachung des ersten Dekretes über drei Jahre, ehe sich die Türen des Armenhauses öffnen, das dazu bestimmt ist, diese Unglücklichen aufzunehmen, die bettelnd durch die Straßen von Verona ziehen.

Don Carlo hat keine Angst, der Bettelei ins Gesicht zu blikken. Er blickt, genauer genommen, dem Armen ins Gesicht, jedem einzelnen. Er sieht von allen Abstraktionen ab und kümmert sich um konkrete Dinge. Er glaubt nicht daran, daß ein Dekret das Elend abzuschaffen vermag, und auch nicht der Egoismus. Die Armut muß man bekämpfen, indem man vor allem sich selbst voll und ganz einsetzt.

Da sich (um 1815) eine entsetzliche Teuerung im Veronesischen einstellt, die über zwei Jahre währen soll und der Bevölkerung das Gespenst des Hungers vor Augen hält, zögert Don Carlo nicht, zugunsten der Armen, deren Verbleib im Armenhaus wegen Mangel an Nahrungsmitteln und wegen der fürchterlichen Wirtschaftslage überhaupt in Frage gestellt ist, den unermüdlichen, ja direkt lästig werdenden Bettelmönch zu spielen.

Bei dieser Gelegenheit kennt er keine Scheu, an die Tür vieler Häuser zu klopfen, um die Sache der Darbenden zu verfechten.

Auf einer Erde, die von so vielen Schlachten verwüstet wurde, die so viel Blut geschluckt hat und jetzt die Trockenheit erfährt, die sich weigert, Früchte zu tragen, hallen die eiligen Schritte eines armen Priesters wider, der für die Armen betteln geht.

Und die harte, steinige Erde wird von diesem Bettler, der da nichts für sich will, ein zweites Mal geweiht.

Und die Wüste ist zum Blühen gezwungen, weil da ein Armer ist, der nichts beansprucht, sondern sich ausschließlich des Hungers der anderen annimmt und so den maßlosen Egoismus der Besitzenden ausgleicht.

...«Unser täglich Brot gib uns heute.»

Da hat auch Gott ganz schön zu tun.

Tatsächlich hat dieser Priester, der da betet, eine ungeheure Familie zu unterhalten.

Doch seine Erschöpfung, sein «erregtes Umherlaufen» stellen die Empfehlungsschreiben dar, auf Grund derer es ihm gestattet ist, viel von Gott zu erbitten.

Wenn jemand alles gibt, so ist er ermächtigt, sich von der Vorsehung alles zu erwarten.

Don Carlos Gebet dient nicht als Maske der Trägheit.

Es ist eine Form von ... Mittäterschaft.

Gott kann ja gar nicht anders, als sich einschalten, wenn jemand sich in dieser Weise einsetzt.

Keine «Story» für Reporter

Sie nannte sich Katharina Majer.

Diese junge Pommerin hatte sich in einen Dragonerbrigadier verguckt und war ihm, wohin auch immer die Truppen ziehen mochten, nachgefolgt, wobei sie nicht unbeträchtliche Unannehmlichkeiten ertragen hatte.

Doch nach Verona gelangt, versetzte der Mann die Geliebte in einer Schenke und vertraute sie Menschen zweifelhafter Ehrbarkeit an. Es war nicht schwer, sich auszumalen, wo Katharina Majer unter solchen Gegebenheiten geendet wäre.

Zum Glück kam es jemandem in den Sinn, Karl Steeb über die Sache zu informieren, der sich des Falles annahm, wie nur er es verstand. Und der jungen Frau tat sich ein unverhoffter Horizont der Rettung auf.

Eine Episode, die vollständig dokumentiert ist.

Deren aber gibt es unzählige andere, die nicht in den Archiven vermerkt sind. Und diese hier, die wir nun kennen, dient vor allem dazu, uns die Dimensionen eines apostolischen Wirkens ahnen zu lassen, das sich auf die unterschiedlichsten und unerwartesten Gebiete ausdehnte.

Im vorigen Kapitel haben wir bereits die bekannten Wege von Don Carlo Steebs Liebeswerken aufgezeigt.

Wir dürfen jedoch nicht vergessen, daß es da noch die geheimen Wege gibt, die unterirdischen Gänge, die verborgenen Gesten, die Episoden, die eifersüchtig nur in den Archiven des Herzens verwahrt werden.

Und fertigt man ein Schaubild über die Tätigkeit dieses Priesters an, so ist man gezwungen, anzuerkennen, daß das Wirken unter Tage, ganz nach Art eines Geheimbündlers der christlichen Bruderliebe, zweifellos den beträchtlichsten Teil ausmacht.

Die Verschwiegenheit, Bescheidenheit, Feinfühligkeit, ich möchte sagen: Schamhaftigkeit, die kennzeichnend für seine Begegnungen, seine Beziehungen zu den anderen waren, für seine Art zu handeln, brachten es mit sich, daß er jeder Art von Publizität abhold war, selbst wenn diese unter der Maske der Erbauung getrieben werden sollte.

Er war gewiß nicht der Mensch, der da auf die Pauke haut, um seine Erfolge, seine apostolischen Eroberungen, seine Mühen als Missionar, all seine Drangsale zu betonen.

Seine schönsten Taten verwahrte er ein wenig brummig und eifersüchtig in den Tiefen seines Wesens.

Daß das den Gelehrten späterer Zeiten große Kopfzerbrechen bereiten sollte, weil sie nun gezwungen waren, in recht unergiebigen Dokumenten herumzustöbern, das scherte ihn nun wirklich nicht. Gewiß hat er nicht gedacht, daß sein Leben einmal Gegenstand geschichtlicher Untersuchungen bilden würde. Und selbst wenn er es sich hätte vorstellen können, so wäre er dem ihm eigenen zurückhaltenden Stil dennoch nicht untreu geworden.

Er selbst zog es vor, die Geschichte in die Herzen zu schreiben.

Gewisse Dinge, gewisse Wirklichkeiten, werden auf nicht wieder gutzumachende Weise verdorben, wenn sie mit der Druckerschwärze in Berührung kommen . . .

Nie wie in diesem Fall wird man sich dessen bewußt, daß

nicht nur «wahre Geschichte nie geschrieben wird», sondern auch nicht geschrieben werden kann.

Was sich von Karl Steebs Tätigkeit nach außen hin zeigt, ist nur eine Spur, die verräterisch «anzeigt», was alles dahintersteckt, sich in einer Tiefe abspielt, die sich allen Blicken entzieht.

Es wird gut sein, es noch einmal zu wiederholen: Der Karl Steeb, der sich da aus den Archiven, aus den Bibliotheken, ja selbst aus Zeugenberichten zusammensetzt, ist nur ein andeutender Entwurf, eine unvollständige, verschwommene Skizze einer Gestalt, deren wahre Größe und eigentlichen Züge sich eher erraten denn beschreiben lassen.

Es ist nutzlos, ihn vorwitzig «ausschlachten» oder, was noch schlimmer ist, die weißen Flecke mit rhetorischen Ausschmükkungen füllen zu wollen.

Diskretion muß mit Diskretion angegangen werden.

Er, der so scheu ist, wird sich nie lärmender Zudringlichkeit eröffnen, nie der dreisten Neugier zur Beute fallen.

Das wenige, was er uns bietet, muß uns reichen.

Das übrige – und es ist das meiste – gehört einem Bereich an, zu dem auch dem Gewitztesten seines Fachs der Zutritt verweigert wird – glücklicherweise.

Mehr als sich erkennen zu geben oder sich gar aufzudrängen, wird sich Steebs Gestalt vielmehr, gleichsam durch ein paar gelegentliche Durchblicke, erahnen lassen.

Und der Biograph darf nicht beanspruchen, ihn zu beschreiben, von ihm zu erzählen, sondern lediglich den Kontakt mit dieser Persönlichkeit herzustellen.

Gewiß, die Neugier kommt dabei nicht auf ihre Kosten.

Doch zum Ausgleich wird der Intelligenz ein weites Feld eingeräumt.

Bei seinem «erregten Umhereilen» findet er noch Zeit zum Träumen. Oder besser: seinen Träumen nachzufolgen.

Seltsam. Dieser zurückhaltende Priester, der nicht gern von sich spricht, der seinen Intimbereich mit einem undurchdringlichen Panzer schützt, hat von einem Traum berichtet, den er in den dramatischen Jahren seines Wirkens im Lazarett gehabt hat.

Dieser Deutsche war das, was man gewöhnlich mit Realist bezeichnet, also ein Mann der Praxis, der nach dem Wesentlichen trachtet. Wir werden Gelegenheit haben, dies anläßlich der «Gründung» und ihrer unmittelbaren Weiterentwicklung festzustellen, wo sein praktischer Sinn fast pedantische Züge annimmt.

Gewiß muß ihm jene Seite des Evangeliums gefallen haben, wo Christus mit ein klein wenig Ironie bemerkt: «Denn wer von euch, der einen Turm bauen will, setzt nicht zuvor sich hin und berechnet die Kosten, ob er genug habe, um fertig zu bauen? Sonst könnte es sein, daß er den Grund gelegt hat und nicht imstande ist, fertig zu bauen, und alle, die es sehen, anfangen, ihn zu verspotten und zu sagen: Dieser Mann hat angefangen zu bauen und konnte nicht fertigmachen» (Luk. 14, 28–30).

Und doch hat dieser «Mann der Praxis», der mit beiden Beinen fest im Leben steht, sich zumindest einmal in seinem Leben den Luxus geleistet, mit offenen Augen zu träumen.

Das versichert uns jemand, der Gelegenheit gehabt hat, ihn recht gut kennenzulernen*.

«In den Militärkrankenhäusern erkannte er, wie notwendig es sei, die leidenden Menschen nicht den Händen gleichgültiger Lohnempfänger anzuvertrauen, sondern mitfühlenden Freiwilligen, die in sich die Berufung zu solch einer Tätigkeit ver-

* Es handelt sich um De Jordis, vergl. *Positio,* Doc. XXIX, S. 332.

spürten. Und so kam ihm die Idee, das Institut der Karitasschwestern (Schwestern der Barmherzigkeit) zu gründen.»

Ein recht gewagter Traum, in Anbetracht der ungünstigen Umstände und der Mittel ... an denen es ihm damals vollkommen fehlte.

Dennoch zögerte Karl Steeb nicht, jenen Traum ernst zu nehmen.

Dieser sein einziger Traum nahm ganz Besitz von ihm, füllte sein Denken aus, seine Phantasie, sein Herz – seine ganze Person. Sein Leben wurde von dem Moment an von der Gegenwart jenes Traumes «in Beschlag genommen».

Zu oft neigt man dazu, Träume der Wirklichkeit entgegenzusetzen.

Aber die Träume sind es am allerersten, die nicht ... im Reich der Träume bleiben wollen. Sie warten nur darauf, sie beanspruchen, die Welt der Wirklichkeit zu erobern.

Wen trifft die Schuld, wenn unsere Träume nie mit der Wirklichkeit, die sie doch suchen, zu einem Pakt gelangen? Und wen die Schuld, wenn unsere Träume sich unterwegs verflüchtigen, noch ehe sie zu der ersehnten Begegnung mit unseren Möglichkeiten gelangen konnten?

Es ist anstrengend, Träume zu verwirklichen.

Viel besser also, sie nur zu träumen und sie dann sobald es tagt, zu vergessen, zu verwerfen, damit sie uns nicht stören können, uns keine Zeit verlieren lassen.

Karl Steeb, der doch alles weggegeben hatte, wollte auf diesen Luxus nicht verzichten, wollte nicht durch die Aufgabe dieses seines kostbarsten Traumes verarmen.

Er hat Mut zu seinem Traum gehabt. Was letzten Endes der Mut zum eigenen Ideal ist.

Er hat ihm vierzig Jahre lang die Treue gehalten. Nie hat er an ihm Verrat geübt, selbst dann nicht, als sich sämtliche Umstände dazu zu verschwören schienen, ihm Unrecht zu geben. Er hat ihn in sich verwahrt bis zu dem Tage, da der

Traum seinen Namen geändert hat und Wirklichkeit wurde.

Doch wieviel Mühen, wieviel Bitternis hat ihn seine Treue gekostet!

Tatsächlich kommt die Stunde, in welcher zu träumen nicht mehr ein Luxus ist, sondern ein Preis, den es zu zahlen gilt.

«Hemmnisse aller Art, einige sogar von seiten der kirchlichen Behörden, verhinderten viele Jahre lang die Verwirklichung dieser schönen Idee, doch mit der Ausdauer, die diesen Menschen eigen ist, welche in sich eine höhere Berufung verspüren, kämpfte Steeb gegen sie an, und als er im Besitz des erforderlichen Kapitals war, das er selbst zusammengetragen hatte, gelang es ihm, zu Ende des Jahres 1840, ein Noviziat frommer Frauen von Verona zu gründen.»

Don Carlo hat seine ganze Ausdauer, seine Beharrlichkeit, selbst seinen Sinn fürs Konkrete, seinen Realismus diesem Traum gewidmet.

Ein recht seltener Fall, wo der Sinn fürs Praktische sich mit der Phantasie vermählt, das seriöse Wesen mit der Vorstellungsgabe, Vorsicht mit Wagemut, Demut mit Größe. Nun ist es einmal nicht der Traum, der sich in Nichts auflöst und angesichts der Anforderungen des Lebens die Waffen streckt, sondern es ist das Leben, das sich den gewaltsamen Anforderungen des Traumes anpaßt.

Dieses Wunder nennt sich, mit einem christlichen Ausdruck, «Hoffnung».

Denn Hoffnung ist «eine Art, Träume in die Wirklichkeit zu übertragen» (Kardinal Suenens).

Ich kann mir nicht erklären, wieso niemand bisher diesen recht beachtlichen Schnitzer bemerkt hat.

Sämtliche Historiker sind darauf hereingefallen.

Alle sind sich darin einig, daß das Datum, da Karl Steeb den ersten Entwurf der «Regel» für «sein» Institut der Schwestern der Barmherzigkeit aufgesetzt haben muß, zwischen 1836 und 1837 anzusetzen ist.

Aber es handelt sich um einen erheblichen Schnitzer.

Tatsächlich muß das Datum etwa vierzig Jahre vorverlegt werden.

Als er jenen Traum gehabt hatte, war Karl geduldig an die Arbeit gegangen, um die Regeln festzuhalten, welche dem Ideal der Barmherzigkeit zu konkreter Gestalt verhelfen sollten.

Es kann recht vergnüglich sein, *Lebensregeln* für andere niederzuschreiben, während man an seinem Schreibtisch sitzend wichtige Texte zu Rate zieht, erfahrene Juristen konsultiert, maßgebende Theologen (oder solche, die man für maßgebend hält) um ihre Meinung fragt.

Und dann kommt ein Kodex zustande, der vom Formellen und Inhaltlichen her nichts zu wünschen übrig läßt, dann aber in die Wirklichkeit verlegt werden muß (und nicht immer sind die, welche solche Regeln aufstellen, die gleichen, die sie dann auch in die Tat umzusetzen haben).

Irgend jemand hat, ein wenig boshaft, bemerkt, daß gewisse angesehene Lehrmeister, gewisse äußerst gestrenge Prediger, gewisse unerbittliche und lautstarke Moralisten einmal dazu gezwungen werden sollten, eine Woche lang persönlich nur die Hälfte von all dem zu praktizieren, was sie da so gebieterisch von den Ordensfrauen verlangen; gewiß würden sie sich sehr unwohl dabei fühlen, und wer weiß, wie schlecht sie dabei abschneiden würden ...

O ja. Es ist einfach, sich große Dinge von den anderen zu erwarten.

Es ist einfach – und bequem –, eine maßlose Großmütigkeit und Opferwilligkeit der anderen festzusetzen. Und vielleicht gar böse zu werden, und Anstoß zu nehmen, wenn die von den armen «Beauftragten» geleisteten Opfer unterhalb der Grenze unserer Ansprüche liegen ...

Karl, der ein honoriger Mensch war (Ehrbarkeit ist die höchste Form der Schläue ...), hat sich nicht in diese Falle lokken lassen.

Er hat nicht den Schreibtisch gewählt, um darauf die Regeln zu Papier zu bringen (der Schreibtisch kommt erst viel später, und zwar in den von den Historikern angegebenen Jahren).

Er hat die Versuchsanstalt Leben gewählt, um experimentell festzustellen, ob die Normen, die er da seinen «Töchtern» vorlegen würde, auch wirklich allgemeingültig und menschenmöglich sind.

Er hat seine Experimente mutig und eigenhändig durchgeführt, nicht etwa über einen Dritten.

Er hat seine eigene Haut aufs Spiel gesetzt, seine Gesundheit auf eine harte Probe gestellt, festgestellt, wieviel Anstrengung er selbst zu ertragen vermochte, die unterschiedlichsten Strapazen auf sich genommen, sein eigenes Herz erprobt, die eigenen Möglichkeiten ausgekostet.

Ein Experiment, das nicht in einem aseptischen Laboratorium unter optimalen Bedingungen durchgeführt wurde, sondern in einem anderen, wo es unerträglich nach Schmutz gestunken hat, nach Unordnung, nach Not.

In einem Laboratorium, wo erschreckender Mangel herrschte, wo im Verhältnis zu dem überreichlichen «Menschenmaterial» die Mittel beängstigend knapp waren. In einem Laboratorium, wo die Gefahr ständig auf der Lauer lag.

Und dieses Laboratorium, in dem der deutsche Priester, als er noch sehr jung war, bereits damit begonnen hatte, seine gefährlichen Experimente in Fragen des Lebens anzustellen, mochte sich, das war ganz gleichgültig, nun Lazarett nennen oder Spital der Barmherzigkeit oder Armenhaus oder aber «Nissenhütte».

Steeb hat sich am Ende stets über eine keineswegs begeisternde menschliche Realität gebeugt.

Gewiß, er hat den Mut gehabt, *viel* von den anderen zu verlangen. Doch erst, nachdem er *äußerst viel* von sich selbst verlangt hatte.

Man kann schon behaupten, daß er nichts auferlegt habe, was er nicht selbst ausprobiert hatte und durch eigene Taten bezeugen konnte.

Stehe es nun geschrieben in den offiziellen Dokumenten oder nicht, das Institut hat er unverzüglich gegründet, gleich in den allerersten Jahren.

Und er selbst war, und zwar gleichzeitig, alleiniger Planer (gerade er, der Träumer!), Erbauer, Geldgeber, Gesetzgeber, Lehrmeister und, vor allem, Novize.

Fast vierzig Jahre lang hat das Institut der Barmherzigen Schwestern ein einziges Mitglied, einen einzigen Novizen gezählt: Karl Steeb. Dieser außergewöhnliche Novize, von weither gekommen, bedurfte einer langen «Probezeit». Nicht so sehr für sich selbst, sondern vielmehr für die anderen. Denn er wollte doch auch für diejenigen «ausprobieren», die später hinkommen sollten.

Endlich konnte der Novize und Lehrmeister, da die harte Probe bestanden war, auch den anderen jenes bereits in seinem eigenen Leben «geprüfte» Ideal vorschlagen und jene Gesetze, die er bereits in seiner eigenen Lebensführung erprobt hatte.

Es gibt kein glaubenswürdigeres und faszinierenderes Ideal als das, von einem Menschen vorgeschlagene, der es zunächst einmal selbst gelebt hat, und zwar gründlich.

Die Lebensregeln, die Karl Steeb den Barmherzigen Schwestern einmal geben wird, sind nicht neu. Ganz und gar nicht.

Im Gegenteil: sie erweisen sich als recht «abgegriffen».
Von ihm . . .

Lehrer eines einzigen Wortes

Das Verb, das Don Carlo Steeb während seines ganzen Lebens hauptsächlich konjugiert, ist das Verb «sich hinneigen».

Tatsächlich ist es das Tätigkeitswort, das die typische Haltung der *Barmherzigkeit* ausdrückt.

Oft finden wir in der Bibel, daß der Gott der Barmherzigkeit sich über das Elend seines Volkes «neigt».

Auch muß berücksichtigt werden, daß nach der Auffassung vieler Gelehrter die für die Bezeichnung der Armen benutzten Ausdrücke ('anî und 'ânâw) von einer Wurzel abgeleitet sind, welche das «Sichkrümmen» oder das «Gekrümmtsein» ausdrückt.

Mit anderen Worten: arm ist, wer unter einer Last den Rücken krümmt.

Weshalb sich der Barmherzige «neigt» über den, der da von einer Last gekrümmt wird. Eine typische Anwendung des Verbs finden wir im Faust I., in Gretchens Gebet: «Oh neige, Du Schmerzensreiche, dein Antlitz gnädig meiner Not . . .»

Steeb straft durch seine besondere Haltung der Barmherzigkeit das konventionelle Bild Lügen, das wir uns von ihm machen könnten (wenn wir nicht nur an seinen Charakter denken, sondern auch an seine ethnische Verwurzelung): ein gestrenger, sich sehr kontrollierender, steifer, distanzierter Typ. Nein. Wenn er mit dem Leiden eines Menschen in Berührung kommt, so neigt er sich herab, wie – und der Ausdruck wurde von einem Freund geprägt, der ihn aus der Nähe beobachten konnte – «eine mitleidige Mutter».

Und auch hierin stimmt er sogar mit der Ethymologie überein: Denn der hebräische Ausdruck, der oft benutzt wird, um die Barmherzigkeit zu bezeichnen, ist *rahamim*, was die lebenspendende Hingabe eines Geschöpfs an ein anderes ausdrückt. Nach der semitischen Mentalität hat dieses Gefühl der Hingabe seinen Sitz im mütterlichen Schoße, in den Eingeweiden («Eingeweide der Barmherzigkeit»!). Mütterlicher Schoß bedeutet somit Verbundenheit mit einem Wesen, dessen Leben von uns abhängt.

Doch wir sprachen ja vom Verb «sich neigen». Es ist nicht leicht, dieses Verb zu konjugieren. Im Gegenteil, es handelt sich um eine entschieden unbequeme, verpflichtende Tätigkeit, so wie der Zustand dessen unbequem ist, der da unter einer drückenden Last «gekrümmt ist».

Karl Steeb hat sich in diesem Verb spezialisiert. Ein anderes hat er nicht gelehrt. Es wird genügen, ihn an den Strohsäcken der Kranken zu beobachten, vor den Lasten, die die Armen tragen, um etwas über diese wesentliche Geste zu lernen; doch auch im Beichtstuhl wollen wir ihn beobachten und selbst auf dem Katheder des Unterrichtenden.

Zusammenfassend können wir sagen, daß es möglich ist, sich in der Haltung der Barmherzigkeit zu «neigen», wenn man folgenden obligaten Linien nachfolgt, nämlich denen der:
- Wachheit –
- Sensibilität –
- Verfügbarkeit –
- Treue.

An erster Stelle die *Wachheit:*

Karl zieht mit weit aufgerissenen Augen seines Wegs. Er hält die Augen gut offen, aber nicht, um Hindernisse zu umgehen, sondern um über sie zu *stolpern*!

Er stolpert ständig über seinen Nächsten.

Er sieht ihn sehr gut, diesen seinen Bruder, der da «beiseite geworfen» ist.

«Wie viele Ohren muß ein Mensch haben, um das Weinen der anderen zu hören?» (Bob Dylan).

Karl vernimmt ihn sofort, den Schrei, ja selbst die leise Klage des Armen.

Er kämpft entschieden gegen das Zerstreutsein, nicht nur in der Kirche, wenn er betet, sondern auch dann, wenn er seines Wegs geht, der nun wirklich schon von unbequemen Individuen überlaufen ist.

Sensibilität:

Ständig ist er dem Schmerz ausgesetzt, wie ein hochempfindlicher Film dem Licht.

Sein Herz verzeichnet pünktlich die Leiden der anderen.

Es gibt eine gewisse Zerbrechlichkeit in ihm. Regelmäßig wird er von dem Elend der anderen berührt, getroffen, verletzt.

Und dann ist seine Ruhe dahin. Da werden Mahlzeiten übersprungen, oft kommt der Schlaf zu kurz, und am Ende gibt selbst die Gesundheit nach.

Man kann nicht ruhig weiterleben, nachdem man gewisse Dinge gesehen hat ... Man kann nicht gleichgültig bleiben, so als ob nichts geschehen sei ... Und auch den Fremden herauskehren darf man nicht («es geht mich nichts an»).

Vergessen wir nicht, daß das Gegenteil der Barmherzigkeit, wie auch der Liebe, nicht der Haß ist, sondern die Gleichgültigkeit.

Auch nach vielen Jahren ständigen Vertrautseins mit dem Schmerz des Nächstens hat Karls außergewöhnliche Sensibilität der ersten Zeit nie nachgelassen. Seine Reaktion angesichts eines tragischen Falles, wie er ihn nun schon zig-mal mit angesehen hat, trägt stets die Zeichen einer tiefempfundenen Teilnahme. Als sei es das erste Mal.

Bei ihm merkt man nichts von Gewöhnung, von Metier, von professioneller Unerschütterlichkeit.

Angesichts des Schmerzes seines Bruders bleibt er stets der «Schwache». Und schickt sich nie darein.

Verfügbarkeit, um des anderen Last auf sich zu nehmen.

Hier lauten die gleichwertigen Ausdrücke «Mitleid» oder «Sympathie» im ethymologischen Sinne von «mit-leiden», das heißt sich auf den Schmerz des anderen stimmungsmäßig einstellen.

Karl beschränkte sich nicht darauf, mitanzusehen, zu beobachten, um sodann das Fenster wieder zu schließen, und sei es auch erst, nachdem man eine gewisse Gemütsbewegung verspürt hat.

Er reißt die Tür auf und läßt zu, daß der anderen Leid ins eigene Haus einziehe, alles durchdringe, sein ganzes Wesen in Beschlag nehme.

Es gelingt ihm, sich die Last des anderen «auszuleihen», er lädt sich dessen Schmerz auf.

Und der andere weiß nun schon, daß er auf diesen Priester rechnen kann, der da demütig seine eigenen Schultern hinhält. «Wenn es dir recht ist, so wollen wir diese Last gemeinsam tragen. Von jetzt ab gehört sie auch mir. Sie wird *unsere* Last sein, nicht nur deine. Du kannst auf meine schwachen Kräfte rechnen, auf meine Geduld, mein Verständnis, meinen Verstand, mein Herz.»

Seine Gegenwart ist schöpferischer Art, denn die Phantasie spielt dabei eine entscheidende Rolle, wodurch vermieden wird, daß die Nächstenliebe zur gewöhnlichen Verwaltungsangelegenheit wird, zu trockenem Bürokram.

Karl vermag Wünsche zu erahnen, ihnen vorauszugreifen, vermag Bitten zuvorzukommen.

Seine Disponibilität drückt sich mehr durch Taten als durch Worte aus.

«Jeder Mensch ist dein Bruder, doch dein Bruder weiß es nicht.»

Und so sagt Steeb es ihm einfach, teilt ihm diese Nachricht mit. Doch er tut es durch Taten, durch konkrete Gesten, nicht durch langes Gerede. Er bedient sich dazu der eigenen Schultern, die sich nun einmal darauf versteift haben, die Last der anderen zu rauben. Er bedient sich der ach so schwierigen Art sich auszudrücken, nämlich der, bei der man die abstoßendsten Liebesdienste zu verrichten hat.

Und diese Ausdrucksweise wird von allen verstanden ...

Und am Ende noch die *Treue.*

Es geschieht nicht selten, daß das Ausüben der Barmherzigkeit für den einen oder anderen nur noch Sache eines momentanen Gefühlsüberschwanges ist (ja, selbst nicht frei von exhibitionistischen Einschlägen, wenn vielleicht auch nur auf der Ebene des Unbewußten), sozusagen einer flüchtigen Begeisterung zuzuschreiben ist, der Suche nach neuen Emotionen.

Gewisse Verpflichtungen zum Dienst am Nächsten werden nun einmal unter dem Zeichen der Unbeständigkeit und einer Laune eingegangen.

Das Problem besteht hingegen darin, Ausdauer zu zeigen, beständig zu sein.

Es genügt nicht, manchmal «da zu sein» (wenn wir uns nämlich gerade zur Großzügigkeit aufgelegt fühlen), man muß «immer da sein».

Man muß die Probe des Alltags bestehen, die Probe, die da verlangt, daß man sich ständig dem anderen zum Geschenk mache, und zwar unauffällig, durch wenig aufsehenerregende Dinge, durch wenig brillante Beschäftigungen, und all das immer und immer wieder, so daß es einen am Ende gar ermüdet und zermürbt ...

Das ist die Probe, bei der es sich entscheidet, ob wir treu und schöpferisch sind. Ob wir dazu fähig sind, durchzuhalten, die Grenzen des Möglichen und Unmöglichen zu erreichen, alles herzugeben, ohne das Geringste dabei zu erwarten.

Es ist die Probe, bei der unser Mut sich als dauerhaft zu erweisen hat, ohne deshalb, da er ständig beansprucht wird, auch nur einen Hauch von Zartheit einzubüßen.

Außer *rahamim* benutzt die Bibel noch den Ausdruck *hesed,* um die Barmherzigkeit auszudrücken, und dieses Wort bedeutet einerseits Zartheit, doch andererseits auch Festigkeit.

Das bedeutet, daß die Liebe, die Güte, das Erbarmen, welche das Verhältnis kennzeichnen, das zwei Wesen miteinander verbindet, den Zug der *Treue* aufweisen müssen, das heißt Dauerhaftigkeit.

Ein Mitleid, das dauerhaft ist, eine Liebe, die beständig ist, ein Erbarmen, das anhält, das nicht müde wird.

Karl Steeb hat ein erstaunliches Zeugnis solcher Barmherzigkeit abgelegt, die nicht nachläßt, die im Laufe der Zeit nicht schwächer wird (und selbst nicht unter dem Druck all der Gebrechen, mit denen er behaftet ist).

Man erstaunt darüber, feststellen zu müssen, wie all die Tätigkeiten, durch die sich sein Priesteramt auf den unterschiedlichsten Gebieten auszeichnet, jeweils Zeitspannen ausfüllen, die sich über . . . Jahrzehnte erstrecken.

Auf jeden Fall wird es ausreichen, unter all diesen eine einfache Zahl zu nennen: achtzehn. Das sind die im Lazarett verbrachten Jahre. Für denjenigen, der fähig ist, zu erkunden, was hinter dieser Zahl steckt, besagt sie wirklich alles.

Und auch die Gründung des Instituts fügt sich in diese Linie der Treue zum Ideal der Barmherzigkeit. Denn da soll einmal jemand fortfahren in dem, was er getan hatte. Soll jemand unermüdlich diese einfache, doch so verpflichtende Geste des «Sichbeugens» nachvollziehen. Damit die Leidenden immer auf ein Herz rechnen können, auf «Komplizen» mit kräftigen Schultern, auf «mitleidige Mütter».

Vielleicht mögen diese Seiten dem einen oder anderen ein wenig schematisch erscheinen. Andererseits muß man aber doch, wenn ein Lehrer wie Karl Steeb Erklärungen abgibt, das heißt nicht aus der Höhe seines Katheders, sondern durch «erregtes Umhereilen» seine Lektion erteilt, muß man doch, sagte ich, stehen bleiben, um ein paar Notizen zu machen, um die Bedeutung all dieses «Umhereilens» zu erklären und dessen strenge Logik zu unterstreichen.

Nun, schematisch oder nicht, auf jeden Fall meine ich, daß jene Veroneser ins Schwarze getroffen haben, als sie Steeb als den Mann definierten, den Gott zusammen mit ein paar Freunden in ihre Stadt gesandt habe, «um den Karren der Barmherzigkeit zu ziehen».

«... zu ziehen.» Das heißt nicht, die Arbeiten zu lenken, indem man auf dem Kutschbock sitzt.

Der Kunstbanause

Die Situation des Veroneser Klerus zu Steebs Zeiten ist Gegenstand beachtlicher Kontroversen.

Irgend jemand gibt eine entschieden verschönernde Darstellung der Lage: «Der veronesische Priester neigt aufgrund seiner gutmütigen Natur einerseits und seiner besonderen Erziehung andererseits, doch vor allem wegen seiner Schutzheiligen sowohl zu erbaulichen und edlen Studien als auch zu einer Devotion lebhafter und solider Art. Er ist jedoch stets emsig und bereit, neue Werke der Nächstenliebe und der Religion zu fördern ... Seine Haltung ist, wenn auch lebhaft, so doch recht gesetzt, seine Kleidung durchaus nach der Art der Geistlichen. Als ein Getreuer seines Vaterlandes verläßt er dieses selten ... Freund einer gewissen Zurückgezogenheit, ist er nicht auf Ehren erpicht, noch wirbt er um glänzende Laufbahnen im Kirchenamt; somit gehört diese wohl zu den wenigen großen Diözesen Italiens, die unter ihrer großen Zahl frommer, eifriger und oft hochgelehrter Priester die kleinste Zahl an Würdenträgern und Prälaten hervorgebracht hat ...»

Diese Beschreibung wirkt recht verdächtig, zumal sie sich nicht auf eine präzise historische Zeitspanne bezieht. Und vor allem steht sie im Gegensatz zu anderen Aussagen, die ein realistischeres Bild abgeben. Auf die Klagen des Pfarrers von S. Paolo di Campo Marzio über die Trägheit, mit der sich seine sechsunddreißig Priester zu den sonntäglichen Gottesdiensten einfinden (oder besser: oft nicht einfinden), haben wir bereits hingewiesen.

Es gibt auch eine berühmte Predigt, die der Abt Antonio Cesari gegen Ende des achtzehnten Jahrhunderts den veronesischen Seminaristen gehalten hat. Darin spart der berühmte und gelehrte Redner nicht an beißenden Bemerkungen hinsichtlich ihrer zu langen und übermäßig gepflegten Haartracht, und auch ihre Talare werden scharf kritisiert. Am Ende gibt es noch eine recht lebendige Beschreibung, die voll und ganz wiedergegeben zu werden verdient:

«Dieses liederliche Einhergehen, diese indiskreten Blicke überallhin, diese Kopfhaltung und dieses Gestikulieren haben etwas Verderbtes, Rüpelhaftes, Übermütiges an sich, das einem Priester äußerst schlecht ansteht ... Dieses Schwätzen, dieses Grinsen, dieses lauthalse Lachen, diese Geschäftemacherei, vor allem mit Weltleuten, ist äußerst unschicklich ... Und dann dieses Herumlungern auf den Plätzen, unter dem Volk und dem Pöbel, mit der Tasche unter dem Arm, um Mundvorrat einzukaufen und nach der Art von Bedienten oder Bauern um einen Heller, eine Kastanie zu feilschen? ... Solange sie noch niedere Kleriker sind, lernen sie und dienen der Kirche, der christlichen Doktrin ... Doch sind sie erst einmal zu Priestern geweiht, dann ade ihr Studien, ade Kirche, ade christliche Doktrin, ade Priesteramt ... ade langes Gewand. Wie Tänzer gekleidet, spazieren sie, sobald sie die Messe und Brevier gelesen und ihre Funktion beendet haben, durch die Stadt, besuchen diesen und jenen, besuchen die Weinkeller, vertrödeln hier eine Stunde und dort eine, bis zum Mittagmahle. Danach ein Täßchen Kaffee, ein paar Besuche, der Spaziergang, das Vesperbrot, das Abendessen, das Bett, und dann Schlafen bis zum hellichten Tage. Und das tagaus, tagein, Woche um Woche, Jahr für Jahr ... Heißt das, nach der Art eines Priesters leben?»

Die Chroniken jener Zeit berichten außerdem, daß der Bischof Liruti sich im Jahre 1809 gezwungen sieht, Geistliche, die ins Theater gehen, zu suspendieren, da ihre Anwesenheit im Schauspielhaus schon allgemein auffällt*.

Neutrale Gelehrte werfen dem Veroneser Klerus jener Zeit ganz objektiv diverse Dinge vor: ihr geringes Gespür für «profane» Werte; eine gewisse klerikale Engstirnigkeit; ihren gemäßigten Konformismus auf politischem Gebiet; ihr Unvermögen, sich von der österreichischen Macht zu distanzieren; die Mühe, die sie haben, sich von den strengen ortsgebundenen Schemen freizumachen.

Glücklicherweise gibt es gerade in jenen Jahren einen Menschen, welcher zeigt, was es heißt, Priester zu sein, und zwar mittels einer sehr persönlichen Deutung dieser «Rolle».

Das Zeugnis, das er ablegt, liegt, selbst bei Entfaltung äußerster Aktivität, nicht in erster Linie auf der Ebene des Tuns, sondern vielmehr auf der des Seins.

Steeb zeigt – und das ist eine weitere ansehnliche Gabe, die er seiner Wahlheimat überreicht –, nicht so sehr, was es heißt, «Priester zu spielen», sondern «Priester zu sein».

In der Zeit, in der er lebte, gab es, das läßt sich ausrechnen, etwa einen Priester auf jeweils fünfundvierzig Einwohner in Verona! Es ist nur natürlich, daß da den Herren auch Zeit blieb, sich – unter anderem – leidenschaftlich dem Schauspiel zu widmen.

Für ihn gelten diese Zahlenverhältnisse nicht.

Fünfundvierzig Seelen, das ist ihm zu wenig . . .

Er ist Priester Tausender von Geschöpfen, die alle äußerst anspruchsvoll und vielen seiner Mitbrüder gar nicht besonders angenehm sind.

* In den Memoiren von Carlo de Brosse, der Verona im Jahre 1739 besucht hatte, gibt es eine Bemerkung, welche bestätigt, daß es sich um ein alteingesessenes Übel handelte: «Noch nie habe ich auf einer Prozession so viele Fratres und Priester gesehen, wie es sie im Theater gegeben hat.»

Aber er geht ja nicht ins Theater.

Und es ist nicht die kirchliche Zensur, die es ihm untersagt.

Ihm verbieten das, und zwar ganz kategorisch, all die unzähligen Armen, die er sich aufgebürdet hat.

In gewissen Fällen kann sich ein Priester für fünfundvierzig Menschen als unzureichend erweisen.

Im Falle Steeb kann ein Priester für zehntausend reichen. Es bleibt sogar noch etwas übrig ...: das Vorbild für die anderen.

Das Was und das Wie

«Priester zu sein» war seine Hauptbeschäftigung, der er mit beispielhafter Kohärenz und Klarheit und außergewöhnlicher Ernsthaftigkeit nachging.

Doch das, was er «war», ging gleichsam notgedrungen in das «Tun» über. Und so überzeugend wie sein Wesen war, so erstaunlich und selbst erschütternd war sein Tätigsein.

Wir haben bereits angedeutet, in welch weitem Bereich sich Steebs Priestertätigkeit bewegte, und auf welch unterschiedliche Gebiete sie sich erstreckte.

Die erste «offizielle» Aufgabe, die ihm erteilt wurde, war die geistliche Betreuung der in Verona ansässigen deutschen Staatsbürger, deren Zahl recht beträchtlich war.

Diese Mission erfüllte er etwa siebenunddreißig Jahre, ohne irgendeine Vergütung zu erhalten.

Er mußte sich in die verschiedenen Stadtviertel begeben, und es ist nur natürlich, daß ihm das im Laufe der Jahre immer schwerer fiel, zumal er ja kränklich war.

Außerdem war es ihm klar, daß Austeilung der Sakramente nicht ausreichte, sondern eine beständigere und vollkommenere Betreuung notwendig war, die in verschiedene

Ministerien aufgeteilt werden mußte (unter anderem mußte den Kindern der Katechismus beigebracht werden). Und aufgrund seiner zahlreichen Verpflichtungen war er selbst nicht mehr in der Lage, auch noch diese Arbeit zu übernehmen.

Vor allem muß es da eine ausschlaggebende Episode gegeben haben: Im Jahre 1829 war eine junge Frau, Schwester eines hohen österreichischen Beamten gestorben, ohne die Sakramente empfangen zu haben. Karl war tief betrübt über diesen Vorfall und machte sich große Vorwürfe, fühlte sich schuldig.

Daher bat er wiederholt darum, von einem zuverlässigeren Kaplan abgelöst zu werden, der hauptamtlich eingesetzt werden und ein Gehalt empfangen sollte.

Endlich wurde sein Wunsch erhört, und seine Gründe fanden Anerkennung.

So traf im Jahre 1833 ein Priester aus Trient ein, ein Angehöriger der «Caritas-Söhne». Er wurde vom Gründer der Kongregation selbst begleitet, Antonio Rosmini. Und bei der Gelegenheit begegnete Steeb diesem Philosophen aus Rovereto, zu dem er herzlich-freundschaftliche Beziehungen aufnahm.

Oft wurde er von den öffentlichen Behörden als «Zensor» zu Rate gezogen, eine Aufgabe, die nicht nur eine beachtliche Bildung voraussetzte, sondern auch viel Feingefühl und ein gutes Maß an Gleichgewicht erforderte und ihm gewiß Belästigungen aller Art und «Gegenstöße» aus den entgegengesetzten Richtungen eintrug. Bresciani versichert: «Mit großer Urteilskraft griff er nach der Feder, um zu streichen, nach der Schere, um zurechtzuschneiden, und manchmal auch zum Feuer, um zu vernichten; doch andere Male auch, um zu billigen und zu loben. Er ging dabei mit einer solchen Unbefangenheit und Ehrlichkeit vor, da er weder Bestechlichkeit noch Parteilichkeit kannte und auch Schmeicheleien nicht offenstand ...»

Ein weiteres Gebiet, auf dem Karl Steeb apostolisch wirkte, war das der Soldatenbetreuung. Denn er beschränkte sich nicht darauf, die Verwundeten in den Spitälern zu erwarten, sondern suchte sie auch auf den Schlachtfeldern auf. Seine vorherrschende Sorge war es, allen das Zeichen von der Vergebung des Vaters zu bringen und die Sterbenden auf den Tod im Herrn vorzubereiten.

Indem er beachtliche Hindernisse überwand, die ihm besonders von seiten der kleingeistigen Mentalität der sogenannten Anständigen in den Weg gelegt wurden, nahm er sich sogar der «Straßenmädchen» an.

Beachtlich war auch sein Beitrag zu den Unternehmungen der «Bruderschaft».

Unter anderem spielte er keine unbedeutende Rolle in der Angelegenheit der Wiedereinführung der religiösen Orden, die von jenem berüchtigten napoleonischen Dekret abgeschafft worden waren.

Doch vor allem verstand es Karl, die negativen Folgeerscheinungen ganz realistisch einzuschätzen, die die Geschehnisse jener so wirren Jahre in den Seelen hinterlassen hatten: denn Unglaube, Gleichgültigkeit und Unkenntnis in religiösen Dingen waren unter den am meisten verbreiteten Plagen anzutreffen.

Eine vollkommene «Neuerziehung» wurde erforderlich und mußte mit aller Eindringlichkeit betrieben werden.

Gewiß, die Unmoral nahm alarmierende Ausmaße an.

Doch Steeb war zu intelligent, um die Ursachen mit den Wirkungen zu verwechseln. Er bildete sich eben nicht ein, daß es ausreichen würde, gegen die um sich greifende Sittenlosigkeit anzukämpfen, um die Menschen gläubig werden zu lassen und in ihnen eine «christliche Denkungsart» zu erwirken.

Hingegen wurde es ihm klar, daß es an erster Stelle dringend erforderlich war, dem Volk den wahren Glauben wiederzugeben. Und das setzte eine geduldige, hartnäckige Arbeit voraus, bei der man sich nicht leichten Illusionen und einem gefährlichen Triumphalismus hingeben durfte.

Und da sehen wir ihn schon, wie er die Katechetik vorantreibt (und zwar für Kinder und Erwachsene), wie er Bücher über religiöse Fragen verteilt gemäß den Absichten der Mailänder Organisation der «Christlichen Freundschaft», zu der er Beziehungen unterhielt.

Und wir sehen ihn, wie er Missionen organisiert, zu denen die berühmtesten Prediger jener Zeit eingeladen wurden (er selbst verbrachte die Stunden im Beichtstuhl).

Und wenn die Regierung die Missionen untersagte, weil sie daran wer weiß welche Anlässe zur Störung der öffentlichen Ruhe witterte, so gehorchte er, im Einvernehmen mit allen Mitarbeitern – unter denen sich Maddalena di Canossa durch Tatkraft und Begeisterungsfähigkeit auszeichnete – stets bereit, dem Kind einen anderen Namen zu geben: Es handelte sich dann nämlich nicht mehr um «Missionen» sondern um «Geistliche Exerzitien» (die Substanz blieb offensichtlich die gleiche).

Im Jahre 1812 wurde er außerdem dazu berufen, im Seminar Französisch zu lehren. In der Folge unterrichtete er Deutsch in bischöflichen Gymnasien sowie in der philosophischen Arbeitsgemeinschaft der Kleriker (bis 1824), wofür er ein bescheidenes Entgelt bezog.

Es besteht kein Zweifel, daß Steeb einen beachtlichen Einfluß in diesem Milieu ausübte. Die Aussagekraft, die von seiner Priestergestalt ausging, war allen leicht verständlich, auch denjenigen, die mit Fremdsprachen eigentlich nicht so besonders zurechtkamen.

Im Jahre 1821 war ihm dann noch der Lehrstuhl für die deutsche Sprache* im «Königlichen Mädchenkolleg» übertra-

* Vier Jahre später wird er nach regulärer Bewerbung und Ablegung der entsprechenden Examen vor einem staatlichen Prüfungsausschuß zum Professor ernannt.

gen worden, den er sechzehn Jahre innehatte und wofür er ein Honorar von jährlich sechshundert Liren bezog (der Entgelt für seine Lehrtätigkeit im Seminar war noch erbärmlicher: einhundert Lire).

Karl hat also viele Jahre lang unterrichtet? Und diese Tatsache kann nur erstaunen, wenn man an die zahlreichen, anstrengenden und aufreibenden apostolischen und karitativen Aufgaben denkt, denen er sich widmete.

Warum hat er sich also auch noch die Last des Unterrichtens aufgebürdet?

Die Begründung ist vor allem praktisch-ökonomischer Art.

Denn mit seinen Finanzen stand es ja nicht zum besten. Andererseits übte er die Mehrzahl seiner Tätigkeiten absolut umsonst aus. Bedenkt man nun seine ihm angeborene Zurückhaltung und Würde, so kann man nur zu gut verstehen, daß er die Notwendigkeit verspürte, sich ein Minimum an wirtschaftlicher Sicherheit und die entsprechende Unabhängigkeit zu schaffen.

Doch all dem muß auch ein tieferer Beweggrund zugrunde gelegen haben.

Steeb sah im Unterrichten eine Möglichkeit, Priester zu sein. Das Priestertum war für ihn nicht ein Stand, ausschließlicher «Beruf», sondern eine Mission, die nicht unvereinbar war mit dem Ausüben einer Tätigkeit, zu der er sich begabt fühlte. Mit anderen Worten: Die Tatsache, Priester zu sein, privilegierte ihn nicht gegenüber gewöhnlichen Sterblichen, befreite ihn nicht von einer Form der Arbeit, die ihn am Leben des größten Teils der Menschen innig teilnehmen ließ, nämlich derer, die da gezwungen sind, sich ihr täglich Brot im Schweiße ihres Angesichtes zu verdienen.

Außerdem sah er – und das ist wohl der entscheidende Beweggrund – in der Aufgabe des Erziehens eine kennzeichnende Dimension der Barmherzigkeit. Und auch dadurch wollte er vor seinen Töchtern persönlich Zeugnis ablegen, des

Menschen von seinen zahlreichen und häufigen Versklavungen (Krankheit, Elend, Unwissen, Ausgenutztwerden, Egoismus, Armut an Idealen, Fehlen von Werten ...) zu sein hat.

Was unterrichtete er letzten Endes?

Wir haben es bereits gesagt: Er war kein Religionslehrer. Er lehrte Fremdsprachen.

Ein wahrer Erzieher vermittelt jedoch, mehr denn Fachkenntnisse, *Kenntnisse seiner selbst.* Und in dieser Hinsicht verfügte er über eine so gut wie unerschöpfliche Schulung und Anschauungsmaterial.

Ein wahrer Erzieher vermag von Gott zu sprechen – ohne ihn dabei auch nur nennen zu müssen –, auch wenn es um Zahlen und chemische Formeln geht. Während es, leider, andere geben mag, die nichts Überzeugendes und Faszinierendes zu sagen haben, obwohl sie doch Religion betreiben.

Man kommt nicht umhin, an den Reichtum an Erfahrungen zu denken, den Steeb in die Schule mitbrachte.

Die Jahre des Lazaretts, das Armenhaus, die Schlachtfelder, der Kontakt mit Tausenden von Leidenden, die zermürbenden Nachtwachen, das unmittelbare Eingeweihtsein in unzählige Nöte und Tragödien, sein direktes und mitleidendes Teilnehmen an unendlich vielen dramatischen Geschehnissen *mußten ja einfach aus ihm sprechen,* auch wenn er dabei war, seinen Schülern die grammatikalischen Regeln der französischen oder der deutschen Sprache einzuhämmern.

Seine Schüler «lernten» vor allem die Persönlichkeit ihres Lehrers, die sich bei der täglichen Begegnung mit einer Realität voller Elend und Schmerz gefestigt, geformt und verfeinert hatte.

Die Lernenden wurden von einem Erzieher *geformt,* der selbst nie aufhörte, *sich seinerseits zu formen;* und zwar in einer der anspruchsvollsten und ... wählerischsten Schulen.

Selbst sein Fernbleiben von der Schule ergab Lektionen von grundlegender Bedeutung! Wie konnte man nicht von jenem

Lehrer beeindruckt werden, der im Jahre 1836, da eine entsetzliche Cholera-Epidemie ausbricht, die «höheren Töchter» in den lichtdurchfluteten Aulen des Kollegs zurückläßt, um die Betten der von der Seuche Befallenen in den düsteren Gängen des Armenhauses aufzusuchen?

Wie könnte man nicht dem Einfluß eines Erziehers unterliegen, der sich inmitten der Jugendlichen vollkommen wohl fühlt, doch auch pünktlich bei den Sterbenden eintrifft?

Gegen Ende des Jahres 1837 verzichtete er auf die Schule.

Er war ja nun schon an die vierundsechzig Jahre alt, und litt dazu noch an zahlreichen Gebrechen und dieser großen Müdigkeit, die sich in ihm während all seiner Tätigkeiten angesammelt hatte und die auch eine kräftigere Natur als die seine hätte zermürben können.

Und so sagte er den Mädchen vom Kolleg «adieu», die ihn «Vater» nannten.

Doch gab es schon andere «Töchter», die auf ihn warteten.

Im Alter von vierundsechzig Jahren, da er schon entschieden beschwerlichen Schrittes einhergeht, soll er noch das wichtigste Werk seines Lebens beginnen.

Es gab da ja noch jenen Traum zu verwirklichen.

Da man ihn in der Schule zur Ruhe gesetzt hat, beginnt er noch einmal mit der Arbeit.

Er muß sich noch einmal, von allem Anfang an, den Titel «Vater» verdienen.

In deine Hände

Mit schlecht verborgener Bangigkeit erwartete er gute Nachrichten von daheim.

Manchmal forderte er sie geradzu heraus. Mit aller Diskretion, gewiß, doch auch ohne seine wagemutige Hoffnung zu verhehlen.

Doch aus Tübingen trafen nicht nur keine «guten Nachrichten» ein, sondern überhaupt keine.

Das Schweigen drückte sehr viel über die Stimmung seiner Familie aus. Und Karl war in der Lage, die Bedeutung dieses tödlichen Schweigens sehr genau auszulegen.

Unserer Mentalität mag ein Verhalten dieser Art als unsinnig erscheinen, ans Grausame grenzend. Doch wir dürfen ja das geistige Klima jener Zeit nicht vergessen und die Situation von Ländern, in denen Religion und gesellschaftliche Stellung, Glauben und Vaterland fast füreinander standen. Weshalb es ganz natürlich war, daß im Hause Steeb dieser Sohn, der da aus unerklärlichem Eigensinn «ins feindliche Lager» übergelaufen war, als ein Verräter galt, welcher dem Ansehen der Familie einen schweren Schlag versetzt und die jahrhundertlange Tradition ihrer Ehrbarkeit verletzt hatte.

Um seine Wahl zu akzeptieren – ohne sie deswegen zu teilen –, für sie in den Augen der öffentlichen Meinung Tübingens einzustehen, wäre eine geistige Aufgeschlossenheit erforderlich gewesen, die in jenen Zeiten ein außergewöhnliches Phänomen dargestellt und eine Portion Mut erfordert hätte, die in Anbetracht der Umstände und der Statur der Personen schon ans Wunderbare gegrenzt hätte.

Es handelt sich hier nicht darum, zu rechtfertigen. Sondern darum, wenigstens zu verstehen. Und vor allem darum, nicht leichtfertig verurteilend Steine zu werfen, indem man sich auf einen Sittenkodex stützt, der erst *heutzutage* in unserem Bewußtsein gereift ist, das heißt in einer Zeit des Pluralismus und der Toleranz.

Auf jeden Fall ist es mehr denn begreiflich, daß Karl in seinem Innersten unter dem Zustand litt und angesichts solcher Feindseligkeit die Losreißung von der Familie besonders spürte.

Er hatte einfach «ehrlich» gehandelt, indem er jener Wahrheit anhing, die er auf seiner Suche gefunden hatte.

Andererseits war es ja gerade die Ehrlichkeit, die man ihn als einen der grundlegenden Werte im Elternhaus gelehrt hatte, und der er sich verpflichtet fühlte. Aber er war andererseits auch davon überzeugt, daß Ehrlichkeit sich nicht nur auf das Gebiet des Kaufmännischen und der Geschäfte beschränkt, sondern auch bei Entscheidungen in religiösen Fragen eine Rolle spielt . . .

Und nun rannte diese seine Hoffnung, endlich verstanden, wenn nicht sogar nachgeahmt zu werden, gegen eine solche Mauer beleidigter Feindseligkeit an.

Er hätte gewollt, daß seine Angehörigen seine «Entdekkung» teilten.

Denn gewisse Schätze müssen ja, mehr denn genossen, ausgeteilt werden.

Karl, den die Schönheit dessen, was er gefunden, kühn gemacht hatte, ließ in seinem Eifer nichts unversucht.

Er fuhr fort, an die Tür des Elternhauses in Tübingen zu pochen, wenn er auch Hunderte von Kilometern von ihm entfernt blieb.

Doch jedesmal gab es eine bittere Enttäuschung.

Er beklagte sich beim Herrn: «Wie viele Tränen ich vergossen habe, wie viele Briefe ich geschrieben, ja du weißt es, o mein erbarmungsreicher Gott, wie viele Gebete und Opfer von diesem armen Herzen zu dir emporgestiegen sind, doch noch immer fällt kein einzig Tröpfchen Regen auf den Acker (der Angehörigen) meines eigenen Blutes, um meine Hoffnung zu nähren.»

Und da er voller Wehmut an die Geschichte der hl. Monika und des hl. Augustinus gedacht hat, soll er ausgerufen haben: «Hat doch eine Mutter ihren Sohn bekehren können, und ein Sohn sollte es nicht fertigbringen, seine Mutter zu bekehren?»

Er gab sich nicht geschlagen: «Ich werde an jenes Herz pochen, werde schreiben, werde weinen, solange ich lebe.«

Doch wenn er auf diese Weise seinem Herzen Luft gemacht

hatte, fand er unweigerlich die richtige «theologische» Lösung, die seine quälenden Fragen zum Verstummen brachte: «Großer Gott, ihr Schicksal und ein jedes meiner Gefühle lege ich in deine Hände.»

Die spärlichen Nachrichten aus Tübingen verkündeten ihm in langen Zeitabschnitten den Tod seiner Lieben.

Zunächst den des Vaters: 24. September 1799 (drei Jahre nach Karls Priesterweihe). In der letzten Zeit hatte er sich, von der Schwindsucht geschwächt und recht mutlos und niedergeschlagen, auf den Landsitz in Schwärzloch zurückgezogen, einem einsamen Ort, wenige Schritte von der Stadt entfernt, von wo aus er sich weiterhin um die herzöglichen Schafställe kümmerte. Er hatte das Vaterhaus, das Hotel Lamm, verkauft, hatte mitangesehen, wie sich sein beträchtliches Vermögen verringerte. Im Alter von nur neunundvierzig Jahren hauchte er sein Leben aus. Er muß sich als ein vom Leben Besiegter gefühlt haben.

Die Mutter starb am 29. August 1827. Es gibt Gründe, die uns vermuten lassen, daß es in der Zwischenzeit zu einer Annäherung, und zwar nicht nur formeller Art, an den Sohn in der Ferne gekommen sein muß. In der Tat hat Christine Elisabeth Immendörfer das Erbe gleichmäßig unter die beiden Überlebenden ihrer Kinder geteilt (auch wenn Karl dann zu Gunsten seiner Schwester auf seinen Teil verzichtet hat).

Seine Schwester Wilhelmine starb am 24. Oktober 1839. Sie hatte nicht geheiratet. Sie war stets kränklich gewesen. Karl hatte also nicht die Freude, einem seiner Angehörigen seine «Entdeckung» mitzuteilen und die Stationen, über die er auf seinen Glaubensweg gelangt war.

Doch wenn er auch allen Grund hatte, heftig zu leiden, wie es nur natürlich ist, so ließ er sich deswegen doch nicht von seinem Leid überwältigen. Er war zu intelligent, um nicht intuitiv zu erfassen, daß ein jeder von uns Rechenschaft über sein Anhängen und seine Treue abzulegen hat nach Maßgabe jener Wahrheit, die er erkennen konnte, jenes Lichtes, das er mit eigenen Augen aufzufangen vermochte, jenes Guten, dem er nach den Weisungen des eigenen Gewissens nachgegangen ist, jener Liebe, die er in seinem Herzen zu hegen und durch Taten zu verkündigen imstande war.

Die Lösung dieser komplizierten Frage hatte er bereits seit langer Zeit gefunden: «Großer Gott, ich lege ihr Schicksal in deine Hände.»

Wenn auch die Nachrichten, die er von den Menschen erhielt (oder nicht erhielt!) regelmäßig im Widerspruch standen zu seinem ausdauernden Hoffen, so wußte er doch sehr gut, daß der Eingang ins Heil ausschließlich Gott unterstand. Wußte, daß auch die Wege, die von dem seinen abweichen, dann, wenn sie aufrichtig gegangen werden, unbedingt dorthin führen, in jenen Hafen der unendlichen Barmherzigkeit, die auch das sieht, was unserer berechnenden Kleinlichkeit und unserer büromäßigen Kasuistik entgeht.

Also keinerlei «gute Nachricht» aus Tübingen.

Karl empfand Schmerz darüber, doch brachte es ihn nicht aus der Ruhe.

Es gab ja dennoch einen, der ihm gute Nachrichten von seinen Lieben zu überbringen vermochte.

Und er hatte inzwischen gelernt, sich Gott anzuvertrauen, dem einzigen, unvergleichlichen, stets pünktlichen Überbringer guter Nachrichten ...

Gegrüßet seiest du, o Menschheit, voll der Gnade!

Sein Apostolat brachte ihn oft in Fühlungnahme mit den «getrennten» Brüdern.

Ständig war er darum besorgt, alle zu jener Fülle der Wahrheit zu leiten, die er selbst kennengelernt hatte, allen jene «Entdeckung» zu zeigen, für die er alles aufgegeben hatte.

Die Tröstungen, die ihm im Kreise der Familie verweigert wurden, fehlten ihm nicht in Verona selbst.

Es sind zwölf Texte von Widerrufen überliefert, die von Karl Steeb persönlich abgefaßt wurden*.

Es wird jedoch gut sein, zwecks Vermeidung gefährlicher Mißverständnisse herauszustellen, daß er keineswegs vom Kreuzrittergeist beseelt war. Auch stellte er nicht jenen «Ultraradikalismus» zur Schau, jene marktschreierische Intoleranz, die man sooft an gewissen Konvertiten bemerken kann.

Seine Beziehungen zu den getrennten Brüdern standen unter dem Zeichen größter Korrektheit, Zurückhaltung, Klugheit, Feinfühligkeit, Toleranz.

«Nie hat er sie verlacht oder beleidigt, nie hat er sich zu Täuschungsmanövern oder Betrügerei hinreißen lassen», versicherte Bresciani (und seine Aussage ist um so bedeutungsvoller, als gerade er es liebte, auf die schärfste und lauthalseste Weise gegen die Protestanten zu polemisieren ...).

Mehr denn ihnen Zwang anzutun, versuchte er, ihnen Reflexionen vorzuschlagen, sie zu leiten, zu führen, zu helfen bei ihrer Suche. Und dabei vertraute er vor allem auf das überzeugendste «Beweisstück»: nämlich das von ihm selbst gegebene Vorbild, die eigene «unantastbare Führung», die eigene stille Freude.

Nie hat er sich zu gehässigen Schmähreden verleiten lassen, wie sie vielen seiner Zeitgenossen beider Lager so lieb waren.

Auch hierin weiß Karl leidenschaftlichen Eifer mit außerordentlichem Gleichgewicht zu vereinbaren, feurige Bezeugung der Wahrheit mit gewissenhaftem Respekt vor der Freiheit des anderen, unaufhaltsames apostolisches Wirken mit

* Der Bischof Liruti versichert im Jahre 1826 in einem Schreiben an Papst Leo XII., daß die von Don Carlo erwirkten Bekehrungen über dreißig waren. Bresciani spricht im Jahre 1857 von der Zahl 36.

geduldigem, demütigem Warten auf die Wahrheit, die in den Herzen der einzelnen zum Reifen kommen muß, und zwar auf unterschiedliche Art und Weise und nach unterschiedlich langen Zeiten.

Steeb setzt das grundlegende Prinzip der christlichen Pädagogik in die Praxis um: wirken, damit Gnade erlangt werde, doch auch wirken, damit Freiheit herrsche. Denn der Mensch kann nur durch einen Akt in die Heilsgeschichte eingehen – oder ihr fernbleiben –, der im wesentlichen von seiner Freiheit abhängt. Das «ja», die Antwort auf Gottes freie «Gabe», hat keinerlei Wert, wenn es nicht in Freiheit gesprochen wird.

Es wird gut sein, daran zu erinnern, was bereits Thomas von Aquin bezüglich des Gewissens gesagt hat. Und, in besonderem Maße, hinsichtlich der Verpflichtung, auch dem zu folgen, was ein *unwiederbringlich dem Irrtum verfallenes* Gewissen einem diktiert (vgl. *De Veritate*, 17, 4, 1m; *Summa Theologia* I–II, 19,5 3m).

Pius IX. (*Singulari quadam* 9. Dezember 1854) unterstrich in besonderem Maße die Achtung vor der unbesiegbaren Ignoranz und dem in gutem Glauben gehegten Irrtum: «... Mit Gewißheit müssen wir zugeben, daß die, welche sich in Hinsicht auf die wahre Religion in einem Zustand unbesiegbarer Ignoranz befinden, in den Augen des Herrn nicht als dessen schuldig erachtet werden. Wer wird nun aber sich anmaßen, die Grenzen einer solchen Ignoranz abzustecken, die vom Charakter und der Unterschiedlichkeit der Völker, der Länder, der Geister und so vieler anderer Dinge abhängt?»

Über einhundert Jahre später tut Johannes XXIII. nichts weiter, als diese Auffassungen zu unterstreichen: «... Ein jeder hat das Recht, Gott so zu ehren, wie es ihm sein gutes Gewissen eingibt» (*Pacem in terris*, 8).

Und das II. Vatikanische Konzil verfolgt in verschiedenen Dokumenten den gleichen traditionellen Standpunkt.

«Tatsächlich trägt der Mensch ein von Gott geschriebenes

Gesetz in seinem Herzen: diesem zu gehorchen, macht die eigentliche Würde des Menschen aus, und *nach dieser wird er gerichtet werden»* (*Gaudium et spes*, 16).

«Die Imperative des göttlichen Gesetzes empfängt und erkennt der Mensch durch sein Gewissen; diesem muß er in aller Treue Folge leisten, um sein Ziel zu erreichen, welches Gott ist. Man darf ihn daher nicht zwingen, gegen sein Gewissen zu handeln. Auch darf man ihn nicht daran hindern, diesem gemäß zu wirken, besonders auf religiösem Gebiet» (*Dignitatis humanae*, 3).

Diese Ideen sind endgültig ausgereift und wurden klar formuliert im Klima der post-konziliären Kirche*.

Doch in Steebs Geist sind sie schon vorhanden, zumindest auf gefühlsmäßiger und intuitiver Ebene.

Niemand besser denn er kann so recht abschätzen, wie sehr familien- und umweltbedingte Faktoren ausschlaggebend für den *guten Glauben* des einzelnen sind, wie sehr gesellschaftliche oder psychologische Beeinflussung, Tradition und selbst Polemiken dabei eine Rolle spielen.

Es gelingt ihm einerseits, die Klippe der *Gleichgültigkeit* zu umschiffen, bei der man sich so verhält, als ob es sich fast nicht lohne, hartnäckig nach der Wahrheit zu suchen (und sein Eifer und sein innerstes Leiden legen in dieser Hinsicht ein überzeugendes Zeugnis ab). Und andererseits die entgegengesetzte Klippe eines erbitterten, aufdringlichen und fast provozierenden *Bekehrertums* (und darin zeigt sich eben sein Sinn für das rechte Maß, seine Toleranz).

Ich bin mir dessen sicher, daß er aufgrund seiner Erfahrung und der unzähligen Begegnungen, die er gehabt hatte, nicht

* Vgl. in diesem Zusammenhang das Dekret des Konzils «Unitatis redintegratio», bes. Nr. 3: «... Selbst die getrennten Kirchen und Gemeinden sind, obwohl wir glauben, daß sie Mängel aufweisen, im Mysterium des Heils keineswegs bedeutungslos und ungewichtig» ... Wir verweisen auch auf das vorangehende Kapitel «Widerruf oder Glaubensbekenntnis?»

gezögert hätte, folgende Folgerung von P. Congar zu unterschreiben: «Nur die tatsächliche Zugehörigkeit zur sichtbaren Einheit der katholischen Kirche sichert *die Fülle der Mittel zum Heil* und zur Heiligung. Die, welche sich ihr gegenüber in einem Zustand moralisch unbesiegbarer Ignoranz befinden, können ihr wunschmäßig angehören. Es ist nicht erforderlich, daß dieses ‹voto› ausdrücklich sei oder eine psychologisch bewußte Wirklichkeit darstelle.»

«Jesus Christus, so berichtet uns die Geschichte, heilt *und* rettet, rettet *und* heilt, und die Erzählungen des Evangeliums verleihen dem Heilen beziehungsweise dem Heil keinerlei chronologische oder systematische Priorität. Bei seinen Begegnungen mit den Menschen beginnt Jesus auf unvorhersehbare Art entweder mit dem einen oder dem anderen, so als ob manchmal der Glaube die Wiederherstellung der Gesundheit gestatte und andere Male die Wiederherstellung der Gesundheit zum Glauben führe . . .»

«. . .Während die Umstände der Heilung eingehend erzählt werden, sind die Erklärungen des Evangeliums hinsichtlich des Heils, das läßt sich feststellen, sehr nüchtern . . . Nie gibt es eine Ausführung hinsichtlich des Wesens des Heils . . .»

«Das Heil besteht in dem ‹Ja›, das von uns verlangt wird, dem Amen, das unversehens vor oder nach der Heilung gesprochen wird. Man muß Durst haben, um zu trinken. Wer keinen Durst hat, wird nie dem Quell seinen Gruß entbieten. Das Evangelium ist zweifellos auf die Erde gekommen, um – wenn auch zusammen mit anderen Kräften – zur Entwicklung der Menschheit beizutragen. Doch auch zu dem Zweck, uns noch einmal das Grüßen zu lehren. Maria tat nichts anderes, als das zu begrüßen, was sie da vernommen hatte hinsichtlich ihres Sohnes, der kommen würde, um Abrahams Hoffnung zu erfüllen und die Erde zu entwickeln. Ein Gruß wird das Herz des Menschen immer vor Freude schlagen lassen, mehr denn jegliche Hilfe, die ja nie vollkommen angemessen ist. Und so ‹heilt› die Kirche die Welt nicht auf magische Weise. Sie ‹grüßt› sie, sie entbietet ihr einfach das Heil von seiten Gottes, vom Genossen Gott, Hoffnung der Welt.»

Karl ist seinerseits bei einem Heilsunterfangen beteiligt, wo er sich durchaus nicht als Hauptperson betrachtet, sondern einzig und allein als ein unbedeutendes Instrument.

Er beschränkt sich darauf, *die anderen zu lehren, Durst zu haben.* Immer mehr Durst.

Indem er Barmherzigkeit übt, beschränkt er sich darauf, sich über den Armen, den Leidenden, den Sterbenden zu neigen und ihn in jemandes Namen zu «grüßen».

Sein Zugegensein, das diskrete, verbrieft das Zugegensein eines anderen.

Es liegt nun am Menschen – der die Heilung empfangen hat oder die Tröstung oder die konkrete Hilfe –, die Entdeckung, die Gabe, die Geste zu verinnerlichen, den Sinn dessen zu erfassen, was ihm da widerfahren ist. Und seinerseits zu «grüßen».

Auf diese Weise ist der Mensch nicht mehr einfaches Objekt, sondern wird Subjekt eines persönlichen Heils.

Don Carlo weiß, gerade weil er ein Mensch des Glaubens und der Hoffnung ist, nicht nur der Nächstenliebe, daß das Heil – und somit auch die Frucht seiner «Mitarbeit» am großen Gottesplan – sich nicht durch ein paar Texte über Abschwörungen «dokumentieren» läßt.

Die wichtigsten – und zahlreichsten – Seiten sind in einer Bibliothek verwahrt, deren Aufseher vorläufig niemandem die Erlaubnis zur Einsichtnahme erteilt.

«Geheime Himmelssache.»

Die vollkommene Ausgabe wird erst nach abgeschlossener Ausführung freigegeben. Und sie wird weltweite Verbreitung finden. Und es wird für alle große Überraschungen geben.

Deshalb ist Karl Steeb der Mann, der geduldig warten kann.

Doch gleichzeitig ist er auch der unermüdliche Apostel.

Der Erfolg ist für ihn von keinerlei Wichtigkeit.

Wichtig ist das, was «erfolgt» ist, das, was tagtäglich von Gottes Warte gesehen «erfolgt».

... Und vergib uns unsere Schuld ...

In der Sakristei des Mutterhauses der Barmherzigen Schwestern in Verona, in der Via Valverde 24, gibt es ein Kruzifix, das betrachtet zu werden verdient.

Ich halte jedesmal davor an und bleibe einige Minuten lang von einer geheimnisvollen Kraft an den Ort gebannt.

Es ist überlebensgroß. Ein sanfter und zugleich strenger, ernster und zarter Ausdruck liegt über ihm und vermittelt einem ein Gefühl der Zärtlichkeit, doch auch der Ernsthaftigkeit, flößt einem Vertrauen ein, ohne einem eine gewisse Bangigkeit zu nehmen.

In den letzten drei Jahren seines Lebens hat Don Carlo, da er seinen Gebrechen Rechnung tragen mußte, die Beichten in einem schmucklosen Zimmerchen abgenommen: Es gab darin einen Schreibtisch, einen Stuhl, den Betschemel und, wie gesagt, das große Kruzifix.

Auf der kleinen Treppe, die zu diesem Zimmer führte, warteten Dutzende von Beichtkindern geduldig darauf, daß sie an die Reihe kämen.

Er war zweifellos einer der meistgefragten Beichtväter von Verona. Manchmal wurde er direkt «belagert».

Vornehme Damen aus dem Adel wandten sich an ihn und Frauen aus dem Volke, Frauenzimmer zweifelhafter Tugend und Nonnen, hohe Beamte und Priester, Prälaten und Waffenträger.

Auch der Bischof von Verona, Msgr. Grasser (1829–1839), hatte ihm die Leitung seines Gewissens anvertraut und wird von ihm die Sterbesakramente empfangen (die beiden harmonierten in vielen Dingen, und ihre Beziehungen zueinander waren gewiß nicht nur formeller Art, sondern waren beherrscht vom Geist brüderlicher Zusammenarbeit).

Die Arbeit im Dunkel des Beichtstuhls – die er schon über sechzig Jahre zuvor aufgenommen hatte, das heißt gleich nachdem er zum Priester geweiht wurde – paßte ausgezeichnet zu Steebs Persönlichkeit.

In der bereits mehrmals zitierten «Trauerrede» behauptet Bresciani, daß der Eifer, mit dem Karl seines Beichtamtes gewaltet hatte, um so bewundernswerter sei, als sein «früherer Glaube die Beichtpflicht gleichsam wie ein Greuel verabscheute». Wie es ihm auch andere Male widerfährt, hat der gute Pater – Gründer der lombardisch-venedischen Provinz der Krankendiener – es versäumt, sich in seinem glühenden Eifern gegen die Protestanten ernsthaft mit Quellenforschung zu befassen; so unterlaufen ihm beachtliche Verwechslungen zwischen Calvin und Luther.

Tatsächlich sagt Luther im *Großen Katechismus:* «Christus hat die Absolution in den Mund der Christenheit gelegt und hat ihr befohlen, uns von unseren Sünden zu erlösen. Wenn daher ein Herz seine Sünde spürt und nach Trost lechzt, so findet es hier eine sichere Zuflucht, wo es Gottes Wort vernimmt und erfährt, daß Gott durch das Amt eines Menschen ihn von seinen Sünden erlöst und freispricht.» Nach Luther ist die Beichte ein *wahres* Sakrament, doch kein *vollständiges* (wie es die Taufe und das Abendmahl sind), da es sich nicht um einen präzisen Ritus handelt, der von Christus selbst festgesetzt wurde.

Luther wirft den Katholiken vor, daß sie die Vergebung der Sünden mehr auf die Reueakte des Beichtenden gründen, denn auf die Wirksamkeit der Absolution Gottes durch den Beichtvater.

Im *Kleinen Katechismus* unterstreicht er, daß «die Beichte zwei Dinge umfaßt. An erster Stelle ist es nötig, die eigenen Sünden zu bekennen. An zweiter Stelle muß man die Absolution oder Vergebung von seiten des Beichtvaters gleichsam als wie von Gott selbst erlangen und fern von allen Zweifeln glauben, daß durch dieses Mittel unsere Sünden vor Gott im Himmel vergeben sind.»

Und das war die von ihm empfohlene Formel: «Hat der Beichtende seine Sünden bekannt, so spricht der Beichtvater: ‹Gott gewähre dir Gnade und stärke deinen Glauben! Amen. Glaubst du, daß meine Vergebung die Vergebung Gottes ist?› Und der Beichtende antwortet: ‹Ja, lieber Meister.› Dann fügt der Beichtvater hinzu: ‹Dir geschehe nach deinem Glauben. Und ich vergebe dir nach Geheiß unseres Herrn Jesus Christus deine Sünden im Namen des Vaters und des Sohnes und des Heiligen Geistes. Amen. Geh in Frieden.›»

Wenn Luther auch die absolute Verpflichtung zur Beichte ablehnt, so muntert er doch dazu auf, sich aus freien Stücken regelmäßig zur Beichte zu begeben. «Jeder ist frei, sich dieses Mittels zu bedienen, wann immer er es für nötig hält.» Natürlich spricht er von der privaten Beichte vor dem Pfarrer (auch wenn er es zuläßt, daß auch ein Laie die Worte der Absolution aussprechen kann; er behauptet jedoch, daß es das beste sei, beim Pfarrer zu beichten), also nicht von der Beichte vor Gott allein oder vor den Brüdern, denen man Leid angetan hat.

Später verringerte sich die Häufigkeit, mit der man zur Beichte ging, in beachtlichem Maße, bis die Beichte fast ganz verschwand, und zwar auch aus Gründen praktischer Art (z. B. wegen des Mißverhältnisses zwischen den Gliedern einer Gemeinde und der Zeit, über die ein Pfarrer verfügte), was jedoch zu der von Luther stammenden Doktrin im Gegensatz stand. In vielen reformierten Kirchen trat an die Stelle der privaten Beichte nach und nach der Brauch der gemeinsamen. Letztgenannte Form der Beichte war jedoch in den lutheranischen Kirchen verboten.

Er war nicht dazu geschaffen, vor großen Menschenmengen zu sprechen. Sicher war es eine Frage von Schüchternheit, doch auch sein unaustilgbarer deutscher Akzent muß einen nicht unbeträchtlichen Hinderungsgrund dargestellt haben.

Wir würden heutzutage sagen, daß er vielmehr das *Charisma* der persönlichen Begegnung besaß. Und der Beichtstuhl war der bestgeeignete Ort, um dieses Charisma in den Dienst des Gottesvolkes zu stellen.

Es wäre interessant, doch fast unmöglich, einen Stadtplan über Steebs Beichtstühle zu zeichnen. Wir würden diese nicht nur an den «herkömmlichen» Orten finden (das heißt in den Kirchen), sondern an den unerwartetsten: Man denke nur an die Strohsäcke des Lazaretts, an die dürftigen Lager im Armenhaus, an gewisse trostlose Behausungen, an die Schlachtfelder.

Gern gab er sich dazu her, in den verschiedenen Pfarrkirchen der Stadt die Beichten abzunehmen, desgleichen in den Erziehungsanstalten und Spitälern. Besonders anläßlich von Missionen oder Geistlichen Exerzitien betrat er ohne zu zaudern den Beichtstuhl. Dort war sein Platz. Auf der Seite der Vergebung.

Die Beichtkinder hatten an ihm einen weisen, klugen und vor allem wohlwollenden Priester.

Er bemühte sich darum, zu verstehen. Und es fiel ihm nicht schwer: Denn auch er fühlte sich in aller Aufrichtigkeit als ein «Sünder», der der Vergebung bedarf.

Es wird gut sein, sich ins Gedächtnis zurückzurufen, daß mit der Entfernung der Jesuiten Verona zur Hochburg des erbittertsten Rigorismus geworden war (und dies vor allem während des Hirtenamtes von Msgr. Avogadro und seines Nachfolgers, Msgr. Liruti, bleiben sollte).

Rigorismus lautete die offizielle Einstellung, und auch der Unterricht in den Seminarien nahm ihn sich zur Leitlinie.

Glücklicherweise zeichnete sich in der Praxis eine Handvoll mutiger Priester ab (unter diesen finden wir, außer Don Steeb, die Namen von Don Libera, Don Bertoni, Don Galvani, Don Mazza, Pater Bresciani); ihnen gelang es, sich über die übermäßige Strenge der offiziellen Doktrin hinwegzusetzen und sich an Normen zu halten, die vor allem von dem Konzept der Barmherzigkeit inspiriert waren.

So berichtet ein Ohrenzeuge*, daß «man in Verona zu sagen pflegte, daß Marco Marchi, Carlo Steeb, Nicola Mazza und Cesare Bresciani die vier geheimnisvollen Tiere seien, von denen der Prophet Ezechiel spricht, die dazu bestimmt seien, den Karren der göttlichen Barmherzigkeit zu ziehen».

Selbstverständlich wurden diese Priester, die mehr zur Sanftmut denn zur Strenge neigten, der Schlaffheit bezichtigt. Doch Pater Artini machte solchen Unterstellungen kurzen Prozeß, indem er ganz offen fragte: «Kann die Barmherzigkeit dieser Priester, die sich durch einen so rechtschaffenen Charakter auszeichnen, wohl als Schlaffheit gedeutet werden?»

Karl selbst hatte sich Franz von Sales zum Vorbild genommen, für den er ausgesprochene Sympathie empfand, und dessen Werke er gut kannte.

Er nahm auch den Schülern des Städtischen Gymnasiums neben der Kirche von San Sebastiano die Beichte ab (dieses Amt bekleidete er offiziell über zwanzig Jahre lang, und zwar zwischen 1820 und 1841; doch bereits in der napoleonischen Zeit begab er sich zu diesen Schülern).

Hier herrschte eine Regel, die Steeb wirklich nicht vertragen konnte: Die Knaben waren dazu gezwungen, zu Anfang

* Es handelt sich um Pater Luigi Artini von den Krankendienern, der während seiner Gymnasialzeit Gelegenheit hatte, Don Steeb kennenzulernen und mit ihm vertrauten Umgang zu pflegen.

und Ende des Schuljahres und anläßlich einiger Feiertage die Beichte abzulegen. Der zur Abnahme der Beichte hinzugezogene Priester hatte ein Zeugnis über die erfolgte Beichte auszustellen. Und das aufgrund einer Anordnung von seiten des Staates! Ganz offensichtlich wollten die Zivilbehörden, koste es was es wolle, das geistige Wohl ihrer Untertanen *sichern* ...

Da Steeb diese ihm verhaßte Gepflogenheit nicht abschaffen konnte, bemühte er sich darum, ein Klima der Spontaneität zu schaffen, indem er sich durch seine Güte und sein Feingefühl das Vertrauen der Jugendlichen erwarb, so daß das Sakrament der Versöhnung nicht mehr nach «amtlicher Kontrolle» und nach Zwang roch.

Wie zu Recht bemerkt wurde, muß er dabei vollen Erfolg gehabt haben, «wenn er so viele Jahre dort geblieben ist, und wenn viele der Jugendlichen, die ihn vom Gymnasium her kannten, ihm dann ihr ganzes Leben lang die Sorge um ihr Seelenheil anvertrauten»*.

Bei seinem Beichtamt und bei der Seelsorge hatte Karl – ganz abgesehen von seiner Lehrtätigkeit – die Möglichkeit, sein pädagogisches Talent anzuwenden.

Und so neigte er sich also – in der kennzeichnenden Haltung der Barmherzigkeit – nicht nur über einen Menschen, um eine Wunde zu pflegen oder den kranken Körper zurechtzuflicken, sondern um den Menschen selbst zu rekreieren, um das Meisterwerk anhand des göttlichen Planes zum Vorschein zu bringen.

Wie jeder wahre Erzieher war er sich darüber im klaren, daß es nicht erlaubt ist, von außen her am «Menschenmaterial» herumzumanipulieren, daß man nur mit Fingerspitzengefühl vorgehen darf, indem man sich durch das erworbene

* G. Casetta, *Il Servo di Dio Don Carlo Steeb*, Tipografia Poliglotta Vaticana, 1964, S. 176.

Vertrauen und die Achtung den Weg bahnt, so daß man – von innen her! – den Prozeß des Wachstums und der Reifung der Persönlichkeit auslöst.

Es geht also um einen Menschen, der im Klima der Freiheit und der Verantwortlichkeit Form annehmen muß, nicht um einen leeren Sack, der mit Ermahnungen, Drohungen, Formeln, Zwängen oder Schemen irgendwelcher Art vollzustopfen ist.

Es geht um ein *Subjekt*, das gleichzeitig Hauptbildner und Hauptgestalt ist, und nicht um ein zu behandelndes, zu konditionierendes *Objekt*, das nach vorgeschriebenen Verfahren oder, noch schlimmer, nach vorfabrizierten Formen zu prägen ist, so daß ein Fertigprodukt erzielt wird, das ganz genau so wie alle anderen ist.

Michelangelo hat gesagt: «Die Statue ist bereits im Marmorblock verborgen. Ich sehe sie, und mit meiner Arbeit beschränke ich mich darauf, das zu entfernen, was sie verdeckt.»

Für Karl besteht die erzieherische Aufgabe – sowohl auf menschlichem als auch auf geistlichem Gebiet – eben darin: das *herauszuschälen*, was bereits im Menschen steckt (der schlimmste Fehler eines Erziehers liegt in seiner Blindheit oder Kurzsichtigkeit: wenn er nämlich nicht das zu erblicken vermag, was bereits im Menschen ist, sondern nur das, was in Abhandlungen, oder, noch schlimmer, in seinen Vorstellungen geschrieben steht . . .), nicht darin, zu belasten, zu konditionieren, von außen her aufzutragen.

Der Erzieher *zieht* (vom Lateinischen *e-ducere*) das eigentliche Bild hervor, das in einem jeden Individuum steckt und jeweils ein anderes ist. Bringt das wahre Antlitz eines jeden zum Vorschein. Gibt sich nicht damit zufrieden, äußerliche Verhaltensweisen aufzuerlegen.

Eine der wichtigsten Gaben eines Erziehers besteht in dem, was die Franzosen mit *effacement* bezeichnen, das heißt in der Fähigkeit, sich selbst *auszulöschen*, beiseite zu treten, zu verschwinden: also in Bescheidenheit, Zurückhaltung, Unaufdringlichkeit.

Eine zu ausgeprägte, zu eindringliche Präsenz des Lehrenden verhindert am Ende nur das Aufkeimen der Persönlichkeit des Individuums. Und was einem oberflächlichen Betrachter als ein Erfolg erscheinen mag, ist in Wirklichkeit nur ein bedenkliches, ein wirklich armseliges Ergebnis, nämlich eine Serienproduktion von Infantilismen. Und so werden Gestalten geschaffen, die, wie gewisse Weichtiere, ständig auf eine Art Schneckenhaus angewiesen sind, weil sie des Rückgrats entbehren.

Der Erzieher Steeb übt das *effacement* auf beispielhafte Weise. Dank seiner Zurückhaltung, seines angeborenen Sinnes für das rechte Maß, seiner Bescheidenheit, seines Respektierens des anderen hat er es stets vermieden, sich einzuschalten, wo es nicht angebracht war, sich einzumischen, wo Einmischung eine Grobheit bedeutet hätte. Sein erzieherisches Werk beschränkte sich darauf, anzuregen und verzichtete auf das Ausüben von jeglichem Zwang.

Doch außer dieser außerordentlichen Fähigkeit zum *effacement* weist Karl noch eine besondere Begabung zur *Phantasie* auf.

Nur ein phantasiebegabter Priester ist in der Lage, sich auf diese Art dem Amt der Versöhnung zu widmen.

Steeb hat Phantasie, nicht nur weil er ein neues Institut in der Kirche gegründet hat, sondern auch deshalb, weil er viel Zeit im Beichtstuhl verbrachte.

Ich meine damit: Er besaß die Fähigkeit, einen *andersgearteten* Menschen zu ersinnen, zu entdecken. Einen «anderen» vor Augen zu haben. Mit anderen Worten: Sage mir, wer du bist, und ich entdecke dir, was du sein kannst. Du bietest mir dein ganzes Elend dar, dein entstelltes Bild, und ich halte dir dein wahres Bild entgegen. Du sprichst zu mir von deiner Mittelmäßigkeit, und ich spreche zu dir von deiner Heiligkeit.

Du setzt mir deine Grenzen auseinander, und ich halte dir deine Möglichkeiten vor Augen.

Er war ein Priester, der über alles Elend, alle Fehler und Sünden hinweg das wahre Wesen zu erblicken vermochte, das in einem jeden Menschen schlummert. Und er vermochte es wachzurütteln.

Er durchschaute also die Menschen, aber unter Einsatz seiner Phantasie. Und die Phantasie ist eng verwandt mit der Hoffnung.

Doch all das ist kein Spiel; und auch kein Vergnügen.

Seine außergewöhnliche Disponibilität im Beichtstuhl zeigt, daß er ein nicht gewöhnliches Maß an Geduld, Aufmerksamkeit, Teilnahmsfähigkeit besaß. Die langen, langen Stunden im Dunkel des Beichtstuhls, die endlosen Gespräche erforderten nicht zu unterschätzende Aufopferung. Das ist der Preis, den es zu zahlen gilt, wenn man sich im Leben auf die Seite der Armen schlägt, der Sünder, und sich für den «Primat des Menschen» einsetzt.

Denn Menschen, Christen lassen sich nicht serienmäßig herstellen.

Und auch die Wunden, die des Leibes wie die des Geistes, können nicht auf ein und dieselbe Weise unterschiedslos gepflegt und geheilt werden.

In einem Brief an ein berühmtes Beichtkind von ihm, das gerade eine schwierige Zeit durchmachte, hat sich Karl, der sich sonst so sehr in der Gewalt hatte, einen der seltenen Augenblicke der Preisgabe seiner selbst gewährt. Man spürt, wenn man zwischen den Zeilen liest, die Seele dieses Priesters beben, der nichts will als trösten, Frieden schenken, Stille in die Herzen einziehen lassen. Es ist eine herzergreifende Einladung, Vertrauen zu haben.

Unter anderem zitiert er den Satz Christi: «Kommt zu mir alle, die ihr mühselig seid und beladen, und ich will euch erquicken» (Matth. 11, 28).

Dieses Zitat ist besonders bedeutungsvoll. Denn in dieser Sicht sieht Karl sein Beichtamt: Es bietet ihm die Möglichkeit, sich über einen mit einer schweren Last beladenen Bruder «zu neigen» und von dieser Last «Besitz zu ergreifen». Er und das große Kruzifix, natürlich ...

Mit liebenswürdiger Schlichtheit bezeugt eine alte Nonne, die Karl gekannt hatte: «Wenn das Treppchen, das zu seinem Zimmer führte, und die Wände seines Zimmers sprechen könnten, so erführe man Dinge über seinen Eifer, die nur Gott bekannt sind.»

Irgend jemand hat von sich aus «leider» hinzugefügt, weshalb der Satz nun lautet «die leider nur Gott bekannt sind».

Es wird gut sein, dieses *leider* wieder zu entfernen.

Und meinetwegen dafür «glücklicherweise» einzusetzen.

Karl wäre der erste, der diese Änderung gutheißen würde.

Um derart viele Dinge zu erfahren, mag die Sprache des großen Kruzifixes von der Via Valverde 24 ausreichen.

Persönlichkeit aus dem Neckartal

Soweit mir bekannt ist, hat sich niemand seiner Zeitgenossen die Mühe gemacht, uns zu überliefern, wie Karl Steeb aussah. Ich meine, wie seine äußere Erscheinung beschaffen war.

Und man möchte schon darüber böse werden.

Wir können ihnen verzeihen, daß sie uns nicht in allen Einzelheiten erzählt haben, wie er «inwendig» war. Wir wissen nur zu gut, daß der «Betrachtungsgegenstand» auf der Hut war und jeden Versuch, in sein Innenleben einzubrechen, entschieden vereitelte.

Aber das Gesicht, das konnte er doch nicht verbergen!

Und da es niemandem gelang, das zu erfassen, was sich jedem Griff entzog, vergaß man darüber, uns wenigstens das vorzuführen, was sich allen Augen offen darbot.

Bresciani, der doch sein Freund war, beschränkt sich darauf, sehr vage von einem «rechtschaffenen, frommen alten Mann» zu sprechen. Und da er das Objektiv auf einen dramatischen Augenblick seines Lebens einstellt – den Tod der Ordensfrau Polini – bietet er uns noch einmal das Bild eines «hinfälligen» Alten, der sich «mit seiner schwachen Hüfte und der keuchenden Brust umherschleppt».

Man möchte schon protestieren: Karl war aber doch auch einmal dreißig Jahre alt gewesen!

Es hat keinen Sinn, Vorwürfe zu machen.

Zumal auch in dieser Hinsicht zu Recht der Verdacht aufkommt, daß es sich dabei nur um eine weitere Vorkehrung dieses deutschen Priesters handelt, der sich so gut zu verstecken weiß.

Und so müssen wir uns mit dem begnügen, was übriggeblieben ist. Das heißt recht wenig. Zwei Büsten und ein Ölgemälde.

Doch immer wird er in vorgeschrittenem Alter abgebildet.

Auf jeden Fall ist es doch möglich, etwas daraus herauszuholen, wenn auch ein breiter Spielraum der Unsicherheit verbleibt.

Der allgemeine Eindruck weist zwei vorherrschende Noten auf: Sanftmut und Nachdenklichkeit. Doch das Ganze ist eine Mischung aus Adel, Zartheit, Gesetztheit, Umgänglichkeit, Vornehmheit, Energie, Feinheit, Entschiedenheit, Milde. Es kommt selten vor, daß man ein so «komplexes» (nicht jedoch kompliziertes oder unentzifferbares – verstehen wir uns recht!) Gesicht betrachten kann.

Statur überdurchschnittlich.

Haarfarbe blond, ins Rötliche spielend.

Eine hohe, breite Stirn, über der ein Netz langer, feiner Furchen liegt.

Die recht dunklen Augen blicken tief; ein deutlicher Schleier von Traurigkeit liegt auf ihnen (was nur natürlich ist, wenn man bedenkt, was für Bilder sich ihnen in all diesen Jahren dargeboten hatten).

Die Nase ist recht ausgeprägt; die Ohren sind groß.

Den breitgeschnittenen Mund umspielt ein leichtes, kaum wahrnehmbares Lächeln.

Die Hände mit den so langen, schlanken Fingern wirken zart und verraten nichts von der rauhen Arbeit, zu der sie so lange Zeit gezwungen waren.

Sieht man von dem traditionellen Priesterhut (dem Dreispitz!) ab und von dem Talar, dann könnte das derart ausgeschnittene Antlitz sehr gut das Konterfei eines Philosophen sein.

Doch ich habe dem guten Pater Bresciani Unrecht getan. Denn ich habe vergessen, daß er uns einige kennzeichnende Züge von Don Carlo hinterlassen hat: «Seine Art war sanft und umgänglich und stets gesetzt. Nie hat er die ihm angeborene alemannische Schwerblütigkeit verloren.» Und noch einmal spricht er von «liebenswürdiger Gesetztheit».

Auf jeden Fall meine ich, daß für die Deutung eines Porträts auch die Geographie zu Rate gezogen werden sollte.

Und dann ist es eine Tatsache, daß Karls Gestalt mehr in Tübingen als in Verona verwurzelt ist.

Man könnte höchstens sagen, daß die Luft des Monte Baldo ganz einfach ein paar Züge gemildert, Andeutungen von Rauheit ausgeglättet, ein paar Kanten abgerundet, ein wenig Herzlichkeit hinzugefügt habe. Kurz und gut, das Ganze ein wenig überarbeitet habe, so daß die allgemeine Harmonie und Abrundung der Gestalt davon Vorteil gehabt haben. Doch das ist auch alles.

Im übrigen spricht das Gesamtwerk ganz deutlich von seiner Herkunft.

Als ich in Tübingen war, war ich auf den ersten Blick bezaubert, fast möchte ich sagen: wie vom Blitz getroffen. Unermüdlich bin ich durch seine mittelalterlichen Gassen gezogen, habe in alle Winkel des Städtchens hineingeschaut, bin ganze Stunden neugierig auf dem Marktplatz verweilt, bin den Pfad emporgestiegen, der zum Schloß führt, habe mehrere Male die Treppe des Sankt-Georg-Turms erklommen, um die malerischen Dächer zu bewundern, habe die typischen Bierlokale aufgesucht, bin auf der Neckarinsel umhergeschweift.

Sofort habe ich mich in dieser außergewöhnlichen kleinen Welt wohlgefühlt, in der solche Harmonie herrscht.

Ich habe die Augen (und die Linse des Fotoapparates) weit aufgesperrt angesichts dieser weiten, stillen und so sanften Panoramen.

Ich bin in die riesigen Wälder eingedrungen, wo das Schweigen – auch dann, wenn viele Menschen da sind – so etwas Natürliches ist wie das Vorhandensein der Blätter, wo die Vögel und selbst die Eichhörnchen sich nicht vor dem Menschen fürchten.

Und jedesmal war es eine neue, erstaunliche, atemraubende Entdeckung.

Und jedesmal hatte ich den Eindruck, mit Karl Steeb Bekanntschaft zu schließen, ihn besser zu begreifen.

Sicher zu sein, wie er beschaffen war.

Auch ich könnte es nicht erzählen, beschreiben, ganz so wie seine Zeitgenossen.

Doch ich wäre in der Lage, ihn auf den ersten Blick zu erkennen, und sei es mitten auf der Piazza Bra.

Ja. Um seine Gestalt zu rekonstruieren, reicht die Geschichte allein nicht aus. Auch die Geographie muß zu Rate gezogen werden.

Und zumindest in diesem Falle wird es ihm, wie er es auch anstellen möge, nicht gelingen, sich völlig zu verbergen . . .

Um hingegen ein «menschliches» Profil zu umreißen, sind die von Pater Cesare Bresciani gelieferten Angaben äußerst wertvoll.

Unter anderem sind sie nüchtern und präzise formuliert, weshalb sie überzeugend wirken, da sie nicht so aufgeblasen und rhetorisch ausgeschmückt sind, wie bei anderen Quellen.

«Stets bescheiden, war er doch niemals kriecherisch.» Wir könnten es auch so ausdrücken: Die Demut hinderte ihn nicht daran, erhobenen Hauptes zu gehen. Seine – sprichwörtlich gewordene – Bescheidenheit ließ sich bestens vereinbaren mit seinem ausgeprägten Gefühl für die eigene Würde.

Eine Würde, jedoch, die es nicht nötig hatte, sich auf den Sockel der Wichtigtuerei, des äußeren Prestiges, der ehrenvollen Aufgaben, der bedeutenden Stellungen zu placieren, die sich gestärkt anstatt verringert fühlte, wenn sie den letzten Platz aufsuchte, die niedrigsten und abstoßendsten Arbeiten verrichtete: «... vor gewöhnlichen Aufgaben empfand er nie Widerwillen.» Wir könnten es frei übersetzen mit den Worten: mit größter Natürlichkeit, ohne großes Federlesen zu machen, zauderte er nicht, sich die Ärmel hochzukrempeln.

Er war von Grund auf *ein ausgeglichener Mensch.*

Doch sein Gleichgewicht hatte er nicht durch schlaue Berechnung erreicht, auch nicht durch Scheinheiligkeit oder zweifelhafte Prestigehascherei oder wohlerwogene Kompromisse; auch nicht dadurch, daß er eine Begabung der anderen opferte. Es war vielmehr ein Gleichgewicht, das er in anstrengender und bewußter Bemühung um die eigene Harmonie erreicht hatte, so daß die verschiedenen «Faktoren» seines Charakters am Ende einander ergänzten, anstatt zueinander im Gegensatz zu stehen oder gar zu Gunsten des stärksten Elements ausgeschlossen zu werden.

Und so «war er auf die eigene Würde bedacht», doch

«ohne unzugänglich oder hochmütig zu sein». Mit anderen Worten: Er war scheu und zurückhaltend, aber dennoch freimütig und zugänglich und gewiß nicht abweisend.

Er war «väterlich», ja selbst «mütterlich», wobei er jedoch jede Form von väterlicher oder mütterlicher Bevormundung sorgfältig vermied.

«Nie war er nachtragend, nie betrieb er Haus- oder Gruppenpolitik.» Also keinerlei Parteilichkeit oder Rachegeist. Dennoch nahm er in aller Eindeutigkeit und Klarsicht Stellung und gab seinem eigenen Denken mit einfachen Worten Ausdruck, ohne Umschweife zu machen oder darum herumzureden.

Er verstand es, treu dem Evangelium, die andere Wange darzubieten. Doch das Gesicht, das er zeigte, war stets dasselbe! Und erhobenen Hauptes.

Obwohl er sehr genaue Vorstellungen über die Fragen hatte, über die man in jener Zeit diskutierte, verlor er nie seine Zeit mit unfruchtbaren Streitgesprächen, noch ließ er sich in nutzlose und kleinliche Schimpfreden ein.

Stets war er allen gegenüber zuvorkommend und feinfühlig, und trotzdem sehr aufrichtig; die Aufrichtigkeit hielt er für die höchste Form der Achtung den anderen gegenüber.

Leidenschaftlicher Verfechter der Wahrheit, verhielt er sich doch äußerst tolerant gegenüber den Andersdenkenden.

Er war klug, nachdenklich, vorsichtig und doch ausdauernd; wenn es darum ging, ein einmal unternommenes Werk zum Abschluß zu bringen, ließ er sich weder von Hindernissen entmutigen noch von Unannehmlichkeiten unterschiedlicher Art und Schwere beeindrucken.

Er wußte, was er wollte, denn er handelte nicht auf gut Glück oder von gefühlsmäßigen Impulsen getrieben, war sich auch über die Schwierigkeiten im klaren, doch wenn er sich erst einmal in Bewegung gesetzt hatte, so vermochte nichts und niemand mehr ihn zu halten.

Er brachte es fertig, ganze Jahrzehnte Geduld zu haben, langsam zu treten, das Gelände von allen Unebenheiten zu befreien, ohne deswegen darauf zu verzichten, sein festgesetztes Ziel zu erreichen.

Seine Klugheit war nicht nur eine Tugend, die ihn ... bremste, sondern Hilfe und Ansporn.

Der heilige Thomas hatte ihn gelehrt, daß Klugheit eine Tugend ist, die keinen eigenen Zweck verfolgt, weshalb sie nicht um ihrer selbst willen gepflegt zu werden braucht. Sie muß also irgendeiner anderen Tugend dienstbar gemacht werden.

Und er unterstellte sie dem Dienst seiner Pläne, die recht weit gesteckt waren, dem Dienst seines Mutes, seiner evangelischen Kühnheit.

Gewiß ließ er sie nicht unbeschäftigt. Im Gegenteil, er zwang sie zu Überstunden.

Er war sich darüber im klaren, daß die schlimmste Unklugheit darin bestehen kann, nie zu wagen. Daß die gefährlichste Unklugheit in einer übermäßigen Klugheit bestehen kann (da sich oft dahinter Faulheit und Trägheit verbergen).

Er besaß Realismus und Phantasie.

Sinn fürs Konkrete und Verträumtheit.

Sinn für Überlieferung und Empfänglichkeit für Neues.

Treue und erfinderischen Geist.

Fügsamkeit und Hartnäckigkeit.

Hatte die spontane Angewohnheit, um Rat zu fragen, sich mit anderen zu konsultieren, andere Meinungen anzuhören, doch auch Unternehmungsgeist.

Er war gelehrig, doch hatte er auch einen ausgeprägten Sinn für Verantwortung.

Er besitzt eine außergewöhnliche Fähigkeit, Menschen einzuschätzen, sie gleichsam «abzuwiegen». Doch er enthält sich dessen, sie zu richten oder, was schlimmer ist, zu verurteilen.

Es ist mir nicht gelungen, unter seinen Schriften oder den

Texten, die Worte von ihm wiedergeben, einen einzigen scharfen, bitteren Satz zu finden, der den Eindruck machen könnte, daß er von dem Stuhl eines Richters stamme.

Wir haben bereits angedeutet, daß ihm oft die wenig angenehme Aufgabe zufiel, den Zensor zu spielen. Wir müssen jedoch berücksichtigen, daß Don Carlo Steeb an erster Stelle sich selbst zensierte, das heißt seine eigene Zunge.

Weshalb es einfach undenkbar ist, daß er sich zum Geschwätz hergibt, zu niederträchtigen Verdächtigungen, zu nutzlosem Geplauder.

Die «Durchdringung» dient ihm einzig und allein dazu, zu begreifen, nicht aber dazu, sich ermächtigt zu fühlen, Prozesse einzuleiten.

Er weiß eine Menge Dinge über sehr viele Menschen. Doch erlaubt er es sich nie, sie . . . in Umlauf zu setzen.

Mit klarem Verstand hat er es gelernt, Menschen und Situationen zu erkennen, Elend und Fehler aller Art, nicht unbedeutende Laster. Doch nie hat er es lernen können, einen Menschen zu «disqualifizieren».

Und des weiteren: Er ist ein ernsthafter Mensch, der eine gewisse Gesetztheit in seinem Wesen zur Schau trägt. Doch im Gegensatz zu den vielen (auch frommen), bei denen das gesetzte Auftreten und die Unantastbarkeit ihrer Manieren nur eine trostlose Leere verbergen, läßt sich hinter Karl Steebs gesetzter Haltung – vorausgesetzt, daß man nicht beim Äußeren haltmacht – ein unermeßlicher innerer Reichtum erkennen.

Gewiß, er ist nicht der Mensch, der anderen mit der Hand auf die Schulter schlägt. Er tut nichts, um sich eine billige Beliebtheit zu erwirken. Doch wer in seine Nähe kommt und die Verlegenheit überwindet, in die einen seine «Gesetztheit» bringt, findet in ihm einen Kern, der ihn nie enttäuschen wird.

Seine Gesetztheit weckt nicht Verdacht sondern Vertrauen.

Seine Ernsthaftigkeit maskiert keine Leere. Sie zeigt vielmehr die Tiefe seines Wesens.

Nur tief wurzelnde Menschen sind fähig, sich über weite Horizonte auszubreiten. Und vor allem vermögen sie das zu erfüllen, was man sich von ihnen erwartet. Ihnen kann man Vertrauen schenken.

Die Oberflächlichen, sie taugen zu nichts – trotz allem Schein und den lauten Worten und dem ungezwungenen Gebaren.

Doch Menschen, die mit den Tiefen vertraut sind, sind zu allem fähig.

Ein letztes Merkmal, das hervorgehoben werden sollte: sein Sinn für Gerechtigkeit.

Die Mehrzahl der Zeugen – besonders der zeitgenössischen – anerkennt ganz freimütig, daß Karl sich die Anständigkeit und Aufrichtigkeit aus Tübingen erhalten hatte. Sie gehörten zum Familienerbe. Und dieses kostbare Vermögen, das hat ihm niemand nehmen können. Noch weniger hat er jemals daran gedacht, es abzutreten ...

Vielleicht hätte man einen weiteren Schritt tun sollen (doch nicht alle haben ihn getan), das heißt erklären sollen, daß diese *natürlichen* Tugenden sehr weit führen können, auch wenn man einen ungewöhnlichen geistlichen Weg einschlägt.

Und daher erklären sich viele Dinge in Steebs Leben gerade dadurch, daß man von diesen Eigenschaften ausgeht, diesen menschlichen Gaben.

Nichts läßt sich im Leben improvisieren.

Gewisse Erscheinungen kommen einem als «unvorhergesehen» vor, als wundersam, doch nur deshalb, weil wir nicht genügend Geduld und Ehrlichkeit besitzen, um den Quellen nachzugehen.

Was bei oberflächlicher Betrachtung als Umwälzung, Bruch erscheinen mag, zeigt bei vertieftem Studium eine erstaunliche Kontinuität. Und auch die Neuheiten, die radikalen Umkehrungen weisen, wenn man sie ernsthaft prüft, feine, doch kräftige Fäden auf, die sie mit ungeahnten Zonen, in Vergessenheit geratenen Gebieten in weiter Ferne verbinden.

Karl ist weit gekommen, weil er ... von weit her gekommen war.

Er hat sich einen erstaunlichen Reichtum erworben, weil er bereits viel besessen hatte. «... Jedem, der hat, wird gegeben ...» (Luk. 19, 26).

Don Carlo wirkte «anders», weil er sich selbst immer treu, immer gleich geblieben ist.

Er hatte sich bekehrt, bekehrte sich tagtäglich, das heißt, ganz buchstäblich, korrigierte die Richtung seines Lebens, weil er daran gewöhnt war, geradlinig vorzuschreiten, den Weg der Rechtschaffenheit entlang.

Wir sprachen von seinem Gefühl für Gerechtigkeit.

Nach seiner Konversion hat er sich eifrig an die Arbeit gemacht, um der Familie Bertolini, die ihn beherbergt und wie einen Sohn aufgenommen hatte, nicht zu sehr zur Last zu fallen. Und auch später, als er bereits Priester war, hat er es als eine Ehrensache betrachtet, sich seinen Lebensunterhalt durch eine eigene Tätigkeit (das Unterrichten) zu verdienen. Wie der Apostel Paulus hätte er sich rühmen können: «Wir lebten nicht ungeordnet unter euch. Wir aßen auch nicht ohne Entgelt von jemand das Brot, sondern wir arbeiteten in Mühe und Plage bei Tag und Nacht, um keinem von euch zur Last zu fallen» (2 Thess. 3, 7–8).

Als er dann Spenden für die Gründung des Instituts empfing, hielt er eine Buchführung, die schon an Pedanterie grenzte. Tatsächlich ging es ja um das Hab und Gut der Armen!

Nie hätte er es zugelassen, daß ein Almosen, das zu einem bestimmten Zweck dienen sollte, anderweitig verwendet würde.

Eine der ersten Schwestern erzählt über Mutter Poloni: «Wenn wir aus Nachlässigkeit in den Krankenstuben etwas verderben ließen, so bestrafte sie uns, denn, so sagte sie, wenn wir solches tun, so *stehlen wir vom Hab und Gut* der Armen.»

Es fällt einem nicht schwer, sich auszumalen, von wem Mutter Poloni wohl diese Lektion in Gerechtigkeit gelernt haben mochte.

Natürlich vergaß Steeb nicht, den Menschen, von denen er etwas empfing, seine Dankbarkeit auszudrücken.

Außerdem betrachtete er sich nie als davon befreit, die Gesetze des Staates zu befolgen. Auch hierin war er sehr penibel und erledigte stets alle Formalitäten, auch wenn sie nur bürokratischer Natur waren.

Seine Genauigkeit, seine Pünktlichkeit, mit der er dem Kaiser gab, was des Kaisers war, konnte nur verglichen werden mit der seiner ständigen Bereitschaft, Gott und den Armen zu geben, was immer er besaß.

Und so gelang es ihm, jedem das Seine zu geben.

Und das Üben der Nächstenliebe enthob ihn nicht der Verpflichtung, Gerechtigkeit walten zu lassen.

Er war gewiß nicht einer von denen, die die Gerechtigkeit mit Füßen treten, um sich den Luxus des Almosengebens zu finanzieren.

Er billigte nicht das Prinzip Macchiavellis, nach dem der Zweck die Mittel heiligt.

Im Gegenteil, er war davon überzeugt, daß ein guter Zweck Mittel schafft, auch wenn . . . keine da sind.

Er hat sich nie der Schleichwege bedient, hat nie wenig durchsichtige Manöver geführt. Hat nie auf Vorwände zweifelhafter Ehrlichkeit zurückgegriffen.

Seine Taten standen unter dem Zeichen der Transparenz.

Weshalb er stets in der Lage war, alles vor allen zu verantworten.

Auch dieses ergänzende Verhältnis zwischen Gerechtigkeit und Nächstenliebe, Ehrbarkeit und Barmherzigkeit gehört zu dem wunderbaren Gleichgewicht, das man in seiner Persönlichkeit findet (von dem wir einige Aspekte herausstellten).

Es ist ein Gleichgewicht, das sich nicht leicht erreichen läßt (man probiere es nur einmal ...). Zumal es sich um ein seltenes Gleichgewicht handelt, in dem zahlreiche Faktoren ihren Platz finden und in Harmonie zueinander gebracht werden müssen. Es ist das Gleichgewicht des Überflusses, des Reichtums, der Lebensfülle, nicht ein formalistisches, das sich darauf beschränkt, mit dem Trick der äußerlichen Unantastbarkeit die innere Leere zu verwalten ...

Karl erscheint am Ende als ein Mensch, der «seiner selbst Herr» ist, der sich außerordentlich in der Gewalt hat.

Und all das macht ihn dazu geeignet – nein, nicht zu kommandieren, auch nicht dazu sich über die anderen zu erheben.

Sondern ganz einfach dazu, ihnen zu dienen.

Der Verstand des Herzens

Um einen Menschen zu kennen, seine Maße zu nehmen, sollte man nicht vergessen, auch einen Blick auf sein Bücherregal zu werfen.

In Don Carlos Falle ist die Sache leider nicht möglich. Der Grund ist einfach: Er besaß keine Bücher. Erst gegen Ende seines Lebens gelang es ihm, ein paar zusammenzustellen, und zwar in äußerst bescheidenem Umfang (ein paar apologetische, patristische und mystische Texte).

Tatsächlich war er sehr viele Jahre lang gezwungen, sich Bücher auszuleihen. Denn seine Finanzen erlaubten es ihm nicht, sich welche anzuschaffen (und in Anbetracht seiner Herkunft, seiner Gewohnheiten, der Familientradition fällt es einem nicht schwer, sich vorzustellen, wie sehr er diese Entbehrung gespürt hat).

Auf jeden Fall war er ein gebildeter Mann, darüber bestehen keine Zweifel.

Und hier stehen wir vor einem weiteren verwirrenden Paradox.

Er war ein Genie der Nächstenliebe, doch auch ein wissensdurstiger Mensch.

Man konnte ihn über einen Pestkranken, doch auch über den Schreibtisch gebeugt sehen.

Man sah ihn, wie er sich mit übelriechenden Wunden auseinandersetzte, mit jeder Art von Elend, doch auch mit ausgezeichneten Büchern. Und zwar mit der gleichen Geschicklichkeit, mit dem gleichen Einsatz, der gleichen Achtung, dem gleichen Eifer.

Die Pflege der Kranken ging Arm in Arm mit seiner Sorge, nicht den Anschluß an die verschiedenen geistigen Strömungen seiner Zeit zu verlieren.

Karl ist äußerst beschäftigt mit einem Wirken als barmherziger Samariter und mit seinem Priesteramt. Und doch findet er Zeit, um zu lesen, Studien zu treiben, sich auf dem laufenden zu halten.

Ganze Nächte verbringt er am Bett der Sterbenden, lange Stunden im Beichtstuhl. Und doch macht er es möglich, auch Bibliotheken zu besuchen.

Ganz deutlich gesagt: Don Carlo zeigt mit seinem Beispiel, daß für einen Menschen, der Barmherzigkeit übt, Intelligenz und intellektuelle Schulung nicht einen nutzlosen Luxus darstellen, sondern vielmehr geradezu eine Pflicht, um wirkungsvoller, einschneidender und zulänglicher wirken zu können.

Seine Studien sprechen letzten Endes von einem tiefen Gefühl der Achtung vor den Armen, Leidenden, Schwachen.

Und somit gibt es keinerlei Widerspruch zwischen Caritas und Kultur. Im Gegenteil, die Caritas setzt eine gewisse intellektuelle Formung voraus.

Das Dilemma «Theorie oder Praxis» ist ein falsches, vorgetäuschtes Dilemma. Denn auch Ideen sind, bis das Gegenteil bewiesen wird, «Fakten» . . .

Außerdem mündet die Theorie, wenn sie eine wahre ist, notwendigermaßen in die Praxis. Und die Praxis braucht, wenn sie nicht blind sein und zu Unheil führen soll, das erhellende Licht der Theorie.

Karl Steebs Zeugenschaft auf diesem Gebiet baut auch ein anderes Vorurteil ab, das in gewissen Kreisen recht verbreitet ist. Viele «fromme Menschen» schauen mißtrauisch auf Intelligenz und Kultur, denn diese sollen angeblich – nach ihrer Art, die Dinge ... nicht zu sehen – die Demut in Gefahr bringen.

Karl Steeb, der doch so demütig war, liebte es, «tiefzustapeln», und doch war er gebildet, geschult, intelligent, war wißbegierig, «hielt sich auf dem laufenden».

Tatsächlich verweilt die Demut lieber in Gesellschaft des Verstandes als der Dummheit.

Ein wirklich intelligenter Mensch ist zu intelligent, als daß er nicht demütig sein könnte.

Oft hingegen kann man un- oder halbgebildeten Menschen begegnen, die eine grenzenlose Anmaßung zeigen. Sie anerkennen nicht ihre (nur allzu offensichtlichen) Grenzen, und es gibt nichts und ... niemanden, worüber sie nicht klugsprecherische Bemerkungen zu machen hätten.

Kurz und gut, Steeb lehrt uns, daß die Demut den Gipfel der Weisheit darstellt und nicht Alibi der Unwissenheit ist.

Die Bücher, die er las, zeigen uns an, daß er lebhaft interessiert ist und einen ausgeprägten Geschmack hat, und daß das Lesen ihm tatsächlich Bedürfnis war.

Bresciani versichert uns, daß er «recht viel las, und zwar aufmerksam und ohne Eile».

Und wiederum bemerkt er: «Er verfügte über ein gutes und gegliedertes Gedächtnis, und er konnte einem aus dem Stegreif Geschichten und Witze und passende Aussprüche und Anekdoten erzählen, womit er einen vergnügte und belehrte.« Mit anderen Worten: Er verfügte über eine umfangreiche Bildung, und zwar handelte es sich dabei nicht um Flickwerk, sondern um Sachen aus erster Hand, die er gut verarbeitet hatte, und die es ihm erlaubten, auch «aus dem Stegreif» stets das rechte Wort zur Hand zu haben.

Tatsächlich war seine Kenntnis der Klassiker mehr als gut.

Er interessierte sich auch für moderne Autoren.

«Ein gebildeter Liebhaber der Belletristik», nannte ihn ein Professor des Lyzeums von Verona.

Seine Beherrschung der deutschen, französischen, italienischen und lateinischen Sprache erlaubte es ihm, die wichtigsten Werke in Originalfassung zu lesen.

Er stand mit gelehrten Menschen in Kontakt (wenn es ihm auch nicht mehr so leicht war, großen Persönlichkeiten der Kultur zu begegnen, wie einst in Tübingen). Man denke nur an seine Freundschaft mit dem Philosophen Antonio Rosmini.

Vor allem war seine theologische Schulung beachtlich, die er vor der Priesterweihe begonnen hatte und auch in den Jahren der Reife nicht zu vertiefen und auf den neuesten Stand zu bringen versäumte.

Wiederum ist es Bresciani, der eine Bemerkung macht, die ein kleines Meisterwerk der Scharfsinnigkeit ist: «Er bemühte sich stets, Zeit zu finden, um sich laufend informiert zu halten; denn sich stets mit alten Schriften zu befassen und nichts von den gegenwärtigen zu kennen, das heißt, mit nach rückwärts gerichteten Blicken seines Weges gehen, wobei man ganz unvermutet in einen Graben fallen kann . . .»

Und sehr treffend erscheint mir auch folgender Kommentar (G. Casetta): «Seine Bildung ist nicht die eines Pedanten oder eines Hohlredners oder eines Kollektionisten.» Sie ist, ganz im Gegenteil, die Bildung eines Menschen und eines Priesters, der die Kultur der Vergangenheit besitzt, aber voll und ganz in seiner Zeit lebt, deren Probleme aufgreift und mit Leidenschaft die wichtigsten Diskussionen verfolgt.

Er verfügte also über eine sichere Kenntnis der Vergangenheit, war aber auch über die Gegenwart genau informiert.

Es handelte sich nicht nur um eine trockene Gelehrsamkeit bei ihm, sondern um aufmerksame Verfolgung des Zeitgeschehens, direkte Teilnahme an den Problemen seiner Zeit.

Er schrieb auch einiges für Zeitungen und Zeitschriften, jedoch unter einem Pseudonym (auch hierbei treibt er wieder sein Lieblingsspiel: Verstecken ...).

Wir finden somit in Steeb eine abgerundete Persönlichkeit.

Der Priester steht in vollkommener Harmonie mit dem Menschen, der sich für Kulturelles interessiert; der Apostel der Barmherzigkeit mit dem Studierenden. Das ist einerseits seine Vertrautheit mit dem Lazarett und andererseits die mit den Bibliotheken.

Sein Leben ist Fülle und steht unter dem Zeichen der Einheit: Leidende und Gelehrte, Wunden und Bücher, Krankheiten und Kultur, klassische Studien und Interesse für die neuesten Kenntnisse, Aufgeschlossenheit für einen Schmerzensschrei, doch auch für ein Thema, über das es nachzudenken gibt; Gebet und Lektüre, barmherzige Werke und Studium – das alles gehört dazu.

Und auf diese Weise bereichert sich das Bild der «Vollständigkeit», das Steebs Persönlichkeit abgibt, um ein weiteres kostbares Element: das Einanderergänzen von Herz und Verstand, Gedanken und Gefühl.

Ich entsinne mit der Ausführung eines Universitätsstudenten aus Tübingen.

«Sehen Sie, gewisse Leute hier haben den Fehler, zu intelligent zu sein ... Das ist eine extreme Intelligenz, vor der es einem bangen kann. Auf jeden Fall ist sie unerträglich. Nein, wirklich, ich meine es ganz im Ernst ... Das Hirn, das da isoliert, vom Herzen, von den Gefühlen losgelöst arbeitet, macht einem Angst. Der Verstand, welcher von anderen menschlichen Dimensionen abgesondert ist, arbeitet kalt und mechanisch weiter, ist unerbittlich, gibt nicht einen Millimeter nach, doch das ist ein besorgniserregendes Phänomen. Ein so beschaffenes Individuum kann ein Monstrum werden, nicht aber ein Genie . . .«

Ich verglich damit Karl Steeb.

Er, der einen scharfen Verstand besaß, über eine umfangreiche und tiefe Bildung verfügte, daran gewöhnt war, streng logisch zu denken, er hat sich nie seines Herzens geschämt.

Seine ausgeprägte Sensibilität hinderte seinen Verstand daran, sich in Abstraktionen zu verlieren oder sich im Elfenbeinturm selbstgefälliger Klügeleien oder Absonderlichkeiten zu isolieren.

Sein Herz schützte seinen Verstand vor den Gefahren der Nüchternheit und der eiskalten Gleichgültigkeit.

Seine «Passion für den Menschen», seine Vorliebe für die Letzten, für die Armen, sein Achten auf das Leiden seines Nächsten bewirkten, daß seine Ideen (und er verfügte über ein reichliches Maß davon), sein Denken (und das hatte er in der Tiefe seines Wesens verarbeitet) eng bei den Gegebenheiten der Erde ansetzten, so daß er sich ständig mit einer konkreten und provozierenden menschlichen Realität auseinandersetzte, ohne sich dabei in metaphysischen Himmeln aufzulösen oder in den sauerstoffarmen Atmosphären der Unpersönlichkeit.

Und das ist eine weitere grundlegende Lektion, die uns Karl Steeb erteilt.

Der Verstand schützt das Herz vor den Gefahren der Blindheit, der Schwäche, der Leichtsinnigkeit, der Naivität, der Dummköpfigkeit. Mit anderen Worten: Der Verstand hindert das Herz daran, Unheil anzurichten, und sei es auch zu guten Zwecken . . .

Ohne Herz dagegen wird man zum armseligen Bürokraten der Nächstenliebe.

Doch ohne Verstand wird ein Mensch, selbst wenn ihn die rühmlichsten Absichten beseelen, am Ende ein Wirrkopf und verursacht unglaubliches Unheil. (Irgend jemand hat voller

Ironie bemerkt: Dann speist man die Toten, gibt den Hungernden zu trinken, kleidet die Dürstenden und ... begräbt die Gefangenen. Oder nimmt von den Armen, um den Reichen zu geben! Oder aber man befriedigt die unausstehlichen Gelüste irgendeines Schlaukopfes, um nicht den Heiligenschein der «Güte» einzubüßen!)

Karl Steeb hingegen besitzt in beachtlichem Maße das, was als *Verstand des Herzens* bezeichnet wurde.

Also ein Genie? Ein kleines Wunder?

In seinem Falle braucht man keine großen Worte hervorzukramen (die, unter anderem, recht abgewertet sind ...).

Wir haben es ja bereits gesagt: Wir stehen ganz einfach vor einer ausgeglichenen Persönlichkeit.

Es handelt sich um ein Gleichgewicht, zu dessen Erlangung ein Menschenleben knapp ausreicht. Das Unterfangen ist nicht leicht. In Anbetracht all des menschlichen Materials, das da untergebracht werden muß ...

(Wie schnell gelingt es hingegen gewissen blutleeren Geschöpfen, mit einer bescheidenen Dosis grauer Gehirnzellen, mit ein paar dürftigen Kenntnissen, einer Prise Gefühl, einem Hauch Moralismus, einem netten Haufen fertiger Redensarten die drei Fetzchen ihrer inhaltslosen Persönlichkeit schön zusammenzukitten und auf diese Weise ihr «Gleichgewicht» verbrieft zu bekommen. Das ist das Gleichgewicht der Mittelmäßigkeit. Das von Karl hingegen ist das Gleichgewicht eines außergewöhnlich begabten Menschen.)

Schau mal: Da geht Gott!

In Don Carlo Steeb finden wir also einen hochwertigen menschlichen Grundstoff.

Und seine Heiligkeit ist um so *glaubwürdiger,* weil sie auf eine recht solide *natürliche* Grundlage aufgepfropft ist.

Karl überzeugt uns als Priester, weil er uns, an erster Stelle, als Mensch überzeugt.

Sein geistlicher Weg fasziniert, weil er mit einem Respekt verdienenenden menschlichen Abenteuer zusammenfällt.

Noch ehe er lernte, das «Metier» eines Helden auszuüben, hat er gelernt, ein wahrer Mensch zu sein.

In ihm finden wir nicht eine Figur, sondern eine Person.

Er verfügt über ein recht kräftiges Rückgrat, das gelassen die Last der Widerwärtigkeiten, der schmerzlichsten Trennungen, der undankbarsten Arbeit, der Verständnislosigkeiten, der verschiedenen Zwischenfälle, der Schwierigkeiten aller Art zu tragen vermag, ohne ein Drama daraus zu machen, ohne zu wimmern, ohne um Bemitleidung zu betteln und vor allem ohne sich deshalb wie ein Märtyrer vorzukommen.

Paradoxerweise kann man behaupten, daß er fähig ist, «sich zu neigen», gerade weil er geübt hat, «gerade zu stehen» (kein Dienertum, kein Kompromiß, keine Kleinmütigkeit).

«Jede christliche Tugend stinkt wie fauler Fisch, wenn sie nicht auf den Stamm menschlicher Tugend aufgepfropft wird» (L. Rosadoni). Diese Gefahr läuft er gewiß nicht.

Im Gegenteil, in seiner Persönlichkeit gibt es nichts «Verdächtiges», Gekünsteltes, gerade eben weil seine menschliche Grundlage jede Garantie bietet und sich bereits bei den härtesten Proben des Lebens bewährt hat.

Und seine Menschlichkeit, die stellt Don Carlo in den Dienst der Barmherzigkeit.

Dieser Priester, der sich über den leidenden Bruder neigt, über den Sünder, ist kein blutleeres, süßliches, unpersönliches, fernstehendes Wesen, sondern ein Mann aus Fleisch und Blut, ein wahrer «Experte» in Menschlichkeit.

Mit einem wunderschönen Wort wurde gesagt, daß «Christus das menschliche Antlitz Gottes» sei.

Mit Christus bricht Gottes Menschlichkeit in die Geschichte ein.

Die Menschlichkeit Christi ist Gottes Sakrament: sichtbares und fühlbares Zeichen der Lebensfülle des Vaters, die er zu offenbaren kommt.

«Wer mich sieht, sieht den Vater» (Joh. 14, 9).

«Jeder menschliche Augenblick Christi nimmt einen Bruchteil des Lebens und der Geschichte ein, in welchem der «verborgene Gott» herabsteigt, um Rede des Menschen zu werden, Erfahrung, Leid, Liebe, Freiheit, Freundschaft, Widerspruch, Heil. Und so ist jede Geste, jedes Wort, ja selbst das Schweigen des «Menschensohnes» gleichsam ein Anzeichen für die unausdrückbare und unerschöpfbare Menschlichkeit des Gottessohnes» (U. Vivarelli).

Die Menschlichkeit Christi ist der Ort, an dem Gott ganz konkret dem Menschen begegnet.

Der «Gott-mit-uns» ist an erster Stelle ein Gott, der wie einer von uns werden wollte.

«Gott wurde Träger des Fleisches, damit der Mensch Träger des Geistes werden möge» (Athanasius von Alessandria).

Denn Christus hat keine Angst gehabt, als «zu menschlich» zu erscheinen.

Christus hat keine Distanz gehalten, um zu lehren, sondern er hat sich mit uns identifiziert, um zu versöhnen.

Auch Karl fürchtete nicht, als «zu menschlich» zu erscheinen. Er schämt sich nicht, wie eine «mitleidige Mutter» aufzutreten.

Er weiß – denn das hat er aus der Bibel gelernt –, daß niemals jemand Gott gesehen hat. Will man Gott sehen, so muß man dem Menschen ins Gesicht blicken. Der Mensch ist die «Statue», die Ikone Gottes. Der Mensch wird zum «Zeichen», das auf Gott hinweist.

Er ist sich darüber im klaren, daß die Menschlichkeit dessen, der «Zeuge» des Evangeliums sein will, ein äußerst wichtiges und unersetzliches religiöses Element bildet. Sie ist der Ort der Begegnung zwischen Mensch und Gott. Wie in der

Inkarnation. Doch diesmal durch unsere Menschlichkeit. Unser Antlitz kann eine sakramentale Funktion ausüben.

Don Carlo ist davon überzeugt, daß es im Grunde eines jeden Menschen, wenn nicht die bewußte Sehnsucht, so doch zumindest die *Narbe der Abwesenheit Gottes* gibt, wo sein Platz sein sollte.

Deshalb nähert er sich kraft seiner Menschlichkeit dem Bruder, um jenes tiefe Bedürfnis in ihm zu erwecken, um ihn das Dürsten zu lehren, um ihm jene Wunde wieder aufzureißen. Damit er gesunden kann.

Seine Menschlichkeit ist also der Ort, der die Begegnung möglich macht.

Seine Menschlichkeit macht Gott Platz.

Und der Bruder tritt, ohne verlegen zu sein, auf ihn zu. Er hat das Gefühl, sich in Freundesland zu befinden ...

Ein seltener Mensch

Armer Signor De Jordis. Das hatte er nicht erwartet. Doch schließlich hatte er sie sich ja eingebrockt, diese Suppe. Meine Güte, er hätte doch wissen müssen, wie es allein ausgehen konnte.

Es war eine von vornherein verlorene Schlacht. Ein irrsinniger Versuch. So als ob man einen Stummen einladen wollte, einen Vortrag zu halten.

Nun denn, dieser ausgezeichnete Funktionär (Baron, Provinzabgeordneter für Verona der österreichischen Regierung), hatte seinen Stellvertreter zu Don Carlo Steeb gesandt, damit der ihm etwas über sein Leben erzählte, über seine Tätigkeit, seine Werke, seine Verdienste. Es ging um eine große Ehrung, durch die die mannigfachen Verdienste dieses deutschen Priesters ausgezeichnet werden sollten.

Der arme Mann muß, falls es ihm bisher noch nicht widerfahren war, im Laufe jener Begegnung begriffen haben, was der Ausdruck «hoffnungsloses Unterfangen» bedeutet.

Um einen Vergleich anzustellen: Gegenüber dem Versuch, jenen «ehrwürdigen Greis und musterhaften Priester» dazu zu bringen, «von sich zu erzählen», wäre es ein Kinderspiel gewesen, einen Menschen dazu zu überreden, sich nacheinander alle vollkommen gesunden Zähne ziehen zu lassen.

Er erfuhr ein paar grundlegende Dinge über ihn, und die nicht einmal aus erster Hand. Tatsächlich hatte er sich gezwungen gesehen, auf die Informationen von ein paar Freunden von Karl Steeb zurückzugreifen, um einen Bericht abzufassen, der wenigstens drei Seiten ergeben konnte.

Und so verspürt Baron De Jordis das Bedürfnis, sich in den letzten Zeilen seines Berichtes bei seinen Vorgesetzten zu entschuldigen: «Die grenzenlose Bescheidenheit dieses seltenen Menschen hat es ihm untersagt, mir weitere Angaben über seine Verdienste zu machen als die, welche in beiligendem Promemoria verzeichnet sind . . .»

Das von Steeb unterzeichnete Promemoria enthält ein paar eilig abgegebene Notizen, die das Wesentliche betreffen. Äußerst lange Zeitspannen, komplexe und großen persönlichen Einsatz erfordernde Tätigkeiten werden mit ein paar schmucklosen Zeilen abgetan, aus denen sogar ein gewisser Unwille spricht.

Man möchte das Ganze schon für den Text einer gar nicht sehr bedeutenden bürokratischen Angelegenheit halten. Für eine Formalität, die man in der kürzestmöglichen Zeit erledigen möchte.

Der letzte Teil ist zudem dem Rechnungswesen gewidmet. Da er auf das kostbare Werk der Barmherzigen Schwestern zu sprechen kommen soll, beschränkt sich der Gründer darauf, die «Ersparnisse» herauszustellen (und zwar in Form von genauen Zahlenangaben), welche sie den verschiedenen Spitalverwaltungen eingebracht haben.

Und hier kommt einem der Verdacht, als handele es sich um ein Aufblitzen von Karls Humor. Gleichsam als wolle er sagen: Ihr seid doch an Zahlen interessiert, nicht wahr? Nun denn, so will ich die Herren zufriedenstellen. Nehmt denn diese hier entgegen, zumal Ihr ja eine andere Sprache nicht verstehen würdet. Was wollt Ihr mehr? Wir bewirken sogar, daß Ihr eine Menge Geld einsparen könnt. Und so «erspart» Ihr mir Eurerseits bitte weitere Erklärungen und laßt mich in Frieden, denn gewisse Abrechnungen die mache ich lieber mit Einem, der gewiß keiner Promemorien bedarf.

«Es gefiel der göttlichen Vorsehung, sich meiner in all meiner Schwäche als eines Instrumentes zu bedienen . . .» Das ist die einzige Erklärung, die er den Menschen abgibt.

Wir haben es ja bereits angedeutet, wie sehr er sich darauf spezialisiert hatte, sich zu verbergen. In diesem Spiel – das nicht eben oft auf Erden getrieben wird – war er so gut wie nicht zu schlagen. Und jedesmal dachte er sich einen neuen Trick aus.

Christus hat gesagt: «So leuchte euer Licht vor den Menschen, damit sie eure guten Werke sehen und euren Vater preisen, der im Himmel ist» (Matth. 5, 16).

Karl hat eine beeindruckende Reihe «guter Werke» zutage gebracht, die von den Menschen sehr gut gesehen werden konnten. Doch stets hat er sich darum gesorgt, seinen Namen, soweit es möglich war, zu verbergen, sein «Gütezeichen» auszulöschen, damit es zu keinen Mißverständnissen komme und der «Ruhm» auf direktem Wege zu dem einzigen und rechtmäßigen Empfänger gelange.

Nein, mit den guten Werken hat er nicht hinter dem Berge gehalten.

Mit sich selbst hingegen schon.

Die Menschen sollten eben nicht vor dem «Instrument in seiner Schwäche» haltmachen, sondern am Ende anerkennen, «wie gut der Herr ist».

Karls Bescheidenheit ist nicht irgendeine Grille von ihm (und auch nicht eine Vorkehrung, um auf sich aufmerksam zu machen . . .). Sie gehört nun einmal zu seiner Kohärenz, seiner strengen Logik auf theologischer Ebene. Jeder nehme den eigenen Platz ein. Tritt der Hauptdarsteller in den Vordergrund, so haben die Komparsen – so sie ihre Rolle recht begriffen haben – die Pflicht zu . . . verschwinden.

Nein. Karl hätte nie eingewilligt, von sich selbst zu erzählen. Er hätte sich geschämt, so als habe er seine Hausaufgabe von einem anderen abgeschrieben und als seine eigene ausgegeben.

Und doch sollte dieser «seltene» Mensch von «grenzenloser Bescheidenheit» es erleben, das ihm die hohe Ehrung zuteil wurde . . .

Daß er ein «seltener» Mensch war, beweist andererseits auch die Tatsache, daß alle ihn aufsuchten.

Und er, der so geschickt war, «sich zu verstecken», zauderte nicht, «sich finden zu lassen». Wenn er gebraucht wurde, so stellte er sich stets mit aller Pünktlichkeit ein. Und war sogar fähig, auf seine Vorrangigkeit zu pochen, wenn es zu dienen galt.

Verlegen wie ein Stotterer, wenn es darum geht, «von sich selbst zu erzählen».

Und unbeirrt wie der qualifizierteste aller Experten, wenn es «Fakten» zu tun gibt.

Da gibt es Menschen, die Promemorien abfassen, damit alles schriftlich festgehalten werde.

Und da gibt es andere, die mit Promemorien nichts anzufangen wissen, und die außerdem keine Zeit dafür haben. Sie ziehen es vor, sich dem Leben «anzuvertrauen» und nicht dem Papier.

Heilige gehören zu dieser letztgenannten Gruppe.

Ich bin nie auf einen Eisberg gestoßen.

Doch ich kenne – ein wenig – Don Carlo Steeb. Und es scheint mir, als passe das Bild dieser ungeheuren treibenden Eismassen recht gut auf ihn.

Nur etwa ein Fünftel der Gesamtmasse eines Eisberges erhebt sich über dem Meeresspiegel. Die übrigen vier Fünftel liegen unter dem Wasser verborgen.

Und so ist es mit Don Carlos geistiger Physiognomie.

Da gibt es einen sichtbaren Teil: einige Geschehnisse, die einem präzisen Datum zugeordnet werden können. Ein paar Entscheidungen «offizieller» Art aufgrund des Laufs der Dinge. Verschiedene öffentliche Initiativen. Gewisse Devotionen, für die er unverstellte Vorliebe hegte (Herz-Jesu-Verehrung, die Passion Christi, das kostbarste Blut –, das unbefleckte Herz Mariae – «zärtlich war seine Verehrung der Jungfrau», unterstreicht Bresciani). Und andererseits hing er darin ab vom Geist seiner Zeit. Eine Handvoll Heiliger, deren Schutz er sich mit Vorliebe unterstellte: der heilige Vincenz von Paul, Karl Borromäus, Franz von Sales, Filipp Neri.

Äußerst wenig «außergewöhnliche» Dinge. Unter diesen so scheint es, die Versicherung, die er einer Frau gegeben hatte – sie nannte sich Orlandi und wohnte auf dem Corso Porta Borsari – hinsichtlich der Zukunft des Kindes, das diese unter dem Herzen trug. Nach Aussage der Betroffenen soll Don Steeb ihr vorausgesagt haben, daß das Kind zwar geboren, doch gleich nach der Taufe sterben würde. Was genau eingetroffen war.

Die gleiche Frau, die um das ewige Schicksal eines anderen Sohnes besorgt war, der im Alter von zwanzig Jahren gestorben war, soll von Don Carlo vernommen haben, daß der junge Mensch «sich an einem Ort des Friedens befand».

Selbst die «Bekehrung» gehört zu dem Teil des Eisbergs,

der sich den Blicken darbietet. Es handelt sich gleichsam um eine Konzession, die Don Carlo unserer Neugier macht, oder sagen wir es ruhig: unserem Hunger nach Sensationen, unserer Gier nach aufsehenerregenden Spektakeln, unserem so gern triumphalistischen Glauben.

Vergessen wir nicht, daß all das den geringeren Teil von Karl Steebs geistlicher Statur darstellt.

Wehe, wenn man die wesentlichen Geschehnisse seines Lebens nur von jenem «Fünftel» ablesen will, das da an der Oberfläche liegt.

Die ausschlaggebenden Geschehnisse, die entscheidenden Wendungen seines Lebensweges gehören jenen vier Fünfteln an, die in der Tiefe des Mysteriums verborgen sind.

Und damit schlägt Don Steeb alle unsere Ansprüche in den Wind, ihn mit unseren Maßstäben zu messen, in unsere Schemen einzuordnen, ihn mit den Ergebnissen unserer unzureichenden Forschung zu identifizieren.

In seinem Falle erweist sich jeder Versuch einer «Besitzergreifung» als unbedingt lächerlich.

Ihm gegenüber wird jeder Anspruch auf monopolistische Einverleibung absurd.

Und selbst, wenn sich jemand einbildet, dabei Erfolg zu haben, so muß er doch am Ende so ehrlich sein und zugeben, daß er – im günstigsten aller Fälle – nur das sichtbare Fünftel eingefangen hat.

Der größte Teil wird noch zu erforschen sein.

Der Eisberg zeigt sich uns nur zu einem kleinen Teil.

Und läßt sich gewiß nicht in unsere vereinfachenden Kategorien einordnen.

Wenn wir nicht den Sicherheitsabstand einhalten, wenn wir das Mißverhältnis nicht anerkennen, so erreichen wir nur, daß unser anmaßendes Schiffchen beim Zusammenprall mit der gewaltigen Masse zersplittert, die . . . unter der Oberfläche liegt.

Diesmal hat unser Gewährsmann mit seiner «Laudatio» aber wirklich dick aufgetragen. Im Glauben, eine Lobrede auf ihn zu halten, ist er Gefahr gelaufen, Karl Steeb ausgerechnet in seiner Eigenschaft als Glaubender zu diffamieren.

Indem er sich auf die Jahre seiner Jugend bezieht, das heißt die vor der Bekehrung, versichert er:

«Er war von Natur aus so gefügig und menschlich, hatte so rechtschaffene moralische Auffassungen über Ehrlichkeit und Wahrhaftigkeit, suchte mit so kräftigem und reinem Sinn nach den grundlegenden Wahrheiten um die Gottheit, daß ihm wenig oder nichts von dieser höchsten Einheit zu entdecken blieb und wenig oder nichts seiner menschlichen Vernunft hinzuzufügen war ...*»

Kurz und gut, es sollte eine Art erster Preis im katechistischen Wettbewerb sein. Oder, wenn wir es vorziehen, ein Diplom in Religionsphilosophie.

Doch wenn dem wirklich so gewesen wäre, hätte das ein feierliches Durchfallen bei der Prüfung im Fach «Glauben» bedeutet.

Wenn es sich um das höchste Wesen handelt, den «Ersten unbeweglichen Antrieb», so können wir Brescianis Behauptung (wenn auch unter einigem Vorbehalt) meinetwegen auch teilen und anerkennen, daß die Bücher und das Studium und die Gespräche dem jungen Steeb die ausführlichsten Informationen vermittelt haben mochten.

Es mag auch zutreffen, daß Karl nichts mehr zu lernen hatte über diesen Gott der Philosophen und der Gelehrten.

Doch abgrundtief ist die Kluft zwischen dem Gott der Bücher und dem Gott des Buches, zwischen dem Gott der Weisen und dem lebendigen Gott.

* Cesare Bresciani, *Orazione per lo solenne funerale del Sacerdote Carlo Steeb,* bereits zitiert.

Es herrscht nicht notwendigermaßen Kontinuität zwischen intellektueller Spekulation und Worten des Glaubens. Es gibt hingegen einen «Sprung». Den des Glaubens.

Was den «Gott Abrahams, Isaaks, Jakobs» anging, da hatte Karl noch alles zu entdecken, und er wird ein ganzes (und recht langes) Leben daran setzen, um etwas davon zu erfassen, Informationen von allen Seiten einzusammeln, in einer ununterbrochenen Reihe aufeinanderfolgender Entdeckungen, und zwar stets in der gleichen Haltung des Staunens.

Was die Kenntnis des lebendigen Gottes betrifft, so betrachtet sich ein gläubiger Mensch immer als Anfänger, nie als ein Fertiger.

Karl ist einer der wahren Gläubigen, das heißt einer der unermüdlichen «Sucher Gottes», nicht einer derer, die sich in der Religion festgesetzt, sich in ihren bequemen und endgültigen Sicherheiten eingenistet haben.

«Der Herr sprach zu Abram: «Zieh hinweg aus deiner Heimat, aus deiner Verwandtschaft und aus deinem Vaterhause in ein Land, das ich dir zeigen werde!» (Gen. 12, 1).

Auch Don Carlo ist aus seinem Heimatland und seinem Vaterhause ausgezogen. Doch da er das Land der «Konversion» zum katholischen Glauben betreten hatte, ließ er sich deshalb nicht endgültig darin nieder in der Illusion, nunmehr bereits von seinen Renditen leben zu können. Im Gegenteil, er ist seinen gefährlichen und mühsamen Weg eines Glaubensnomaden weitergezogen.

«Überall findest du Gott, du darfst nur nirgendwo innehalten» (G. Thibon).

Und Karl hat keinerlei Absicht, innezuhalten. Im Gegenteil, er «eilt aufgeregt umher». Er ist kein geruhsamer Besitzer Gottes, sondern ein unermüdlicher Sucher Gottes.

Viele Christen machen den Eindruck, als ruhten sie sich im Besitz der Wahrheit aus. Die Wahrheit wird ihr Schlummerkissen. Doch zu Recht kommt einem der Zweifel, ob es sich nicht mehr um Liebe zur eigenen Ruhe handle, als um Leidenschaft für die Wahrheit.

«Für den Gläubigen ist Gott kein Besitz, kein Gegenstand, den man in der Tasche mit sich herumtragen kann, sondern ein Wesen, das man nie ein für allemal gefunden hat, nach dem man dürstet. Gott ist der Quell, auf den man Durst hat. Die Gläubigen sind ein Volk, das in der Wüste auf Gott zuschreitet.»

Gott ist immer weiter vorn. Immer «jenseits» unserer Errungenschaften. Immer weiter drüben.

Man kann Gott nicht ein für allemal «behalten».

Wäre die Suche Gottes einfach eine Frage des «Wissens», so müßte der Suchende zwangsläufig eine Bibliothek betreten. Die Bücher würden sein Forschungsgebiet bilden. Und darin würde er alles finden.

Die Suche nach Gott beschränkt sich hingegen nicht auf das Kennen, sondern erstreckt sich bis auf das *Erkennen.*

In diesem Falle reicht die Bibliothek nicht aus. Jetzt wird die Straße benötigt, die Sonne, die frische Luft, die Leute, sämtliche Menschen, denen wir auf unserem Weg begegnen.

Karl weiß sehr wohl, daß Gott keine Idee ist. Daher beschränkt er sich nicht darauf, die Informationen über ihn in Büchern zu suchen.

Gott ist eine Gestalt. Und einer Gestalt begegnet man nicht am Ende einer reiflichen Überlegung, sondern am Ende einer Straße, die man mit geöffneten Augen und Herz gegangen ist.

Es ist nicht leicht, Gott zu erkennen. Denn er hat es sich angewöhnt, incognito zu reisen, ein anderer zu scheinen, sich wie irgendein Beliebiger zu geben.

Es scheint so, als habe er Spaß daran gefunden, sich auf die unerwartesten Arten zu «verkleiden», vielleicht um zu prüfen, in welchem Maße wir ihn zu «erkennen» vermögen.

Der Patriarch Atenagora hat behauptet, daß «das Christentum die Religion der Gesichter sei».

Ein grundlegendes Sakrament der Präsenz Gottes unter uns ist somit das des Antlitzes. Des Antlitzes eines anderen. Irgendeines.

In den Psalmen wird oft dieser innige Wunsch des Gläubigen ausgedrückt: «Erhebe über uns das Licht deines Angesichts!» (Psalm 4, Vers 7.)

Steebs *Originalität* liegt meines Erachtens genau in dieser Linie. Das heißt er verfügt über eine außerordentliche Fähigkeit – wie sie nur wahre Gottessucher besitzen –, das Antlitz des Herrn in dem Antlitz eines Hungernden, Dürstenden, Kranken, Einsamen, zu erkennen, in dem des Menschen, der da wie ein Bettler einherzieht, in dem des Unbekannten und selbst in dem eines Gefangenen hinter Schloß und Riegel.

Er wird nicht müde, Gottes Antlitz in dem Antlitz Tausender von Brüdern zu erkennen, die da abseits am Straßenrande stehen. Er muß die Züge des lebendigen Gottes erkunden, des Gottes, der sich mit den Menschen identifiziert.

Und darum ist sein «erregtes Umhereilen» unter dem Blickwinkel des Glaubens und nicht nur dem der Nächstenliebe zu betrachten.

Während eines kurzen Ferienaufenthaltes auf dem Lande – er zählte gerade zwanzig Jahre – schrieb er begeistert an einen Freund und Wohltäter: «Ich vergnüge mich damit, die Schönheiten der Natur zu bewundern, über ihre Harmonie nachzudenken. Auch das kleinste Ding zwingt uns, zu glauben und einen Gott zu erkennen und seine Allmacht zu loben. Deshalb kann ich nicht umhin, auszurufen: Mein Gott, wie wunderbar bist du und wie unergründbar zugleich in deinen Werken.»

Später wird er sich dann nicht darauf beschränken, Gott in den wunderbaren Anblicken der Natur zu entdecken.

Er wird sich über andere Anblicke neigen, die gewiß nicht erfreulich sind. Er wird die Augen aufreißen – nicht angesichts der Harmonie, sondern angesichts der tragischen Dissonanzen menschlichen Elends. Und anstatt Abscheu zu verspüren, wird er die Bekanntschaft mit Gott immer mehr vertiefen.

Sein Glaube besteht genau genommen darin: in einer außergewöhnlichen Pünktlichkeit, sich von Gott in einer ununterbrochenen Reihe verpflichtender Begegnungen mit den Menschen finden zu lassen und ihn zu finden. In einer ständigen Aufgeschlossenheit angesichts Gottes Neuigkeit, durch tägliches Engagement gegenüber der üblichen Wirklichkeit voller Leiden. In einer ständigen Disponibilität für alle Überraschungen Gottes durch die einzigartige Aufmerksamkeit, die er allen Bedürfnissen seiner Brüder schenkt.

«... Und wenig oder nichts gibt es seiner menschlichen Vernunft hinzuzufügen ...»

Doch Karl hat in einem bestimmten Augenblick von der Vernunft Abschied genommen und ihr für die bescheidenen Dienste Dank gesagt, die sie ihm bisher geleistet hatte. Und nun hat er es eilig. Er kann sie in seinem Nomadenleben nicht mit sich schleppen. Es gibt ein riesiges Gebiet, das des Glaubens, das noch völlig erforscht werden muß. Und die Vernunft wird an der Grenze dieses faszinierenden Landes abgestellt. Denn um dieses zu erforschen, bedarf es mehr des Dunkels des Glaubens denn des Lichtes der Vernunft.

Der Gläubige schreitet allein darin vorwärts.

Täglich gibt es alles zu erlernen.

Nein. Der Glaube ist keine Einladung zu einer Rundfahrt (und da könnte ja jemand auch sagen: «Da und dort bin ich bereits andere Male gewesen, daher kann ich ruhig daheimbleiben»).

Es handelt sich um eine unerbittliche Aufforderung zu einem ständigen Auszug.

Karl liebt unbequeme Wege.

Für ihn bleibt das gelobte Land immer ein zu eroberndes Land.

«Wollen wir suchen, wie die, welche finden müssen, und

wollen wir finden, wie die, welche noch zu suchen haben. Denn es steht geschrieben: Der Mensch, der am Ziel eintrifft, beginnt erst» (Sankt Augustinus).

In flagranti

Karl, ein Mann des Glaubens, glaubt an Gott.

Doch er glaubt auch an den Menschen.

Er spezialisiert sich – nach der Logik der Barmherzigkeit – darin, Entfernungen abzuschaffen. Die Entfernungen der Vorurteile, der bequemen Einteilungen, der leichtfertigen Ausschließungen, der Ansonderungen, des Mißtrauens, des Abscheus, der Andersartigkeit.

Wie der Samariter, tritt auch er auf den Menschen zu, wird ihm Nächster. Und zwar ohne Unterschiede zu machen.

Diese Geste ist nur möglich, wenn man an den Menschen glaubt.

Und an die Liebe.

Liebe nicht als *eins* der Elemente des eigenen Wirkens, sondern als *einzige Kraft*, die es vermag, einen Menschen wieder aufzurichten, ihm seine Würde wiederzugeben, einen Namen, eine Identität, ein Selbstverständnis.

Ein volkstümliches amerikanisches Lied mahnt: «Du bist niemand, solange niemand dich liebt.»

Karl Steebs «Credo» ist die Liebe. «Und wir ... glaubten die Liebe» (1. Joh. 4, 16).

Seine Wahrheit ist lieben.

Er fühlt sich «wahrhaftig», weil er liebt.

Seine Liebe, die nach dem Modell der göttlichen *Agape* gezeichnet ist, ist eine Liebe, die:

– absolut gratis gegeben, keine äußeren Beweggründe hat, keine Nebenabsichten verfolgt, nicht von Sympathie oder natürlicher Zuneigung diktiert ist;

– *schöpferisch* ist, da er ja nicht einen Menschen liebt, der aufgrund seiner Qualitäten liebenswert ist; vielmehr verleiht er durch seine Liebe dem geliebten Objekt Wert;

– gleichsam eine *Vorliebe* ist, nicht etwas Unpersönliches, Anonymes, Mechanisches. Ein jeder hat den Eindruck, in Karls Augen «einziger» zu sein;

– *Gemeinschaft schafft:* denn er findet sich mit den Trennungen, mit den Entfernungen nicht ab, wartet auch nicht darauf, daß der andere sich in Bewegung setze, den ersten Schritt tue.

Für ihn ist jeder Mensch bedeutend. Bedeutend als Liebesobjekt.

«In meiner Verstandesbetontheit habe ich wohl nicht an Ihn geglaubt.

Doch als es mir zufiel, eine sehr schwere Last tragen zu müssen,

und als ich sie zu Boden warf und mich darauf setzte, da hat auch mein Leib Gott gesehen.

Und schon erkenn ich ihn auf unendlich viele Arten: in all dem, was er tut, ergreif' ich ihn auf frischer Tat. Und auch der Grund, weshalb er mich liebt, ist mir bekannt. In meinem Herzen, da ertappe ich ihn . . .» (Attila Joszef).

Steeb, ein Spezialist in Menschlichkeit, wird einem jeden Bruder, der da von einer unerträglichen Last niedergedrückt wird, zum «Komplizen» jenes Gottes, der sich oft und gern nicht durch Überlegungen und verstandesmäßige Spekulationen «fassen» läßt, sondern es vorzieht, «sich dabei ertappen zu lassen», wie er den Menschen liebt.

Auch er, der unverbesserliche Dieb, der die Bündel des anderen stiehlt, läßt sich täglich dabei ertappen, wie er liebt.

Und er beteuert, daß er es wiederum tun wird.

Im übrigen weiß er nichts anderes zu tun . . .

Er hat es vorgezogen, im Herzen des Menschen zu «wirken», nicht in seinem Hirn.

Und er ist sicher, daß er gerade dann Erfolg haben wird, wenn man ihn «auf frischer Tat ertappt».

Buchhaltung für Fortgeschrittene

Er gewährt den Dienst der Treue, der Nächstenliebe. Doch auch den der Hoffnung.

Karl ist ein außerordentlicher Zeuge für die Hoffnung.

Komplize von Gottes Liebe, doch auch Komplize der Hoffnung. Das heißt der Erwartungen Gottes.

Ich habe Anlaß, zu glauben, daß Karl auf besondere Weise das Gleichnis vom Hochzeitsmahl geliebt haben muß, das von Lukas wiedergegeben wird (14, 16 u. ff.).

Zu Zeiten Christi gab es im Kloster von Qumrân in der Nähe des Toten Meeres eine sehr bekannte Gemeinde, die ein recht strenges religiöses Leben führte. Vor einigen Jahren ist es den Archäologen gelungen, die Bibliothek zu finden.

Eine der grundlegenden Regeln dieser frommen Leute schloß kategorisch «jeden Menschen» von den feierlichsten Versammlungen aus, «dessen Leib mit Fehlern oder Krankheiten behaftet ist, der an Füßen oder Händen gelähmt ist, der hinkt, blind, taub oder stumm ist ...»

Während doch gerade in dem Gleichnis des Evangeliums die «Armen und Krüppel, die Blinden und Lahmen» zum Mahle geführt werden.

Dieser Art sind Steebs Freunde!

Für ihn ist jeder Mensch ein «Geladener Gottes».

Und er übernimmt es, ausdrücklich diesen Letzten, diesen Ausgeschlossenen, diesen «Rechtlosen» die aufsehenerregende Einladung zu überbringen.

Sein Rücken hat sich schon daran gewöhnt, sich über die zu beugen, die da beiseite gedrängt werden.

Seine Beine, obwohl so müde, schlagen unwillkürlich die Richtung zu denen ein, die da am Rande der Straße liegen.

Einer hat ihm eine Einladung anvertraut, die Tausenden von Ausgeschlossenen zuzustellen ist.

Und dieser eine wartet ungeduldig darauf, daß diese Vergessenen, diese Letzten eintreffen.

Das heißt, die ersten.

Vom heiligen Petrus stammt ein großartiger Satz: «. . .allzeit bereit zur Verantwortung gegenüber einem jeden, der von euch Rechenschaft fordert über die Hoffnung, die ihr in euch trägt» (1 Petr. 3, 15).

Karl legt peinlich genau Rechenschaft ab. Seine Buchführung ist auf den Pfennig korrekt.

Und somit ist er auch jederzeit bereit, «Rechenschaft abzulegen» über die Hoffnung, die er in sich trägt.

Und in der Lage, die Hoffnung zu «belegen», die Gott hegt.

Stets ist er bereit, sich zu schaffen zu machen, damit Gottes Erwartungen nicht enttäuscht werden.

In dem Zeugnis, das er abgibt, begegnen sich die Hoffnung Gottes und die Hoffnungen der Menschen und finden konkreten Ausdruck.

Kann man Gott zur Vernunft bringen?

Ich habe mich recht lange über das Gleichgewicht ausgelassen, das Karl Steebs menschliches Profil kennzeichnet.

Jetzt hingegen soll in diesem Entwurf seines geistigen Porträts seine Verrücktheit unterstrichen werden.

Dieser junge Mensch, der da einer durchaus respektablen gesellschaftlichen Lage den Rücken kehrt, der – sowohl auf dem Gebiet der Affekte als auch in wirtschaftlicher Hinsicht – eine mutige religiöse Wahl hart bezahlt, der es auf sich nimmt, sich voll und ganz den Leidenden zu widmen, wobei er sich beachtlichen Gefahren aussetzt und unbeschreibliche Mühen auf sich nimmt, gibt zweifellos Anlaß zu einem «Skandal». Das mindeste, was man sagen kann, ist, daß er irrsinnig geworden sein muß ...

Sein «Wahnsinn» drückt sich darin aus, daß er die egoistische Logik ablehnt, das heißt die Logik der Sicherheit, die darin besteht, nur an sich selbst zu denken, den goldenen Mittelweg zu gehen, der eigenen Kräfte eingedenk zu sein, sich an die allgemeinen Regeln des gesunden Menschenverstandes zu halten – und daß er sich die evangelische «Unlogik» des «Sich-selbst-Verlierens» aneignet.

Was in den Augen der Welt töricht erscheint, wird in den Augen Gottes Weisheit sein. Was nach der Mentalität des Durchschnittsmenschen «übertrieben» ist, wird nach der evangelischen Mentalität «normal» sein. Was gemäß der üblichen Logik «übermäßig», «zu viel», «zu gewagt» ist, ist für die Logik dessen, der Christus nachfolgt, knapp ausreichend.

«Wir sind töricht, um Christi willen!» (1. Kor. 4, 10.) Das könnte Karl Steebs Motto sein.

Angesichts gewisser unangenehmer Aufgaben, die ihm die Ausübung der Barmherzigkeit auferlegt, käut er nicht erst lange Erwägungen der «das ist nicht meine Arbeit» wieder oder aber «ich habe mehr als genug getan» oder «das ist nicht gerecht».

Don Carlo stellt die infantile Frage auf den Kopf: «Was kann ich von den anderen beanspruchen?» Denn wie ein wahrer Erwachsener fragt er sich: «Was können die anderen von mir beanspruchen?»

In seinem umwälzenden evangelischen Wahnsinn leidet er stets an schlechtem Gedächtnis ... Denn regelmäßig vergißt er sich selbst, es gelingt ihm sogar, sich *auszulöschen*, um die Erwartungen, die Ansprüche, das Recht der anderen aus deren Sicht zu sehen.

Seine Herausforderung wird den Spießbürgern aller Zeiten ins Gesicht geschleudert.

Durch seine Zeugenaussage beweist er, daß

- es besser zu geben ist, denn zu nehmen
- besser zu verstehen, als zu richten
- besser zu lieben, als zu verurteilen
- besser schwach zu sein als stark
- besser zu dienen, als zu herrschen
- besser die Letzten zu sein als die Ersten
- besser zu tun, als zu schwätzen.

Seine Liebe ist zunächst Angebot, dann erst Forderung. Erst Geschenk, dann erst Anspruch. Sie besteht darin, «alles zu geben», ohne für sich irgend etwas zu erwarten.

Wahnsinnig wie er ist, vermag er es, seine Liebe zu investieren, ohne Zinsen zu erwarten.

Nur «Obdachlose» wie er bringen es fertig, die Welt bewohnbarer zu machen.

Es sind Irrsinnige wie er, die die Welt ein wenig «ausgeglichener» werden lassen ... in der Liebe.

«Skandalöse» Verhaltensweisen wie die seine sind es, die ein wenig Sauberkeit und Wärme auf diese Erde bringen.

Und dank der «Unverantwortlichen» seines Schlages werden sich die Menschen ihrer Verantwortung den Brüdern gegenüber bewußt.

Wenn man ihn beobachtet, so schämt man sich seiner eigenen Weisheit.

Wir haben zu viel Zeit darüber verloren, «Vernunft» anzunehmen.

Nun ist es an der Zeit, ein kleines Körnchen Wahnwitz aufkeimen zu lassen.

Da wir nun gelernt haben, unsere Vernunft zu gebrauchen, müssen wir es lernen, sie zu verlieren.

Und endlich einmal anfangen, das Evangelium ernst zu nehmen.

«Siehe, ich stehe vor der Tür und klopfe an; wenn einer meine Stimme hört und die Tür aufmacht, bei dem will ich eintreten und das Mahl mit ihm halten und er mit mir» (Offb. 3, 20).

Das schon. Doch die Überraschung liegt in der Tatsache, daß nicht nur er hinter der Tür steht.

Karl hat nicht gezaudert, die Tür weit aufzureißen, um den höflichen Gast aufzunehmen.

Doch sofort hat er feststellen müssen, daß der Herr nicht allein war und es sich um einen entschieden «aufdringlichen» Gast handelte.

Ihm zu öffnen, das bedeutete, eine ganze Schar unbekannter Leute hereinzulassen. So mußte man also den Tisch ausziehen. Es handelte sich nicht um ein «kleines Abendbrot zu zweit»! Im Gegenteil, eine nichtendenwollende Zahl von Plätzen mußte geschaffen werden.

Und ist die Tür erst einmal aufgetan, so gibt es eine wahre Invasion, gibt es Gedränge, schiebt sich, ohne große Umstände zu machen, ein schier endloser Zug von Menschen ins Haus . . .

Gott ist nie allein. Stets folgt ihm eine Schar Leute nach.

Tritt Christus in das Leben eines Menschen, so müssen notwendig zusammen mit ihm viele «andere» über die Schwelle schreiten.

Steeb ist sich darüber im klaren, daß es sich nicht darum handelt, dem angesehenen Gast einen Ehrenplatz einzuräumen, sondern zusammen mit ihm eine nicht unbeträchtliche Menschenmenge unterzubringen. Und diese setzt sich fast ausschließlich aus abgerissenen, zerlumpten, äußerst anspruchsvollen Individuen zusammen.

So wird sein Leben vollkommen von dem anderen und . . . den anderen in Beschlag genommen.

Da läßt sich nichts machen: sie sind unzertrennlich. Der

Gast hat nicht die Absicht, sich von seinen Freunden loszureißen. Und sollte sich jemand einbilden, ihn, wenn auch unter Bezeigung aller Aufmerksamkeiten, allein aufnehmen zu können, so geht er auf der Stelle davon, gleichsam als habe man ihn beleidigt... «Was ihr nicht getan habt an einem dieser Geringsten, habt ihr auch an mir nicht getan...» (Matth. 25, 45.)

Karl hat diese grundlegende Regel der christlichen Gastlichkeit begriffen und hat sie bis in ihre äußersten Konsequenzen anerkannt. Dermaßen, daß er nicht mehr Herr im eigenen Hause ist.

Seine Existenz ist nunmehr von einer Präsenz und unzähligen Präsenzen bevölkert. Und er gehört nicht mehr sich selbst.

Er beschränkt sich nicht darauf, ihnen Brot zu reichen, sondern macht sich selbst zum Brote, das da täglich auf dem Tisch Gottes und dem des Menschen verzehrt wird.

Sein gesamtes geistliches Leben wurzelt hierin und erklärt sich hieraus.

Er ist ein Mensch, der nach oben und für den anderen geöffnet ist.

Es gibt einen Satz von Bresciani, der die beiden großen Richtlinien seiner Existenz großartig zusammenfaßt: «Kurz war sein Schlaf, lang und stark sein Gebet.»

Es handelte sich also um ausdauerndes Beten und unermüdliches Tätigsein.

Gab es nie einen Konflikt zwischen den beiden Erfordernissen? Gewiß, fast täglich kam es zu solch einem Konflikt. Doch Karl hatte ihn in seiner verwirrenden Einfachheit ein für allemal gelöst.

Da sich seine Verpflichtungen mehrten und die Bitten um Dienst an den Brüdern immer inständiger wurden, mußte eben irgendwo zurückgesteckt werden. Und so hieß es, entweder das Gebet oder aber die Werke einschränken...

Und da hat er sich in aller Ruhe dazu entschlosen ... den

Schlaf einzuschränken! «Kurz war sein Schlaf, lang und stark sein Gebet.»

Hätte er sein Gebet gekürzt, so wäre ihm am Ende der Atem ausgegangen bei seinem gewohnheitsmäßigen «erregten Umhereilen».

Und hätte er den Rhythmus dieses seines «erregten Umhereilens» verlangsamt, so wäre sein Gebet wie eine Form heuchlerischen Fliehens vor den Verantwortlichkeiten den anderen gegenüber erschienen.

Auf diese Weise hat er es verstanden, Gott und den Nächsten miteinander zu vereinbaren (welche ja tatsächlich verlangen, in einem christlichen Leben unter dem Zeichen der Vollständigkeit und der Harmonie «beieinander zu sein», es sind nur die Oberflächlichen, die da Schwierigkeiten des Zusammenwohnens – oder gar der Unverträglichkeit – zwischen Gott und den anderen erfinden).

Karl hat die grundlegende Wirklichkeit der Botschaft des Christus erfaßt: die Anforderungen, die Ansprüche Gottes und die des Nächsten sind weit davon entfernt, zueinander im Gegensatz zu stehen, sie stimmen überein. Und nimmt man etwas vom einzig Notwendigen, so beraubt man notwendigermaßen auch die anderen. Und verweigert man den anderen etwas, so verletzt man die Rechte des Absoluten.

Er hat, kurz und gut, begriffen, daß «die Angelegenheiten Gottes» die Angelegenheiten der Menschen sind.

Karl widmet sich oft und gern der «frommen Übung» des Kreuzweges. Und wenn er von der Passion Christi spricht, so kann er sogar die Tränen nicht zurückhalten.

Ich weiß es, irgendein besonders Kluger mag angesichts dieser Schwächen lächeln und selbst den gelehrten Ausdruck bereit haben, mit dem sie . . . disqualifiziert werden.

Tatsache ist, daß für Karl der Kreuzweg nicht nur eine «fromme Übung» der Andacht ist, sondern auch eine unbequeme Übung im Leben. Und er nimmt an ihr nicht als ein

Zuschauer teil, der seufzend und betrübt die Vergangenheit betrachtet, sondern als ein Handelnder in der harten Wirklichkeit unserer Zeit.

Er hat seine Rolle eines *Zeitgenossen* im Kreuzweg des Menschen seiner Zeit angenommen. Auch hier vermag er das Bild des *Schmerzensmannes* zu «erkennen», der seiner zerbrechlichen Schultern bedarf, um sein Kreuz zu tragen, das mit dem Tausender armer Teufel identisch ist.

Don Carlo beschränkt sich nicht darauf, in der Kirche von einer «Station» zur anderen zu tippeln.

Er schleppt sich auch durch die Straßen von Verona, vom Lazarett zu einem Spital, vom Armenheim zu irgendeiner erbärmlichen Behausung, von einer Kathedrale zum Beichtstuhl, und wiederum in ein Spital...

Und bei jeder «Station» bietet sich ihm ein anderes Bild dar, ändern sich die Personen, zeigt sich der Schmerz in den unterschiedlichsten Spielarten. Nur seine Rolle ändert sich nie. Er ist stets und unweigerlich Simon von Cyrene, der sich die Last der anderen aufbürdet. Oder letzten Endes, die Last jenes anderen.

Längs des Weges gibt es solche, die da richten, verurteilen, beistehen, fortlaufen.

Und da ist auch einer, der vortritt und «tragen» hilft (er findet nur an dieser Rolle Geschmack).

Eine der grundlegenden Intuitionen unserer Zeit besteht darin, anerkannt zu haben, daß die «Bekehrung zu Gott und die Verpflichtung zur Treue zu Christus über die Bekehrung zum Bruder und die Verpflichtungen geschehen, sich dem Dienst an denjenigen zu widmen, die irgendeine Art Bedrükkung erleiden».

Mir scheint, als liege hierin die *Aktualität* von Karl Steebs Botschaft: in der Fähigkeit, in seinem Leben eine erstaunliche Synthese zwischen den Augenblicken des Gebets und denen des konkreten Einsatzes im Dienst am Nächsten zu schaffen.

In ihm sind der «Streiter» und der «Kontemplative» zwei einander ergänzende Seiten ein und derselben Wirklichkeit.

Es wurde mit Scharfsinn bemerkt: «Der Christ, der in der Befreiung engagiert ist, ist kontemplativ in dem Maße, in dem er begriffen hat, was Gott für den *anderen* will, und das zum fundamentalen Grund seines Engagements macht ... Er ist kontemplativ, weil er es vermag, die Universalität der Nächstenliebe zu bewahren, ohne auf seine Vorliebe für die Bedrückten zu verzichten...» Das scheint haargenau die Beschreibung von Karl Steebs geistlichem Leben zu sein.

Bei seinen Begegnungen mit den Menschen braucht er gar nicht so sehr *von Gott zu sprechen.* Er hat es vor allem gelernt, *zu Gott zu sprechen,* im Gebet, dem «langen und starken». Und Gott seinerseits spricht zu ihm vom Menschen, vom leidenden Bruder, setzt ihm seinen weitgehenden Plan der Barmherzigkeit auseinander.

So daß sich dieser Priester am Ende des Gebetes nicht wie einer vorkommt, der eine Aufgabe beendet, eine – wenn auch äußerst wichtige – Angelegenheit erledigt hat, sondern wie einer, der Aufträge ausführt, wie ein «Gesandter», damit beauftragt, einen großartigen göttlichen Plan zu verwirklichen, das heißt wie einer, der noch alles zu «tun» hat.

Nach seinem langen Gespräch mit Gott ist Karl sofort wieder auf den Beinen. Bereit, zu «tun». Das Gebet neutralisiert nicht die Stärke seines Engagements, noch schränkt es seinen Aktionskreis ein. Im Gegenteil, es läßt ihn noch ansprechbarer werden bei seinem Gang durch die Straße der Brüderlichkeit.

«Das Wesen des wahren christlichen Gebets war stets eine Antwort, bei der man aus sich *hinaustritt, um dem anderen zu begegnen* ... Im Gegensatz zu einer Haltung, die Egoismus oder Flucht vor der Wirklichkeit sein könnte, handelt es sich um eine supreme Geste der Entsagung und der Selbstvergessenheit, um Christus und seinen Bedürfnissen in den anderen zu begegnen...»

«Die Wüste ist Symbol der Selbstentäußerung, bezeichnet den Willen, sich in Wahrhaftigkeit und frei von Illusionen vor Gott zu stellen, ist Armut, die uns dazu bringt, uns alles als Gabe von Christus zu erwarten, ist Schweigen, um dem Worte des anderen zu lauschen.

Die Wüste ist Haltung menschlicher Ohnmacht angesichts des Heils, der Beginn der schmerzlichen Erfahrung der eigenen Grenzen, dieses Heil gratis zu empfangen, in der dunklen Gewißheit, daß Gott uns sucht, und daß das Christentum nicht so sehr die Liebe des Menschen zu Gott ist, sondern vielmehr die Liebe Jesu, der den Menschen als erster geliebt hatte» (S. Galilea, op. cit.).

Doch das reicht nicht aus. Die Kontemplation kann nicht nur in fast ausschließlicher Bezugnahme auf Gott konzipiert werden.

Um das wahre Konzept christlicher Kontemplation wiederzuerlangen, und zwar in einer für die heutige Zeit bezeichnenden Form – und die nicht die Anschuldigung einer Entfremdung verdienen darf –, muß es auch zu einer zweiten Begegnung nach der mit dem anderen kommen: zu der mit den anderen. Das heißt, man muß soweit kommen, Christus im Bruder zu sehen, im kleinen.

Wie sich erahnen läßt, muß man auch hierin in der Wüste leben, die Stimmen des Egoismus zum Verstummen bringen, die der Interessen, der Berechnung, der Politik, des «Systems», der bürgerlichen Mentalität, der unterschiedlichen Konditionierungen, um ein Maß an Freiheit zu erwerben, das die Liebe und das Dienen möglich mache.

Steeb hat keine Theorien über diese Entdeckungen aufgestellt, er hat sie vielmehr gelebt, und zwar mit außergewöhnlicher Strenge.

In seinem Leben kreuzen sich die Straße zu Gott und die Straße zum Nächsten, dort wo sie anfangen, und dort, wo sie enden. Und einzig und allein geopfert wird der Schlaf...

«. . . Der Überbringer dieses Schreibens reicht Ihnen den Thomas von Kempen zurück, und bei der Gelegenheit möchte ich Sie bitten, ihm jenen Band von Bossuet auszuhändigen, der seine Meditationen über das Evangelium enthält . . .»

Diese wenigen Zeilen, die Karl in dem üblichen schmucklosen und distanzierten Stil an den Grafen Benedetto del Bene geschrieben hat, können ausreichen, um zu zeigen, wie arm er war. Er ist dazu gezwungen, sich Bücher auszuleihen. Und in dem Augenblick, da er ein Buch zurückgibt, bittet er sich ein weiteres aus. Und es handelt sich nicht einmal um seltene Ausgaben, sondern um einen unentbehrlichen Text wie
Die Nachfolge Christi.

Er, der aus Tübingen kommt, wo es genügte, nicht einmal in die Universität, sondern in irgendein Bierlokal zu treten, um die Möglichkeit zu haben, Seite an Seite neben einem berühmten Philosophen oder einem bekannten Dichter zu sitzen, muß jetzt sogar um die gebräuchlichsten Werke bitten. Und für einen Mann wie ihn, der ausgeprägte kulturelle Bedürfnisse hatte, muß das eine nicht unbeträchtliche Entbehrung gewesen sein.

«Der neue Mensch entsteht aus dem, was er zurückläßt« (P. Débruyenne).

Steeb hat sehr viele Dinge hinter sich zurückgelassen.

Im übrigen waren es ja selbst seine Angehörigen, die ihm alles entzogen hatten.

Es existiert kein schriftliches Dokument, kein formelles Aktenstück, worin der Vater ihn «enterbte». Wahrscheinlich war keines erforderlich. Es herrschte wohl stillschweigendes Übereinkommen darüber in seinem Geburtsland, wo der Protestantismus als Staatsreligion galt.

Karl Steebs Vater hat sich ganz einfach an die Regel gehalten und vielleicht ein wenig übertrieben in bezug auf Härte,

Gehässigkeit, nachtragende Haltung gegenüber diesem Sohn, der durch seinen Übertritt zum Katholizismus seinem Ansehen schaden konnte.

Es betraf ja auch das Hotel Lamm an strategischer Stelle des Marktplatzes. Und es wäre wirklich unvorstellbar gewesen, daß da ein Katholik kommen könnte, um das monolithische Gleichgewicht der Positionen ausgerechnet am neuralgischen Knotenpunkt der Stadt zu stören.

Tatsächlich gab es, nachdem der Vater das Hotel verkauft hatte, von seiten der Mutter keine Schwierigkeiten, das Erbe mit dem Sohne zu teilen (wenn dieser auch, wie wir sehen werden, zugunsten seiner Schwester verzichten wird, da diese ständiger Kuren bedarf). Unter anderem kommt einem angesichts der anschließenden Geste der Mutter der Zweifel, ob es nicht ein väterliches Veto gegeben habe, das auch für die Zukunft bindend war.

Nun denn, offizielle Aktenstücke oder nicht, spontane Initiative oder Folgeerscheinung einer gesellschaftlichen Stellung, die an das religiöse Bekenntnis gebunden war – der Endeffekt ist für Karl der gleiche: Entziehung des väterlichen Vermögens. Weshalb er in seiner Bittschrift an Pius VI. schreiben konnte, das väterliche «Mißfallen» erregt zu haben, weshalb man ihm «feierlich alles Hab und Gut ... obwohl dieses recht beträchtlich ist, entzogen habe». Auch machte er den Papst darauf aufmerksam – und dies ist wohl der schmerzlichste Aspekt seiner Armut –, daß jede Verbindung mit der Familie abgebrochen sei, so daß er nicht einmal den Taufschein erlangen könne.

Zum Thema «Armut» gibt es sogar einen gerichtlichen Akt, der mehr als irgendein Kommentar aussagt. Wir stehen im Jahre 1827. Don Carlo zählt vierundfünfzig Jahre. Seine Mutter ist gestorben und hat ihm einen Teil des Besitzes zugedacht, der ihn in Zukunft jeglicher wirtschaftlichen Sorge entheben würde.

Und er greift mit größter Einfachheit zur Feder: «Ich, der Unterzeichnete, erkläre und bestätige, daß ich auf den mir zugesprochenen Teil des elterlichen Habs und Guts zugunsten meiner einzigen Schwester Wilhelmine Steeb in Tübingen verzichte, damit diese davon Besitz nehmen kann und in lebenslänglichen Genuß desselben kommen möge.

Außerdem versichere ich ausdrücklich, für den Fall, daß ich meine Schwester überlebe, daß ich keinerlei Rechenschaft über meinen ihr zur Nutznießung überlassenen Teil von ihr verlangen werde, sondern mich mit dem zufrieden gebe, was mir von ihr vom ungeteilten Vermächtnis unserer beweinten Mutter hinterlassen wird. Johann Heinrich Karl Steeb.»

Es gibt nicht viel hinzuzufügen. Noch glaube ich, daß man darin eine Nebenabsicht zu vermuten hat, welche, so edel sie auch sei – nämlich Wilhelmine zu bekehren –, die glasklare Uninteressiertheit dieser Geste des Verzichtes trüben würde.

Karls Armut muß unter dem Blickwinkel des Glaubens betrachtet werden. Er hat Gott als ein Gut gefunden, das man ihm nicht mehr nehmen kann, das ihm unerschöpflicher Reichtum ist. Weshalb er sich nicht sorgt, noch mehr zu suchen; mehr braucht er nicht. Gott ist alles. Und es gibt keine mehr oder weniger gefräßigen Idole im Leben dieses Priesters, die ihm seinen Platz nehmen könnten.

Dank seiner Armut anvertraut sich Don Carlo vollkommen Gottes Händen, frei wie er ist von allem Besitzstreben, von jedem Rest Anhänglichkeit an die Dinge, von jedem Hauch «Wichtigtuerei», jedem Anspruch auf Bevormundung. *Nackt* kehrt er in seine Hände zurück, damit Gott ein neues Geschöpf aus ihm machen könne. Jeden Augenblick empfängt er sich von Ihm, empfängt alles, und alles ist Gnade (O. Clément).

Doch auf die Armut gründet sich nicht nur sein «ausschließliches» Verhältnis zu Gott, sondern auch sein Verhältnis der Gemeinschaft mit den Brüdern.

Gerade weil er arm ist, ist Don Carlo zu der großen Geste des «Miteinanderteilens» fähig.

Weshalb man, paradoxerweise, bestätigen kann, daß er reich an all dem ist, was er nicht besitzt.

Und er bereichert die anderen mit seiner Armut.

«Der Arme ist der Mensch ohne Maske, der die Welt von neuem lehrt, wie sie leben kann, ohne ständig zu fordern» (A. Dumas).

Da Karl, was ihn betrifft, keine Dinge herzugeben hat, ist er in der Lage, sich selbst herzugeben.

Er könnte sagen: «Gold und Silber habe ich nicht; was ich aber bin, gebe ich dir!»

Fülle der Liebe

«Und es gibt Ehelose, die um des Himmelreiches willen sich der Ehe enthalten. Wer es fassen kann, der fasse es!» (Matth. 19, 12).

Karl hat es gefaßt. Oder besser: ihm wurde die Gnade zuteil, es zu fassen.

Und die Keuschheit war für ihn gewiß nicht eine lästige Bürde, und auch nicht einfach eine Tugend, die es zu hüten galt. Sondern ein entscheidendes Element der «Befreiung».

Seine Keuschheit trug einen deutlichen Namen, ein Gesicht: Christus.

Die Bedeutung dieser Tugend in seinem Leben wird genau bestimmt von der Bedeutung, von dem Platz, den Christus in seiner Existenz einnimmt, von dem Zauber, den er darauf ausübt.

«Die Keuschheit ist eine Leere, eine Loslösung, ein *Gang* durch den Tod. Und dieser Gang ist sinnvoll in dem Maße, indem er zum Leben führt – zu einer neuen Präsenz, zu Gott und zu den anderen» (G. Cereti).

Es wird ausreichen, eine Handvoll Zeugenaussagen anzuführen:

«...Wir bewunderten, wie sehr Karl Steeb über seine Zurückhaltung und Keuschheit wachte...» (Bresciani).

Und ebenderselbe: «Unschuldig wie eine Taube in seinen Sitten, rein wie ein Beichtkind, sanft und umgänglich in seiner Art, und stets gesetzt.»

Der Bischof Msgr. Liruti beteuert «seine moralische Lebensführung und seine beispielhafte Haltung».

Der Bischof Msgr. Grasser unterstreicht seine «wirklich beispielhafte Führung».

Viele seiner Freunde bezeichnen ihn als eine «höchst unschuldige Seele».

Eine der ersten Schwestern skizziert ihn wie folgt: «Der fromme Alte zeigte in seiner Haltung einen verfeinerten Geist, hohe Achtung vor dem Priesteramt und tiefen Respekt vor den Seelen, die sich an ihn wandten...»

Das letzte Kriterium, das zur Prüfung der Keuschheit herangezogen werden muß, kann nicht nur in der «Observanz» dieser Tugend bestehen. Es ist wichtig und interessant zu prüfen, was ein Mensch durch die Keuschheit werden kann.

In dieser Sicht müssen wir sagen, daß es im Grenzfall die anderen sind, welche die Keuschheit eines Menschen «billigen».

«Wird der Verzicht nicht von Feigheit diktiert, so ist er ein Akt des Mutes, ist eine kühne Erforschung des Menschlichen. Hätte es Christus nicht gegeben, gäbe es nicht den einen oder anderen, der von dieser Forschungsreise als ein wahrerer Mensch zurückkehrt, so wäre es nicht gerechtfertigt, das Abenteuer zu wagen. Daß es gelungen sei, das kann nicht der sagen, der es lebt, sondern nur *die anderen* können es, nämlich dann, wenn sie endlich den äußerst seltenen Fall entdecken, in dem einer zu lieben versteht, ohne zu ‹verdinglichen›, einer, der keine der Nuancen der menschlichen Zärtlichkeit verloren hat, der in der Lage ist, einen jeden zu rekreieren, wieder auf die Beine zu stellen, der an Liebesmangel leidet» (A. Paolo). Diese Zeilen könnten auf Steeb gemünzt sein.

Die, welche sich ihm nähern, die zahllosen «anderen», auf die er zutritt, werden sich sofort darüber klar, daß dieser Priester nicht auf die Liebe verzichtet hat. Im Gegenteil, seine Keuschheit bedeutet die Wahl der Liebe in ihrer verpflichtendsten Form: die Liebe zum Nächsten, und zwar unterschiedslos.

Seine Liebe, wenngleich allumfassend, wird nicht «pluralisiert», unpersönlich, fragmentarisch, aseptisch. Stets trägt sie die Züge der Zärtlichkeit, Einzigartigkeit und Rückhaltslosigkeit.

Seine Keuschheit erscheint somit als Fülle der Liebe.

Seine Einsamkeit hat eine Einfügung, eine Gemeinschaft, eine Teilnahme lebendigerer Art an der Welt im Auge.

Keuschheit ist Einschränkung auf einem gewissen Gebiet, übersetzt sich jedoch in eine Unzahl von Möglichkeiten auf einem anderen.

Sterilität, unter biologischen Gesichtspunkten betrachtet, die jedoch in eine außerordentliche geistige Fruchtbarkeit mündet. Seine Berufung besteht darin – würde Evdokimov sagen – «Gott in den verwüsteten Seelen zu gebären».

Vollkommene Entleerung des eigenen Wesens, die jedoch vorbereitend wirkt auf die vollkommene Besitznahme durch einen und ... alle anderen.

Dunkel, das eine unglaubliche Transparenz erlaubt.

Schmerzlicher Verzicht, der reichlich «entschädigt» wird durch wagemutige Erforschung des Menschlichen.

Verarmung mit dem Augenmerk auf einen unerschöpflichen Reichtum für sich selbst und für die anderen.

Freiwillig und freudig gewählte Armut als Voraussetzung für die Freiheit. Freiheit, um besser dienen zu können. Um mehr zu lieben.

Und so können wir schließen, daß, was die Keuschheit anbetrifft, Karl Steeb nicht nur durch die Aussage von qualifizierten Menschen aus der kirchlichen Welt «gebilligt» wird.

Seine Keuschheit wird von jener Kategorie der «Letzten» einer Prüfung unterzogen.

Und gerade in diesem Fach der Liebe erlangt er die «Doktorwürde».

Als er jenen Lebensweg einschlug, hatte er die Sprache des Mysteriums «verstanden».

Und jetzt sind es die anderen, die seine Keuschheit «verstehen».

Weil sein Herz zu ihnen in einer unüberhörbaren Sprache spricht.

Eine Null, zu allem fähig

Wenn er schrieb, so versteckte er sich hinter dem Personalpronomen der dritten Person Einzahl, gleichsam als spreche er über einen anderen.

Wer ihn gut gekannt hatte, versichert, daß ein Lob ihm «fast wie eine Wunde bitter» war.

Da er einen Fragebogen ausfüllt, um sich für den Lehrstuhl für Deutsch des Kollegiums «Agli Angeli» zu bewerben, läßt er einige Spalten unbeschrieben. Das waren die, in denen er seine besonderen Fähigkeiten hätte aufführen sollen. Stellen wir es uns nur vor! Er beeilte sich zu erklären, ja fast zu protestieren, daß es nicht an ihm sei, auf solche Fragen zu antworten...

Man kommt nicht umhin, jene Meinung zu teilen, nach der sein Leben «ganz in Geheimhaltung, Demut und Schweigen eingehüllt» erscheint (Pater Mario Vanti).

Die Redewendung, mit der er gewöhnlich Entschuldigung für irgendeine Unzulänglichkeit bat, war: «Verzeiht es dieser armen Null.»

Hier nun hätte der Biograph schon Lust, die Feder weit von sich zu schleudern.

Ja, er hat nun Dutzende von Seiten darauf verwendet, ein plausibles Profil von Karl Steeb zu skizzieren. Und plötzlich entdeckt er, daß der Betroffene bereits ein Selbstbildnis geschaffen und der Nachwelt ausgehändigt hat. Indem er die Dinge aufs Äußerste vereinfacht, stellt er sich mit einer beißenden Definition vor: «eine arme Null».

Und wichtig ist, daß es sich nicht um eine Pose handelt. Karl spielt nicht den Bescheidenen. Er ist bescheiden. Er kehrt nicht den Demütigen vor. Er ist demütig.

Wenn er sich als «eine arme Null» ausgibt, so tut er das nicht, um Widerspruch auszulösen und das Lob (seiner Demut) von dem zu empfangen, der ihm gerade zuhört. Er tut es, damit man es ihm wirklich glaube. So wie er tief von dem überzeugt ist, was er da behauptet.

In Karl ist die Demut das grundlegende Element der Fruchtbarkeit.

Andererseits reicht es aus, über die etymologische Bedeutung des Ausdrucks nachzudenken. Das lateinische Wort *humilitas* (Demut) geht auf *humus* zurück. Und *humus* ist, wie gesagt, die *fruchtbare Erde*.

«Die Demut ist nicht, wie man manchmal zu denken geneigt ist, die – oft linkische – Bemühung eines Menschen, welcher den Anspruch stellt, sich davon zu überzeugen, daß er schlimmer als alle anderen ist, und der sich darauf versteift, auch die anderen davon zu überzeugen, und zwar durch ein Verhalten, das zumindest wenig natürlich ist. Die Demut ist der Zustand der Erde.

«Die Erde ist stets zugegen. Niemand wundert sich darüber. Niemand achtet auf sie. Alle treten sie mit Füßen. Die Erde ist der Ort, die jederlei Sorte von Überresten, von Abfall schluckt. Da ist sie, schweigsam: alles nimmt sie entgegen und verwandelt in neuen Reichtum, was sich im Zustand der Auflösung befindet. Selbst die Verderbnis vermag sie in das Ferment eines neuen Lebens zu verwandeln, indem sie Sonne und Regen empfängt und bereit ist, jeglichen Samen aufzunehmen» (A. Bloom).

Gerade weil Karl das Bewußtsein hat, etwas Großes in seinem Leben verwirklichen zu müssen, sorgt er sich darum, demütig zu sein, das heißt «fruchtbarer Boden».

Darin können wir eine außergewöhnliche intuitionsmäßige Übereinstimmung zwischen ihm und verschiedenen anderen Gestalten feststellen:

Thérèse von Lisieux hat diesen Satz geprägt: «Das Nichts ist Wahrheit.»

Und ebenfalls von Thérèse von Lisieux stammt: «Ich bin eine kleine Null.»

Papst Johannes XXIII. sagt: «Mein demütiges und nun schon so langes Leben hat sich unter dem Zeichen der Einfachheit und der Reinheit wie ein Knäuel abgewickelt. Es kostet mich nichts, anzuerkennen und zu wiederholen, daß ich *nichts* bin und nichts wert bin.»

Karl Steebs «arme Null», die «kleine Null» der kleinen Thérèse und das «nichts» des Papstes Johannes sind enge Verwandte der «Niedrigkeit» (Luk. 1,48) der Jungfrau Maria.

Die Demut also, die ja Wahrheit ist, zeigt diese erbauliche Wahrheit: Eine Null bleibt nicht Null, sondern wird eine riesige Zahl. Ein Nichts bleibt nicht Nichts, sondern wird von der schöpferischen Liebe Gottes befruchtet und in *alles* umgewandelt.

«Die Demut ist der Raum der Liebe» (Paul VI.).

Die Demut ist somit keine Tugend für sich. Sie ruft die Liebe herbei. Sie schaffte der Liebe Platz. Sie ist der Boden, welcher es der Liebe erlaubt, sich zu zeigen, schöpferisch zu wirken.

Und so wird die Demut Reichtum, Fähigkeit, Empfänglichkeit.

«... Er schaute gnädig herab auf die Niedrigkeit seiner Magd.» Und gleich danach: «Großes tat an mir der Mächtige.»

Gott braucht das Nichts, um schöpferisch sein zu können, um «Großes» tun zu können.

Das Nichts ist somit unabkömmlicher Ausgangspunkt.

Ist wirklich nichts vorhanden, so wird «alles» möglich.

Es ist daher gerechtfertigt, sich von der «armen Null» Karl Steeb alles zu erwarten.

Karl Steeb macht Urlaub

Wir stehen im Jahre 1836. Eine Cholera-Epidemie ist in Verona ausgebrochen. Bereits einige Jahre vorher hatte diese Seuche schon andere Länder Europas heimgesucht.

Schon im Jahre 1831 waren immer beunruhigendere Gerüchte unter der Bevölkerung in verschiedenen Teilen Venetiens umgegangen, welche gerade begann, sich von dem schrecklichen Schlag der Kriegsgreuel zu erholen, den sie erst vor kurzem erlitten hatte.

In Verona tuschelte man über ein paar nicht rechtzeitig erkannte Fälle. Andererseits bildeten einige volkstümliche Stadtviertel, die besonders ungesund waren und wo entsetzliche hygienische Verhältnisse herrschten, den idealen Nährboden für die drohende Gefahr, die sich bereits mit Pocken und Flecktyphus angekündigt hatte.

Msgr. Grasser hatte im Herbst 1831 die Gläubigen um den Altar der Jungfrau versammelt, um das neue Unheil abzuwenden.

Doch er beschränkte sich nicht darauf, Gebete, Triduen und Prozessionen anzusagen.

Kraft seiner Autorität stellte er die Geldsammlungen ein, die unter der Bevölkerung durchgeführt wurden, um die Mittel für den Wiederaufbau des Kapuzinerklosters zusammenzubringen und erteilte strengste Anordnung, daß die Spenden dazu verwendet würden, den Armen die grundlegendsten prophylaktischen Maßnahmen zu sichern und Spitäler einzurichten, die in der Lage wären, der möglicherweise eintretenden Notlage zu genügen.

Mit Bestimmtheit griff er durch: «Die Umstände sind zu ernst und verlangen den Einsatz der christlichen Nächstenliebe eines jeden zugunsten der bedrohten und leidenden Menschheit.» Diese Worte allein reichen schon aus, die Größe eines Hirten zu umreißen.

Wie wir bereits sagten, brach die so sehr gefürchtete Seuche im Jahre 1836 in Verona aus, bei Einzug der warmen Jahreszeit (und im Jahre zuvor war sie im Piemont eingezogen, wohin einige Veroneser Ärzte geeilt waren, um die Natur der Krankheit zu untersuchen).

Die Sonderabteilungen im Spital und im Armenhaus erwiesen sich als unzureichend angesichts der Zahl der Krankheitsfälle.

Der Bischof, der den Vorsitz einer Zentralkommission für öffentliche Hilfe übernommen hatte und die Arbeiten persönlich leitete, richtete einen angsterfüllten Appell an die Bevölkerung: «Die Not, in der sich die Armen dieser unserer Stadt befinden, deren Zahl wohl die Vorstellung all derer, die nicht hilfreich zu ihnen gehen, weit übertrifft, zeigt sich uns tagtäglich größer. Die meisten von ihnen entbehren der Nahrung, der Kleidung, und selbst eines Lumpens oder eines Häufchens Stroh, um sich des Nachts darauf zu lagern ...» Mit einfachen Worten: Die Lage war dramatisch, fast unvorstellbar.

In den Monaten Juni und Juli verzeichnete die Stadt durchschnittlich vierzig bis fünfzig Todesfälle pro Tag.

Selbstverständlich war Karl wieder einer der ersten Helfer. Er war dreiundsechzig Jahre alt. Doch es schien ihm, als sei er in die «heroische» Zeit des Lazaretts zurückgekehrt.

An seiner Seite wirkte eine Frau von vierunddreißig Jahren, die schon seit langem sein Beichtkind war.

Gerade in dieser Zeit, angesichts dieses erschreckenden Schauspiels des Leidens und des Todes, griff Karl mit größerer Beharrlichkeit die Idee seines alten Traumes wieder auf.

Unter anderem gab es ja jetzt neben ihm ein weiteres Geschöpf, das dabei war, den Lebensstil, das konkrete Ideal, die Regeln «auszuprobieren», die den zukünftigen «Mittäterinnen» bei der Verwirklichung des großen Traumes vorgeschlagen werden sollten.

Ein solches Laboratorium ermöglichte es ihm, während jener tragischen Monate, die waghalsigsten Experimente anzustellen . . .

Als es Herbst wurde, konnte die Stadt tief aufatmen. Der Alp löste sich in nichts auf. In der Zeitung konnte man lesen: «Wir haben die Freude, anzukündigen, daß die Choleraseuche, die sich seit Anfang Juni bei uns ausgebreitet hatte, als verschwunden betrachtet werden kann . . .»

Karl konnte auf kurze Zeit im Kollegium «Agli Angeli» seinen Lehrstuhl für Deutsch wieder einnehmen.

Er hatte sich einen Sonderurlaub gegönnt. Und hatte ihn bei seinen Cholerakranken verbracht.

Bei den entscheidenden und unbequemen Verabredungen mit Gott und den Brüdern trifft er stets pünktlich ein. Mit der verwirrenden Schlichtheit «unnützer Knechte».

Die Stärke der Schwachen

Auch ein ärztliches Attest mag dazu dienen, die «Möglichkeiten» eines Menschen zu illustrieren.

In Karl Steebs Falle haben wir eins, das die Unterschrift des Dr. Alberto Brunelli trägt. Es geht auf den 19. April 1837 zurück.

«Der unterzeichnende Arzt bescheinigt, daß der Ehrw. Priester Carlo Steeb seit einigen Jahren von herpetisch-rheumatischer Dyskrasie befallen ist, mit ulzerösen Wunden am linken Bein, des weiteren von häufigen Koliken geplagt wird sowie von Kopfschmerzen, die teils spasmodischer, teils rheumatischer Art sind und ihm das Studium und im allgemeinen jederlei Art von ernsthafter geistiger Tätigkeit unmöglich machen. Seine Verdauung ist äußerst langsam und geht mit Schlaflosigkeit Hand in Hand. Aus all diesen Gründen steht o. g. Priester, so wie früher, auch jetzt in ständiger Behandlung, und der Unterzeichnete verbietet ihm jederlei körperliche und seelische Anstrengung, nicht um seine Gesundheit wiederzuerlangen, sondern um seinen Zustand nicht noch mehr zu verschlechtern und auf diese Weise jeden Rest von Hoffnung zu verlieren, ein weniger peinvolles Leben zu führen. Zumal, um ganz offen zu reden ...»

Das ganze Bild ist, wie man feststellen kann, gewiß nicht erfreulich. Das linke Bein wird von Geschwüren geplagt (und ist stets von einer Gangräne bedroht). Kreislaufstörungen. Rheumatische Schmerzen. Häufige Migränen. Qualvolle Koliken. Verdauungsstörungen. Schlaflosigkeit.

Das reicht wohl aus, um ihm «jederlei körperliche und seelische Anstrengung» zu verbieten.

Karl kennt seine eigenen Grenzen. «Die ernsthaften Gebrechen, die meine Gesundheit im vorgeschrittenen Alter unbeständig machen ...»

Er hat das ärztliche Attest in der Tasche. Und bedient sich seiner, um sich als Lehrer in den Ruhestand versetzen zu lassen.

Nun ist er ruhig. Niemand hat etwas einzuwenden. Man wundert sich vielmehr darüber, daß er so lange Jahre mit all diesen Gebrechen behaftet zum Unterricht erschienen ist.

Was die Vermeidung jeder «körperlichen und seelischen» Anstrengung betrifft, nun, so wird er sich bemühen, das unheilvolle Alarmgeläut des Arztes und seine so sehr begrenzten Möglichkeiten zu berücksichtigen.

Allerdings nicht unverzüglich.

Noch hat er ja ein paar kleine Angelegenheiten zu erledigen, viele Arme zu unterstützen, seine zahlreichen Beichtkinder anzuhören, die üblichen Visiten in den Spitälern zu machen. Und dann noch eine letzte Angelegenheit. Die Gründung eines religiösen Instituts; ein alter Traum von ihm.

Sobald er diese ... Lappalien erledigt haben und dabei seiner Marschroute der Nächstenliebe ein paar weitere hundert Kilometer hinzugefügt haben wird – natürlich mit aller Rücksichtnahme auf das linke Bein, das voller Wunden ist –, wird er sich dann auch die rechtmäßige Ruhe gönnen.

So etwa in zwanzig Jahren.

«Was schwach ist vor der Welt, wählte Gott aus, um das Starke zu beschämen» (1. Kor. 1, 27).

Wie der Apostel Paulus, kann auch Karl sagen: «In Schwachheit trat ich vor euch» (1. Kor. 2, 3).

Es sind wirklich nur die «unnützen Knechte», die sich als unentbehrlich erweisen.

Es sind nur die Schwachen, die eine unbändige Kraft ausdrücken.

«... denn die Kraft kommt in der Schwachheit zur Vollendung. So will ich mich denn viel lieber meiner Schwächen rühmen» (2. Kor. 12, 9).

Und wenn wir Steebs Schwäche, seine Krankheiten betrachten, so werden wir uns darüber klar, daß seine «Möglichkeiten» wirklich beschränkt sind.

Tatsächlich beschränkt er sich darauf, das ... Unmögliche zu tun.

Als er in der Pfarrkirche von San Fermo in Braida die Beichten abnahm, hatte er ein junges Mädchen kennengelernt, ein recht schüchterner Typ, etwa zwanzig Jahre alt, eine gewisse Luigia Poloni.

Ihre Eltern hatten eine Spezerei und Zuckerbäckerei auf der Piazza delle Erbe. Der Vater war in der «Bruderschaft» eingeschrieben. Karl kannte ihn gewiß.

Sie war am 26. Januar 1802 zur Welt gekommen, war somit neunundzwanzig Jahre jünger als ihr «geistiger Vater».

Sie war die Jüngste von neun Kindern, von denen nur drei überlebt hatten, sie eingeschlossen.

Ihre Kindheit ist recht farblos und weist keine besonderen Episoden auf. In jenen finsteren Jahren sorgten sich die Eltern außerdem darum, sie besonders zu behüten und zu beschützen.

Auf jeden Fall unterlag Luigia mehr dem erzieherischen Einfluß ihrer Mutter.

Sie war ein fügsames Mädchen, bescheiden, zurückhaltend, großzügig, von überdurchschnittlicher Intelligenz. Gern ging sie häuslichen Arbeiten nach. Manchmal jedoch erschien sie auch hinter dem Ladentisch.

Ihr ältester Bruder, Apollonio, heiratete, als Luigia drei Jahre alt war. Er brachte seine Frau mit ins väterliche Haus. In regelmäßigen Zeitabschnitten kam eine Reihe Neffen und Nichten in der Familie an: insgesamt zwölf.

Luigia fehlte es seitdem gewiß nicht an Arbeit. Sehr bald lernte sie, Zärtlichkeit und Aufmerksamkeit mehr zu geben als zu empfangen.

Die Schwägerin, Teresa, hatte noch zudem eine schwere Augenkrankheit und verlor das Augenlicht. Außerdem litt sie häufig an besorgniserregenden Nervenkrisen, die ihr seelisches Gleichgewicht störten, weshalb sie ständig überwacht und betreut werden mußte.

Und als ob dies noch nicht reichte, hatte auch der andere Bruder, als er heiratete, seine Frau mit ins Haus gebracht*, die nicht sehr gesund war (was sie jedoch nicht daran hinderte, neun Kinder zu gebären). Und so nahm die Schar der kleinen Neffen beeindruckende Ausmaße an.

Mit dem unvermuteten Tod des Vaters, der im Alter von sechzig Jahren einem Herzschlag erlag (Oktober 1822), begann das friedliche, doch bereits schwierige Zusammenleben im Hause Poloni zu wanken.

Es wäre ein energischer Mensch erforderlich gewesen, um die Zügel in die Hand zu nehmen und die unvermeidlichen Unstimmigkeiten zu schlichten. Doch die Mutter fühlte sich zu müde dazu und zog es vor, sich nicht einzumischen. Luigia war wegen ihrer angeborenen Schüchternheit nicht der Mensch, um autoritär aufzutreten. Noch war es ihr möglich, an alles zu denken: Haus und Laden.

Und so zog Antonio es vor, mit seiner Familie anderswo einen eigenen Hausstand einzurichten.

Doch weitere Gewitterwolken zogen sich zusammen. Der daheimgebliebene Bruder ließ sich in ein Abenteuer ein, das sichere Einnahmen versprach. Doch das Unternehmen – ein großer landwirtschaftlicher Betrieb – erwies sich bald als ein gewaltiger Fehlschlag. Um die Zerrüttung zu vermeiden, mußte Luigia eingreifen, um den Leichtsinn ihres Bruders wiedergutzumachen. Sie selbst übernahm es, die Feldarbeiten zu überwachen und zu organisieren (jeden Morgen bei Tagesgrauen fuhr sie in einer kleinen Kalesche übers Land). Auf diese Weise konnte sie unvermutete Führungsqualitäten an sich feststellen, und so verwaltete sie die Landwirtschaft umsichtig, ohne dabei ihrer sanften, zarten, fürsorglichen und intuitiven Natur Gewalt anzutun.

* Es handelt sich um Elena Mazza, Schwester von Don Nicola Mazza, dem in Verona sehr bekannten und beliebten Priester, der mit Karl Steeb befreundet war.

Sie lehnte auch einen Heiratsantrag ab, den ihr ein junger Venetianer gemacht hatte.

Luigia, die bereits einundzwanzig Jahre zählte, schirmte sich zunächst auf liebenswürdige Weise ab, indem sie darauf hinwies, daß sie ja schon eine zahlreiche Familie, wenn auch nicht die ihrige, habe, und sich nicht dazu aufgelegt fühle, sich nun noch eine weitere, wenn auch eigene, aufzubürden.

Doch der Liebhaber zeigte Beharrlichkeit, schlug konkrete Lösungen vor, um den verschiedenen Anforderungen auf zufriedenstellende Weise zu genügen.

Und da geschah es, daß das junge Mädchen sich klar und endgültig weigerte. Ohne deswegen den wahren Beweggrund anzuführen.

Den legte sie nun ihrem Beichtvater dar.

Don Carlo zeigte sich recht zurückhaltend gegenüber diesem Beichtkind, das ihm den Wunsch eröffnete, Nonne werden zu wollen; er kam nicht recht mit der Sprache aus sich heraus. «Er riet ihr, zu beten», bezeugt Schwester Paola, «und zwar mit Ausdauer zu beten, damit der göttliche Wille deutlicher werde, und antwortete ihr, daß er vorübergehend nicht in der Lage sei, sich weiter dazu zu äußern.»

Kurz und gut, es heißt abwarten.

Steeb mag intuitiv erfaßt haben, daß ein entscheidendes Element für die Verwirklichung seines Traumes bereitstand.

Doch um darüber zu sprechen, gab es noch Zeit genug . . .

Augen, die im Dunkeln sehen

Jetzt sind sie zu zweien, wie sie sich abmühen, «klar in der Sache zu sehen». Zu zweien, wie sie da warten.

Doch die Zeit ihres Wartens ist nicht eine Zeit der Untätigkeit, der Trägheit, sondern Zeit der Vorbereitung, der Initiativen, der Probe, der Entscheidung.

Wachsamkeit bedeutet auch Fähigkeit, den *kairòs* zu erfassen, das heißt den «günstigen Augenblick», den von der «Vorsehung» bestimmten Moment, meint auch Fähigkeit, dem entscheidenden Ereignis entgegenzusehen.

Luigia widmet sich – dem Rate ihres Beichtvaters folgend – in ihrer «Freizeit» der Unterstützung der Armen, den Besuchen im Spital und im Armenhaus. Es ist anzunehmen, daß ihre «Freizeit» unter erheblichen Opfern aus den seltenen Ruhepausen zwischen den zahlreichen und ihre Kräfte recht beanspruchenden Hausarbeiten zusammengestückelt wurde.

Tatsächlich standen die Dinge zu Hause recht schlecht, auch unter wirtschaftlichen Gesichtspunkten. Die Spezerei und Zuckerbäckerei an der Piazza delle Erbe hatte man aufgegeben, und nun betrieben sie einen weitaus bescheideneren Laden.

Die Schwägerin gab zudem durch ihre psychische Verfassung Anlaß zu ständigen Sorgen.

Und endlich gab es da einen Neffen – Gaetano –, der aufgrund seines sonderbaren, launischen, unbeständigen Charakters immer wieder Ärger bereitete.

Im Jahre 1835 verliert Luigia ihre Mutter.

– Und gerade in jener Zeit, da sie meint, ihre Aufgabe im Hause des Bruders erfüllt zu haben, besteht sie entschieden auf ihrer Wahl, die sie bereits im Alter von zwanzig Jahren getroffen und inzwischen innerlich gefestigt hat.

Sie ist eines jener Geschöpfe, die so für die anderen zu *leben* verstehen, daß es oberflächlichen Betrachtern fast als natürlich erscheinen mag.

Ihre Opferbereitschaft, ihre Selbstvergessenheit, ihre Disponibilität, selbst wenn der Mitmensch sich als äußerst unbequem erweist, werden ganz einfach *vorausgesetzt.*

Es ist logisch, sie dort anzutreffen, wo sie gebraucht wird.

Auf sie zählen zu können, auf ihre Gegenwart, ihre Zeit, ihre Kräfte, wird zu einer Art Gewohnheitsrecht.

Es ist ganz offensichtlich, daß sie gut ist, daß sie fromm ist, daß sie viel Geduld hat, daß sie sich immer und ausschließlich um die anderen kümmert.

Kurz und gut, sie ist eines jener Geschöpfe, die einen unverwechselbaren Hauch von «Sauberkeit» hinter sich zurücklassen. Doch das erstaunt niemanden. Es wird als «normal» erachtet.

Schon. Aber Tatsache ist, daß oberflächliche Menschen, die gewisse Dinge nie selbst ausprobiert haben, diese für äußerst leicht halten.

Glücklicherweise ist Karl jemand, der etwas von gewissen Dingen versteht. Er vermag hinter die Dinge zu blicken. Er kann den Preis einer unbegrenzten Großzügigkeit ermessen, den Preis einer so «natürlichen» Güte, die Schwierigkeiten, die es einen kostet, zu einer so unverzüglichen Bereitwilligkeit zu gelangen, das Opfer, das von einem verlangt wird, wenn man *für die anderen* leben soll.

Was das «Neigen» betrifft, so fährt Luigia Poloni auch in dieser Hinsicht fort, die überzeugendsten Beweise abzugeben.

Glücklicherweise ist sie Karl Steeb begegnet. Einem Priester, der, da er die Verborgenheit liebt, wie wenige andere fähig ist, die Tiefen, die Außergewöhnlichkeit gewöhnlicher Dinge zu erforschen, im Dunkel «hellzusehen».

Schwaben haben Zeit

Karl prüft seit einigen Jahren aufmerksam die Lage.

Er geht soweit, sich Kenntnisse über die verschiedenen Probleme und die Lösungen zu verschaffen, die anderswo versucht werden.

Sorgfältig sammelt er kostbare Daten ein, Informationen über die verschiedenen Initiativen, und wägt sie aufmerksam ab.

Es sind nun schon sechs Jahre, daß Luigia Poloni ihrem Beichtvater immer wieder von ihrem Wunsch spricht, sich dem Herrn zum Dienste an den Armen weihen zu wollen, und noch wartet sie auf eine Antwort von ihm.

Andererseits dauert ihr «Noviziat» jetzt schon recht lang und fordert großen Einsatz von ihr. Die Besuche im Armenhaus werden immer häufiger. Nunmehr arbeitet sie dort schon fast den ganzen Tag unter Anleitung einer Oberschwester.

Sooft sein Beichtkind diese Taste anschlägt, schirmt sich Karl hinter den Worten ab, sie möge Geduld haben, es sei ihm bisher nicht gelungen, klar in der Sache zu sehen ...

Dann läßt er sie eines Tages unversehens rufen und erklärt ihr rundheraus:

«Meine Tochter, der Herr will, daß Ihr Gründerin eines Instituts des Namens ‹Schwestern der Barmherzigkeit› werdet. Keine Schwierigkeit soll Euch abschrecken oder zurückhalten. Nichts ist Gott unmöglich.»

Luigia muß dieser gebieterische Entschluß ihres Beichtvaters verblüfft haben. Doch da sie ihn als einen vorsichtig und überlegt handelnden Menschen kennt, ahnt sie, daß diese seine Sicherheit gewiß nicht Frucht einer Improvisation oder eines Gefühlsüberschwanges ist.

Deshalb beschränkt sie sich darauf, seine Worte wie folgt zu kommentieren: «Ich bin das Ungeeignetste aller Geschöpfe, doch der Herr bedient sich manchmal äußerst schwacher Instrumente zu seinen Werken. So geschehe denn sein Wille!»

«Eine arme Null» und «das ungeeignetste aller Geschöpfe». Es bestehen keine Zweifel, daß dank dieser beiden (überzeugten) «Nullen», die da zusammentreffen, der Herr die Möglichkeit haben wird, eine schöne große Zahl zu schreiben ...

Luigia Polonis Begeisterung soll jedoch in Kürze ein paar heftige Schläge erleiden.

Mit ihr arbeiten ein paar Kameradinnen im Armenhaus. Sie teilten miteinander Mühen und Gefahren.

Luigia erschien es nur natürlich, sie in ihren Plan einzuweihen, der unmittelbar vor seiner Verwirklichung stand, denn sie war sicher, daß sie mitmachen würden. Doch auf ihren Vorschlag bekam sie rundheraus eine abschlägige Antwort.

Luigia lief zu Don Steeb, um ihm zu erzählen, wie enttäuscht sie war. In aller Güte beruhigte sie der alte Priester ... indem er ihr sagte, daß sie auf ihrem Wege noch weitaus zahlreicheren und gewichtigeren Schwierigkeiten begegnen würde. Weshalb sie sich nur anschicken möge, sie als etwas absolut «Normales» zu betrachten. Das war ja erst der Anfang ...

Und dann gab es eine andere heikle Angelegenheit, welche sie besorgt machte.

Daheim hatte man die häufigen und langen Ausgänge der Tante, die ja praktisch Mutterstelle vertrat, recht wohlwollend geduldet. Man konnte sie ja wenigstens des abends sehen, wenn sie aus dem Armenhaus zurückkam.

Doch wie konnte Luigia ihnen den schweren Schlag einer endgültigen Trennung versetzen?

Nie hätten sie darin eingewilligt, diesen lieben Menschen zu verlieren, zumal ihnen Luigias Gegenwart unentbehrlich geworden war.

Ein seltsames Schicksal, das von Karl Steeb und Luigia Poloni.

Er hat den Verlust seiner eigenen Familie immer als schmerzlich empfunden. Diese Wunde ist im Laufe der Zeiten nie richtig vernarbt. Jahrelang hat er gebetet: «Wenn ich meine Familie verloren habe, so gib Du, allerfürsorglichster Gott, mir eine andere, von Dir selbst auserwählte!» Stets hat er davon geträumt, eine zweite Familie zu besitzen, sozusagen eine «Wahl- und Liebesverwandtschaft».

Luigia hingegen wird keineswegs vor die Tür gesetzt. Im Gegenteil, die Ihren schicken sich nicht drein, sie zu verlieren.

Beider Leid, obwohl so gegensätzlich, fließt in ein einziges zusammen.

Das ist der Preis, der dem zu zahlen ist, der schon immer zur Bedingung gesetzt hat, etwas oder jemand hinter sich «zurückzulassen», um die Straße zu finden, die zu den entscheidenden Entdeckungen führt.

Das Verlassen oder Verlassenwerden ist die schmerzliche Voraussetzung für jede wahre Begegnung.

Das «Obdachlosbleiben» bildet die «Bescheinigung», die da das Recht verleiht, eine große Familie zu empfangen, anders als alle sonstigen.

Wenn Gott eine Sache auf den Weg bringt . . .

Im Oktober 1839 wurde die erste italienische Eisenbahn eingeweiht, zwischen Neapel und Portici. Viele waren es, die bei der Gelegenheit in die Posaune des Fortschritts bliesen.

Ferdinand II. von Bourbon hatte seiner Hauptstadt auch die Gasbeleuchtung geschenkt. Und so wurde Neapel zum meistbegehrten Ziel des internationalen Tourismus. Ein ausländischer Beobachter schreibt: Rom und Pisa sind tot; Florenz ist nicht tot, schläft aber; nur Neapel schäumt über vor Leben.

Im Jahre 1839 zählt Don Carlo sechsundsechzig Jahre.

Er rechnet damit, noch im gleichen Jahre mit seiner Gründung beginnen zu können. Alles ist bereit.

Kurz zuvor war seine Schwester Wilhelmine in Tübingen gestorben, die immer gekränkelt hatte. Er kann das verbliebene Erbe antreten. Das ursprüngliche Vermögen ist beachtlich eingeschrumpft. Aber es handelt sich immerhin noch um einen anständigen Betrag: neuntausend Gulden, etwa fünfzehn Millionen Lire der heutigen (Inflations-)Zeit. Diesem Haufen Geld fügt Don Carlo nun noch die Ersparnisse seiner

Tätigkeit, vor allem als Lehrer, hinzu, sowie einige Schenkungen von Wohltätern.

Doch im November jenes Jahres stirbt der Bischof, Msgr. Grasser.

In den letzten Jahren hatte Don Carlo den Verlust zahlreicher lieber Menschen verzeichnen müssen.

Zunächst den von Don Sante Fontana (1833). Im Jahre 1835 war dann Maddalena di Canossa gestorben. Während der Choleraepidemie des Jahres 1836 war die Reihe an Maddalena Bertolini gekommen, die ihm eine zweite Mutter gewesen war*.

Am 24. Oktober 1839 starb Wilhelmine.

Und dann der vorzeitige Tod des Msgr. Grasser (vierundfünfzig Jahre alt). Er war nicht nur Bischof, sondern auch sein Beichtkind und, vor allem, sein Freund gewesen.

In der «Bruderschaft» hatte Msgr. Grasser (aus der Val Venosta gebürtig) auch die Nachtschichten für sich in Anspruch genommen.

Wahrscheinlich hatte die Berührung mit den Cholerakranken seine Gesundheit auf nicht wiedergutzumachende Weise geschädigt.

Unter anderem hätte Msgr. Grasser in seiner Eigenschaft als Ehrenvorsitzender des Armenhauses Karls Pläne erheblich unterstützen können.

Doch dieser wußte ja schon seit einiger Zeit, daß Schwierigkeiten, Zwischenfälle, Widersprüche, Hindernisse aller Art die einzigen «Erleichterungen» sind, die Gott für die Verwirklichung seiner Pläne gewährt.

Und so macht sich Karl Steeb also an die Arbeit.

* Nach der Unterdrückung der religiösen Orden lebte Don Steeb elf Jahre lang unter dem gleichen Dach wie die Brüder Bertolini. Maddalena wird einmal von ihm sagen: «Er führte ein äußerst arbeitsames, einfaches und zurückgezogenes Leben; mit allem gab er sich zufrieden; dank seiner angenehmen Manieren verschaffte er denen, die ihn beherbergten oder für ihn sorgten, nie Unannehmlichkeiten oder Sorgen.»

Luigia Poloni sind inzwischen zwei neue Gefährtinnen vorgestellt worden, die sofort mit «größter Freude» in ihr Programm eingewilligt haben.

Die jüngste von ihnen bekennt einmal kindlich: «Gott wählte uns unter Tausenden aus, obwohl er voraussah, daß andere besser gepaßt hätten als wir.»

Luigia Poloni hat (Mai 1840) zusammen mit einer Nichte ein von der Verwaltung des Armenhauses unterzeichnetes Attest empfangen, in dem feierlich und bedingungslos Lob auf ihre Hingabe für die Kranken ausgesprochen wird.

Bald danach sieht sich die Oberschwester der Frauenabteilung gezwungen, aus gesundheitlichen Gründen auszuscheiden.

Der Inspektor unterläßt es nicht, die Schwere der Lage zu unterstreichen: «... Die Kranken sind der Unerfahrenheit von drei Unterschwestern ausgeliefert, denen es an Kenntnissen fehlt, um ihre Aufgaben erledigen zu können, wie es sich gehört. Die Krankenabteilung benötigt daher zwei tüchtige und kräftige Krankenschwestern, welche über die nötigen Kenntnisse verfügen, um über siebzig Kranken Linderung zu schaffen, welche in jeder Hinsicht pflegebedürftig sind.»

Nun ist wohl der geeignete Augenblick gekommen.

Luigia Poloni, die bereits am 15. September von der Verwaltung diesbezüglich angesprochen wurde, stellt einen Antrag, um zusammen mit ein paar Kameradinnen als Krankenschwester aufgenommen zu werden.

Die Antwort, welche zustimmend ausfällt, trifft anderthalb Monate später ein.

«Don Steeb, der mit diesem Augenblick in zweifachem Sinne Vater der neuen Familie wurde, hatte für die Verpflegung Anordnungen getroffen. Denn da er voraussah, daß es diesen armen Mädchen in dieser ersten Zeit der Eingewöhnung schwerfallen würde, sich ihre Nahrung zu besorgen und zuzubereiten, weil sie doch ganz darauf bedacht sein würden, sich für die Bedürfnisse und Wünsche der anderen zu verwenden und am Ende dabei zusetzen würden, hatte er mit seinem Freund, Pater Bresciani, vereinbart, daß täglich aus der Küche der Kamillianergemeinschaft für sie das Mittagessen abgeholt würde: ein Nudelgericht und ein wenig Fleisch, außerdem ein Bündel Holz, damit sie sich am Abend selbst einen kleinen Imbiß zubereiten konnten. Don Steeb vergütete diese brüderlichen Leistungen mit Geld, was nicht verwundern darf, wenn man bedenkt, daß damals gerade die erste Kamillianergemeinschaft durch Pater Brescianis Wirken entstand und selbst mit den geldlichen Nöten zu kämpfen hatte, die Gottes Werke stets begleiten.»

Im letzten Augenblick wäre es jedoch fast zu einer Tragödie gekommen.

Luigia Poloni begibt sich ins Armenhaus, um die letzten Vereinbarungen zu treffen. Gerade ist sie über die Manin-Brücke geschritten, als sich von dem Fenster eines Hauses an der Straße ein schwerer Fensterladen löst und wenige Zentimeter vor ihr, nachdem er ihr den Brustschleier gestreift hat, laut krachend auf dem Straßenpflaster zersplittert. Wie durch ein Wunder wird sie nicht verletzt.

Sie selbst sagt dazu: «Gewiß war es der Feind des Guten, der mir diese Gefahr in den Weg gelegt hat, denn ich ging, ein Werk Gottes zu verrichten ...»

Kurz und gut, auch dieser Vorfall stellt, wenn man ihn unter dem Blickwinkel des Glaubens betrachtet, ein Signal dar, das darauf hinweist, daß alles bereit ist.

Und nun *muß* begonnen werden. Trotz und wegen aller «Starthilfen» ...

Es ist der 2. November 1840, «Totensonntag».

Beim ersten Morgengrauen tritt eine etwa vierzig Jahre alte Frau von kleiner, dürrer Gestalt mit recht kantigem Profil, fast verstohlen aus dem Hause, schließt die Tür vorsichtig, um kein Geräusch zu machen, und schreitet entschlossenen Schrittes die in Nebel gehüllte Straße entlang.

Auch ihr Gang hat etwas Verstohlenes. Tatsächlich hat sie sich von niemanden verabschiedet, einerseits um den Abschiedsschmerz zu umgehen, andererseits um keiner marktschreierischen Opposition zu begegnen.

Luigia trifft mit ihren drei Gefährtinnen zusammen. Miteinander nehmen sie an der Eucharistie teil. Und dann, um neun Uhr, halten sie «offiziellen» Einzug im Armenhaus. Betrachten wir diese kleine heterogene Schar einmal aus der Nähe:

Eine der vier heißt Lucidalba Pietrobiasi und ist fünfzig Jahre alt. Seit längerer Zeit lebt sie in ehrbarer Einsamkeit. Ehe sie Luigia Poloni begegnete, was erst ein paar Monate zurückliegt, hatte sie noch nie einen Krankensaal betreten.

Die andere ist Luigia Vicentini (sie wird den Namen Schwester Paola annehmen). Sie ist zwanzig Jahre alt, von Beruf Schneiderin, ein überschäumendes Temperament. Sie hatte bereits Kontakte zum Armenhaus, jedoch nur in ihrer Eigenschaft als Schneiderin.

Die dritte bleibt anonym.

Und dann ist da wie gesagt Luigia, achtunddreißig Jahre alt.

Sie schauen einander an, sie blicken sich um.

Die Unterkunft, die sie vorübergehend erhalten haben (bis sie, in ein paar Monaten, sich eine eigene Bleibe schaffen werden), ist nicht gerade großartig. Zwei trostlose Zimmerchen und ein Kämmerchen für die Nachtwache. Mehr gibt es nicht.

Schwester Paola äußert sich einmal wie folgt darüber: «Unsere Unterkunft hätte in den Augen von Menschen, die ihre Bequemlichkeit lieben, viel zu wünschen übriggelassen ... Es thronte in ihr jene teure Tugend, die wir so sehr liebten, ich meine die Armut.»

Nur Lucidalba Pietrobiasi konnte für den kleinen Hausstand ein paar eigene Dinge mitbringen: Geschirr, ein wenig Bettwäsche, kurz und gut: das Allernotwendigste.

Luigia Vicentini hingegen hatte nichts außer ihren zwanzig Jahren.

Luigia Poloni muß einige Wochen vergehen lassen, ehe sie ein paar von ihren Sachen von daheim holen kann (unter anderem eine Holzfigur der schmerzensreichen Mutter, mit einem silbernen Herzen, das von sieben ebenfalls silbernen Pfeilen durchbohrt wurde, woran sie besonders hing).

Ihr Bruder Apollonio verweigerte ihr einige Jahre lang sogar hartnäckig ihr Erbteil.

«Die einzige Mitgift, die sie uns brachte, war ein großes Gottvertrauen.»

Die Verwaltung zahlt ihnen eine monatliche Vergütung von dreiundsechzig Liren und zehn Centesimi, legt jedoch Wert darauf, festzuhalten, daß ihre Einstellung *probehalber* erfolgt ist.

Ihnen ist das nur recht.

Sofort machen sie sich an die Arbeit; es ist nicht die Zeit, das Ereignis zu feiern; außerdem ist ja Totensonntag ...

Andererseits wurde ja ihre Gegenwart – nun, nicht gerade mühsam ertragen, aber sagen wir: nur aufgrund höherer Gewalt hingenommen. Man benötigte kräftige Arme, darin bestand die unumwundene Wahrheit ...

Später erinnert der Chefarzt, Dr. Turri, daß jene Besitzergreifung zu dem Plan einer «ehrlichen Verschwörung» gehörte. Dieser Ausdruck läßt darauf schließen, daß es ein Netz nicht zu unterschätzender Komplikationen und Mißtrauensäußerungen aller Art gegeben haben muß sowie ein Arbeitsfeld voller Fußfallen.

Dieses Klima der Gleichgültigkeit und der Kälte wird noch weiter unterstrichen durch die Tatsache, daß während des ganzen Vormittags niemand erschien, um die Übergabe der Ämter und die pflichtschuldigen Vorstellungen zu besorgen.

Gegen Mittag kommt es zu einem lustigen Zwischenfall. Keiner der Kamillianer erscheint mit dem Mittagessen. Augenscheinlich wartet der Koch darauf, daß die Frauen selbst kommen, es sich abzuholen. Und diese sind hingegen davon überzeugt, daß es irgend jemand bringen würde.

Und die Zeit vergeht, und ... währenddessen wird der Appetit nicht geringer.

Schließlich setzt sich Luigia Vincentini, die ein recht aufgewecktes Mädchen ist, in Bewegung. Bald kehrt sie mit einem Kochtopf heim, in dem die vier Portionen Nudelgericht und Fleisch enthalten sind, ganz wie abgemacht.

«Die Gründerin sprach den Tischsegen, und wir begannen, aus unserem armseligen Geschirr zu essen, wobei wir der Vorsehung dankten, die ja nie vergißt, welche auf sie zählen. Inmitten all dieser Entbehrungen – es fehlte uns selbst am allernotwendigsten Hausrat – waren wir froher als Königinnen; denn dort, wo Gott ist, fehlt nie etwas, um glücklich zu sein.»

Erst um vier Uhr nachmittags erschien der Inspektor. Er war nicht gerade von diesen vier Frauen, die im Armenhaus Quartier aufgeschlagen hatten, begeistert; wahrscheinlich hielt er sie für ein wenig exaltiert. Er trug mehr Gleichgültigkeit als Feindseligkeit zur Schau. Wahrscheinlich gab es eine gute Dosis Skepsis in ihm, was den Erfolg des Experiments anging: Ihre Überstiegenheit würde recht bald nachlassen ... Ihre Begeistung würde sich unweigerlich abkühlen ...

So berichtete Schwester Paola: «Mit barschem Gebaren geleitete er uns in den Krankensaal und sagte mit trockenen Worten zu uns:

«Meine Damen, dies ist der Krankensaal!»

Und dann, an die alten Frauen gewandt:

«Ihr Frauen, das werden von jetzt ab eure Krankenschwestern sein.»

Es handelte sich also um alles andere als eine festliche Aufnahme.

Es war ein Beginn auf Zehenspitzen, fast im geheimen, ohne allen Lärm, ohne Beifall, ohne offizielle Ansprachen, und das Zeremoniell war auf eine einfache Vorstellung beschränkt, die schon an Unhöflichkeit grenzte und gewiß frei von allen Komplimenten war.

Es handelte sich um einen ersten Tag, der im gleichen Stile begann, wie all die anderen, die darauf folgen sollten.

Um einen grauen Tag, um es rundheraus zu sagen.

Don Steeb hatte sein Haus nicht verlassen. Vielleicht hatte ihn irgendein mit der Jahreszeit zusammenhängendes Übel ans Bett gefesselt. Aber mit größerer Wahrscheinlichkeit war es der Wunsch gewesen, daß seine Familie selbständig gehen lernen sollte. Er hatte alles mit der ihm eigenen Genauigkeit und Sorgfalt vorbereitet. Nun war es ja nur recht, daß er im Schatten blieb.

Der Dichter Hölderlin, mit ihm verwandt und gleichaltrig, hat geschrieben:

«Gott schafft den Menschen auf die gleiche Weise, in der der Ozean die Kontinente bildet: indem er sich zurückzieht . . .»

So ist es. Karl wünscht, daß das Institut wachse und sich entwickle, indem er sich immer mehr in den Hintergrund zurückzieht. Nie will er ihm durch seine Gegenwart den Platz *versperren.*

Jener Anfang auf Zehenspitzen muß ihm ungemein gefallen haben. Oder vielleicht hat er es sogar so inszeniert. Gewiß wäre das so recht nach seiner Art. Das paßte genau zu seinem Stil und Geschmack. Es stellt ja nur die Fortsetzung seines alten Spiels dar, dieses Spiels, in dem er nicht zu schlagen ist; Versteckspielen.

Um das bescheidene Bild zu vervollständigen, gibt es da noch das Merkmal der «Vorläufigkeit».

Das Institut entsteht also ohne Posaunenstöße. Ohne Festlichkeiten. Man muß schließlich mit der Arbeit beginnen, nicht etwa mit dem Feiern. Es sind doch unsere Arbeitstage, die das Feiern der anderen ermöglichen.

Und das Institut entsteht sogar am Totensonntag. In einer Atmosphäre der Melancholie, denkt der eine oder der andere.

In einer Atmosphäre der Hoffnung, denkt hingegen Karl Steeb.

Von der Oberin lernen sie ... das Stehlen

Es war kein aufsehenerregender Anfang.

Die Anwesenheit dieser vier Frauen führte keineswegs zu einer «entscheidenden Wendung» in der Geschichte des Armenhauses.

Andererseits waren sie ja aus den bekannten Gründen gezwungen, sich mit größter Vorsicht zu bewegen.

Das Mißtrauen erschien auch auf den Gesichtern der siebzig Kranken. Die Mehrzahl von ihnen war bereits daran gewöhnt, in einer Umgebung zu leben und zu sterben, wo Unordnung, Unsauberkeit, Verwirrung herrschte und wo der undenkbarste Plunder herumlag. Und diese Menschen sahen es nicht gern, wenn man sie «störte», um ein wenig Ordnung zu schaffen und die grundlegendsten Normen der Hygiene einzuführen.

Außerdem wurden noch gewisse Hierarchien über Hauf geworfen, die festen Fuß gefaßt hatten, elende Privilegien abgeschafft, niederträchtigen Gewohnheiten der Garaus gemacht, welche typische Erscheinungen des Parasitentums in jenem Milieu darstellten, das da unter dem Zeichen der Trostlosigkeit und Verwahrlosung stand.

Andererseits halten sie die neuen Verantwortlichen durchaus nicht für Heldinnen.

Die Jüngste bekennt mit aller Einfachheit:

«Was uns alle am meisten anwiderte, war der Gedanke, die Toten entkleiden zu müssen; doch die Güte des Herrn ließ es nicht zu, daß es in jenem ersten Monat zu Todesfällen kam. Im zweiten jedoch, als wir uns schon ein wenig Mut gemacht hatten, starben recht viele; und da haben wir also aus der Not eine Tugend gemacht und an ihnen verrichtet, was Notwendigkeit und Nächstenliebe erforderlich machten, nicht jedoch, ohne eine gewisse Abscheu empfunden zu haben.»

Und die Liebesdienste, die es an den Lebendigen zu verrichten hieß, waren auch nicht gerade anziehender ...

Schwester Paola vermittelt uns mit der ihr eigenen Lebendigkeit ein Bild von der Lage: «Die vor uns als Krankenschwestern gedient hatten, waren unter den wenigen Kranken eingewiesen; sie arbeiteten sehr nachlässig, das heißt, so wenig sie nur eben konnten. Alles war verdreckt und verkommen. Überall baumelten Spinnweben in der Luft, die dort seit wer weiß wie langer Zeit gehangen haben mußten. Wären sie aus haltbarerem Material gewesen, so hätten sie dem Spital gewiß Leinwand für mehrere Jahre eingebracht. Und dann gab es Regelwidrigkeiten aller Art: Am besten gepflegt wurden diejenigen, die über ein wenig Geld verfügten, um ihre bestechlichen Pflegerinnen bezahlen zu können; die armen unter ihnen wurden hingegen vernachlässigt.

«Diese alten Weiber empfingen uns also argwöhnisch und brummten über unser Kommen, da sie dadurch um ihre kleinen Verdienste kommen sollten ... Wollte ich alle Regelwidrigkeiten aufzählen, die dort herrschten, dann brauchte ich wirklich sehr viel Zeit ... Wir jedoch, die wir stark in Gott waren, machten uns unverzagt auf den uns gewiesenen Weg und waren entschlossen, keinen Schritt zu weichen angesichts der Hindernisse, die sich uns da auf Schritt und Tritt entgegenstellten.»

Luigia Poloni, die das Milieu schon von Grund auf kannte, handelte mit äußerster Feinfühligkeit, führte nacheinander die erforderlichen Verbesserungen, die dringendsten Abhilfen ein, wobei es ihr gelang, das schwierige Gleichgewicht zu halten zwischen ihrer Sorge, die Empfindlichkeit der anderen nicht zu verletzen, und der Notwendigkeit, sich Respekt zu verschaffen.

Ihr selbst fehlte es nicht an Gründen, verängstigt zu sein. Sie hatte den hysterischen Auftritt eines Neffen mitansehen müssen, der gekommen war, sie ihrer neuen Umgebung zu entreißen und wieder nach Hause zu führen, wobei er zunächst auf die Taste der Gefühle drückte, dann zu Drohungen und Beleidigungen überging, um am Ende sogar zu Erpressungen zu schreiten.

Auch nach jener widerlichen Szene lag nicht der geringste Schatten über Luigia Polonis Antlitz.

De facto war sie bereits die Oberin der kleinen Gruppe. Und sie interpretierte ihre Rolle nicht etwa dadurch, daß sie die höchste Position einnahm, sondern indem sie ihren Gefährtinnen immer voranging, die schwersten Arbeiten, die abstoßendsten Dienste übernahm.

Es wird gut sein, diese ursprüngliche Interpretation der Autorität im Institut der Barmherzigen Schwestern zu unterstreichen. Die Oberin dirigiert nicht von oben herab den Gang der Arbeiten, noch von ihrem Schreibtisch aus ... Sondern als Gleiche unter Gleichen leistet sie ihren Beitrag, im Gegenteil, sie übernimmt die unangenehmsten Tätigkeiten. Sie beschränkt sich nicht darauf, eine ganz allgemein gehaltene Globalverantwortung zu übernehmen, sondern steckt bis über beide Ohren in den gewöhnlichsten Arbeiten. Das einzige Privileg, das sie für sich beansprucht, besteht darin, sich als erste die unbequemsten Lasten aufzuerlegen und diejenigen Arbeiten zu verrichten, bei denen man sehr den Rücken krümmen muß...

«Die Könige der Heidenvölker spielen den Herrn über sie, und die Gewalthaber lassen sich ‹Gnädige Herren› nennen. Ihr aber seid nicht so; sondern der Größte unter euch werde wie der Kleinste und der Gebietende wie der Dienende» (Lu. 22, 25–26).

Der Chefarzt sieht sich gezwungen, mit Erstaunen festzustellen: «Gewiß nur wenige besitzen diese Gabe, zu trösten, diese Tugend, die Seele der Frauen zu regenerieren, wie sie Luigia Poloni besaß.

«Manchmal sah ich ein armes, altes, kränkliches Mütterchen, das sich niedergeschlagen, ermattet von seinem hohen Alter und einem Leben unausgesetzter Anstrengungen, vielleicht von unanständigen Verwandten mißhandelt, vielleicht oder sogar gewiß insgeheim von tiefen Schmerzen verwundet, vor die Türen dieses Hospizes schleppte, wie ein Mensch, der nur noch wenige Tage zum Leben hat; so als wollte es um ein Bett bitten, auf dem es sein Leben aushauchen könne. Doch nicht lange danach sah ich zu meiner Verwunderung jenes selbe Mütterchen wieder gestärkt, belebt, fast möchte ich sagen munter und verjüngt. Die tröstenden Worte, die mütterliche Sorge, die milde Ausdauer der Luigia Poloni hatten wie ein Heilmittel angeschlagen, wie ein Lebenselixier.»

Etwas weniger erstaunt muß Karl gewesen sein. Er hatte ja die Aufgabe der Barmherzigkeit immer so aufgefaßt: Sie setzt die Fähigkeit voraus, sich über ein Geschöpf zu «neigen», um es wieder auf die Beine zu stellen und ihm Lebenslust und -freude wiederzugeben.

Und so sind die Veränderungen im Hospiz wohl nicht aufsehenerregend, doch real.

Wenn die Gegenwart dieser vier Frauen auch keine lärmende ist, so läßt sie sich gewiß doch spüren...

Und wiederum ist es der Chefarzt, Dr. Tuni, welcher zugibt: «Innerhalb kurzer Zeit sah alles anders aus, die Räume, die Gewohnheiten, die Bedienung, die Kranken, jedes Ding. Der Schmutz, der sich so leicht dort einnistet, wo sich alte Menschen zusammenfinden, die an das graue Elend gewöhnt sind, mit Gebrechen behaftet, träge und oft sterbenskrank, wandelte sich in Sauberkeit und, in Anbetracht des Ortes, fast in Eleganz um ...

Die Assistenz, die diesen Elenden zuteil wurde, war früher mangelhaft und ungenügend gewesen, doch nun wurde sie schlagartig die rechte ... Kurz und gut, Luigia Poloni wurde der Schutzengel des Ortes ... Sie übernahm auch die niedrigsten, langweiligsten und widerlichsten Arbeiten.»

Ihre Gefährtinnen strengen sich an, Schritt zu halten mit der, die da ständig und mit Ausdauer ihnen voranschreitet. Sie verinnerlichen die Lektion, die sie erteilt. Sie lernen von ihr, sich einander zu «bestehlen», sich den letzten Platz, die anstrengendsten Dienste, die niedrigste Arbeit aus den Händen zu reißen.

«Mit heiligem Eifer», erinnert sich die Jüngste der «Zöglinge», *«raubten wir einander die häßlichsten und abscheulichsten Aufgaben.»*

Königliche Sacklieferanten

Im kalten Winter ist es, wie es scheint, auch in Verona kalt.

«Wir befanden uns im eiskalten Winter und waren unzureichend gekleidet», berichtet wiederum Schwester Paola.

«Die Armut strahlte über allem wie die Sonne!»

Aber es handelt sich um eine Sonne, die diese vor Feuchtigkeit triefenden Räume nicht zu wärmen vermag.

Und sie ist nicht gerade das wirksamste Mittel gegen Gelenkrheumatismus. So erkrankt eines der Glieder, aus denen sich die kleine Gemeinschaft zusammensetzt – das anonym gebliebene Mädchen – und wird in die Familie zurückgeschickt.

Nach einem einzigen Probemonat schrumpft diese Handvoll Frauen nun auf drei Köpfe ein!

Während die Arbeit doch zunimmt.

Tatsächlich hat die Verwaltung ihnen auch die Verantwortung für die Garderobe übertragen.

Vom ersten Tag an hatte Luigia Poloni ihren Gefährtinnen eine Form des Gemeinschaftslebens vorgelegt, die sie offensichtlich mit Steeb ausgearbeitet hatte.

Weshalb man von Anfang an von einem typisch religiösen Lebensstil sprechen kann.

Auch ein Stundenplan war für diese winzige Gemeinschaft festgelegt worden.

Und hier erscheint es mir als meine Pflicht, das Wort derjenigen zu überlassen, die diesen Stundenplan mit all seinen Anforderungen gelebt hat, beginnend mit dem Wecken um halb fünf!

Die lange Anführung stammt aus den «Aufzeichnungen» von Schwester Paola Vicentini. Und in ihrer Art ist sie ein Vorbild der Einfachkeit, belebt von ein paar scharfen Beobachtungen. Abgesehen davon bietet sie einen Einblick in die Frömmigkeit jener Zeit.

«Wir standen um halb fünf auf. Sobald wir angekleidet waren, mußten wir das gemeinsame Gebet sprechen, dann unser Bett machen und das Zimmer säubern. Dann mußte sich eine von uns in die Krankenabteilung begeben, um zu sehen, ob die Kranken nichts brauchten; *es war eine lange oder kurze Visite, je nachdem, wie es der Fall erforderte.*

Währenddessen gingen die anderen beten in dem sogenannten kleinen Chor ... viele unserer Kranken folgten unserem Beispiel und beteten mit uns.

Das erste Gebet bestand aus fünf Akten, das heißt dem der

Anbetung, der Danksagung, der Liebe, der Reue und der Aufopferung.

Dann las die Gründerin etwa eine halbe Stunde lang aus einem Andachtsbüchlein vor; danach folgte die Vorbereitung der heiligen Kommunion; doch da diese später gehalten wurde, wurde in der Zwischenzeit schweigsam gearbeitet oder man ging, wenn der Fall es erforderte, durch die Säle, um die Kranken zu pflegen.

Unbeschreiblich war die Süße, die die Güte Gottes unseren Herzen in jener Zeit mitteilte; wir meinten, Flügel zu haben und unserem Geliebten nachzufliegen. Selbst die strenge Kälte nahmen wir gar nicht so recht wahr, obwohl doch die Jahreszeit schon fortgeschritten und wir mangelhaft gekleidet waren.

Die Werke der Nächstenliebe, die an diesen armen Kranken getan wurden, brachten wir dem Herrn Jesus *in* Vorbereitung auf die heilige Kommunion dar ...

Beim Läuten der Glocke stiegen wir in den Chor der Kirche hinab, um der heiligen Messe beizuwohnen und die Nahrung der Starken zu uns zu nehmen; war die Danksagung beendet, so kehrten wir in unser Zimmer zurück, um ein wenig zu frühstücken, dann ging es wieder in die Krankensäle. Waren die Alten versorgt und ihre Wunden behandelt, so ging es ans Saubermachen, eine anstrengende Arbeit, die nicht einen, sondern viele Tage erforderte, so verdreckt war alles ...

Sobald die Kranken ihr Mittagessen eingenommen hatten, kehrten wir zum gemeinsamen Gebet in den Chor zurück, und diesen Gebeten folgte die Gewissenserforschung, dann stärkten wir uns bei einem einfachen Mahle. Ich meine jedoch, daß wir diese *ärmlichen Speisen* mit mehr Genuß zu uns nahmen als irgendeine Edelfrau es tun könnte, die an einer reichen Tafel sitzt und sich von ihrem in Müßiggang verbrachten Leben gelangweilt fühlt. *Arbeit und Anstrengung zusammen mit dem Frieden eines guten Gewissens* stellen die Würze dar, die für die Speisen des Menschen am besten paßt.

Nach dem Mahle ging es erneut in die Krankenabteilung, um dort die üblichen Liebesdienste zu verrichten. War der Abend gekommen und hatten wir festgestellt, ob die Alten auch nichts mehr benötigten, so kehrten wir in den Chor zurück, um dort zu beten und eine zweite Gewissenserforschung abzulegen und um ein paar geistliche Texte zu lesen; dann nahmen wir eine kleine Stärkung zu uns. *Ehe wir uns schlafen legten, besuchten wir die Kranken ein letztes Mal*, und nachts standen wir dann abwechselnd auf, doch das je nach Erfordernis.

Und hier endet der Stundenplan, den unsere Gründerin festgesetzt hatte.»

(Die Unterstreichungen stammen von mir. Und ich möchte mal einen dieser Klugsprecher, die sich da auf Lehrstühlen und in Büchern austoben, dazu einladen, über diese Seite nachzudenken. Über dieses in seiner Einfachheit so wunderbare Ineinandergreifen der Aufmerksamkeit für Gott und für den Nächsten, der Besuche in der Kirche und der Visiten bei den Kranken, der «andächtigen Übungen» und der Übung, Verbände zu erneuern – im Dufte des Weihrauchs und unter ... Gestank der Krankensäle. Nachzudenken über diesen Zusammenhang zwischen der «Vorbereitung auf die heilige Kommunion» und der Kommunion als «Vorbereitung» auf andere Arbeiten, die gewiß nicht erbaulich waren ... Es handelt sich um alles andere als Gebet im Sinne von «Alienation», im Sinne eines «Alibis» dafür, daß man sich seinen irdischen Verpflichtungen entzieht, im Sinne eines «Verrats», den man am Menschen übt! Diese einfachen Frauen zeigen uns, daß man so viel Zeit mit Gott verlieren kann und dennoch in der Lage ist, seinem Nächsten sehr viel Zeit zu schenken: man braucht nur um halb fünf Uhr in der Frühe aufzustehen, das heißt zu der Stunde, in der sich viele «Lehrmeister» noch von ihren papierenen und rhetorischen Anstrengungen ausruhen ... mit denen sie beweisen wollen, daß das Gebet von konkreten Verpflichtungen ablenkt und die «Gewissen einschläfert»! Es wird gut sein, noch einmal zu unterstreichen, daß die letzte «Visite» des Tages den Kranken gilt. Und daß auch die erste Visite, am frühen Morgen, von einer von ihnen in der Krankenabteilung gehalten wird, während die anderen zum Gebet in die Kirche gehen. Mit anderen Worten: die Aufgaben werden leicht miteinander vertauscht, und die Funktionen ergänzen einander auf wundersame Weise. Das Ganze wird von einem sehr strengen, doch auch elastischen Stundenplan zusammengehalten, der vor allem auf die besonderen Erfordernisse *jenes Lebensraumes* zugeschnitten war.)

Im September 1842 kam es sogar zur religiösen Einkleidung. Es handelte sich um eine einfache Zeremonie, in absolut privater Form, die sich durch nichts nach außen hin zu erkennen gab, und bei der es keinen Zeugen gab.

Das Gewand «bestand aus einem schwarzen Kleid, weißer Haube, weißem Kragen und weißer Schürze für den Hausgebrauch. Wenn wir ausgingen, trugen wir uns ganz in schwarz, auf dem Haupte einen weiten, gewürfelten Schleier aus Seide.»

Luigia hatte eine Nichte, die einen kleinen Laden führte, gebeten, ihr ein paar Säcke aus grobem Leinen zu schenken. Die hatte sie erhalten und verwendete sie dazu, um ... Hemden für sich und ihre Gefährtinnen daraus zu nähen!

Es handelte sich also um ein so gut es ging zusammengestelltes Gewand, das zum Teil bei einem Drogisten, Abteilung leere Säcke, in Auftrag gegeben worden war, ohne jeglichen Anspruch auf Eleganz zu erheben.

Doch wer es trug, dachte anders darüber. «Wir kamen uns wie lauter Königinnen vor.»

«Armut ist Wahrheit, während Reichtümer Masken sind» (E. Cardenal).

Und diese Frauen fühlen sich wie gesagt reich, ja sind selbst stolz auf das, was sie «sind».

Wenden wir unsere Aufmerksamkeit noch einmal Luigia Poloni zu. Das ist wichtig, um Karl Steeb besser kennenzulernen.

Verstehen wir uns recht. Sie wurde von ihm nicht «ferngesteuert», noch war sie eine einfache Befehlsempfängerin und Überbringerin von Aufträgen.

Steeb liebte es nicht, sich zu «verstecken», um sodann über eine «Mittlergestalt» um so schwerwiegender einzugreifen, ohne sich dabei der Gefahr auszusetzten, sich zu sehr ins Licht zu rücken. Solcherlei Taktiken und diplomatische Winkelzüge, solche komplizierten Rechenkünste waren ihm völlig fremd.

Außerdem besaß ja Luigia Poloni eine scharf umrissene Persönlichkeit, verfügte über wertvolle Erfahrungen, eine beachtliche menschliche Reife, hatte sehr klare Vorstellungen über recht viele Dinge, besonders hinsichtlich dieser Art des Wirkens. Und somit war sie nicht der Mensch, der es nötig hatte, sich tagtäglich mit dem Wissen eines anderen vollstopfen zu lassen, noch stand sie bei unvorhergesehenen Ereignissen hilflos da und unfähig, eine Entscheidung zu treffen.

Wenn Steeb jedoch Luigia Poloni als Gründerin gewählt hatte (und zwar nach einer eingehenden Prüfung, die sechs Jahre gedauert hat), so war das auch deswegen geschehen, weil er in ihr die treueste Verkörperung des Geistes, fast möchte ich sagen der «Gangart» gesehen hatte, die er seinem Institut verleihen wollte. Intuitiv hat er in ihr eine Frau erblickt, die seinen Traum auf überzeugende, hiebfeste, wenn auch freie Art zu deuten wußte.

Gewiß, die Zusammenarbeit der beiden war eng, die Begegnungen häufig, der Gedankenaustausch ein ständiger. Aber es handelte sich nunmehr nicht um ein Verhältnis zwischen Lehrer und schutzbedürftiger Schülerin, sondern um ein Verhältnis von zwei Menschen, die hinsichtlich der Richtung, die dieser neuen religiösen Familie gegeben werden sollte, im wesentlichen übereinstimmten.

Eines Tages, da sie zusammen mit einer Gefährtin von einem Krankenbesuch in der Stadt zurückkehrte, ließ Luigia Poloni sich ein Geständnis entschlüpfen: «Siehst du, Schwester, wenn ich meiner Schwäche recht geben würde, so kehrte ich zu meiner Familie zurück. Doch ich vertraue darauf, daß dieser Gott, der uns bisher in so vielen Proben beigestanden hat, nicht zulassen wird, daß ich nachgebe.»

Dieses freimütige Geständnis wird uns nützlich sein, diese «starke Frau» besser in den Blick zu bekommen, die eben nicht aus rostfreiem Stahl gemacht ist, ja selbst nicht frei von Versuchungen ist, und die ihre eigenen Grenzen und ihre Schwäche anzuerkennen weiß.

Also ohne Anmaßung, ohne eine Sicherheit zur Schau zu stellen, die sie über gewöhnliche Sterbliche erheben würde, verpflichtet sie sich – wobei sie alle zweideutigen Haltungen der Überlegenheit (auch im Guten) vermeidet und auf den «Herrn des Unmöglichen» baut – ihren Gefährtinnen stets voranzuschreiten. Fast möchte man sagen, daß ihr gerade aus dem Bewußtsein ihrer Schwäche die Kraft kam, die anderen mit sich zu reißen.

Ihr Biograph verzeichnet: «Es schien ihr eine äußerst natürliche Sache zu sein, mehr als alle übrigen Gefährtinnen zusammen, zu arbeiten und sich aufzuopfern – wenn ihr das möglich gewesen wäre. Ergebnis dieser ihrer Überzeugung war es, daß sie bei allen Anstrengungen immer die erste war und blieb und flink ihren Gefährtinnen bei allen ihren Pflichten zuvorkam, wie Fegen, Saubermachen, die Betten der Kranken machen, ihre Wunden behandeln, und das alles in der Überzeugung, daß eine jede dieser Arbeiten nicht nur sich für sie schickte, sondern ihr – abgesehen von ihrem Vollkommenheitsstreben – von ihrer Eigenschaft als Oberin auferlegt sei.» (Pater Mario Vanti, *op. cit.*, S. 105)

Wie Karl verabscheute sie alles Flickwerk, alle Fahrlässigkeit, alle Leichtfertigkeit. Schlamperei ließ sie nun einmal nicht zu. Sie war davon überzeugt, daß die Nächstenliebe, und sei es die heldenmütigste, einen nicht von einer ernsthaften Berufsausbildung befreit, daß Großzügigkeit nicht Unzuständigkeit ausgleicht, daß gute Absichten einen nicht von der Sünde der Unkenntnis freisprechen. Daß der «gnadenreiche Stand» nicht der Ungeeignetheit und der Faulheit als Schild vorgehalten werden darf. Daß das Dienen bei den Armen einen nicht von der Pflicht entbindet, sich in seinem Fach auf dem laufenden zu halten.

Luigia Poloni ging beim Chefarzt in die Schule und begann eifrig, sich theoretische und praktische Kenntnisse in der allgemeinen Krankenpflege anzueignen, lernte Verbände anzulegen, zur Ader zu lassen (wovon man damals großen Gebrauch machte ... aber auch Mißbrauch), und erwarb sich sogar einige Kenntnisse in der Anatomie. Dank ihres guten Gedächtnisses und ihres ständigen Bemühens war sie innerhalb kurzer Zeit in der Lage, sich in der wissenschaftlichen Terminologie, auch der verschrobensten, auszukennen sowie in den damals modernsten Techniken.

Es gibt zwei Episoden, die ich nacheinander wiedergeben möchte.

Einer der Krankenpfleger des Armenhauses hatte ein gangränöses Bein bekommen. «Der Ärmste litt sehr, und da er Luigia Polonis Güte kannte, ließ er sie bitten, sich doch auch seiner annehmen zu wollen. Luigia willigte ein, und zusammen mit einer Gefährtin wich sie nicht mehr von seiner Seite und leistete ihm Tag und Nacht ständigen Beistand. Man kann es sich nicht vorstellen, wieviel Kraft und Opfer sie diese Betreuung gekostet hatte. Der Gestank der eiternden und madigen Wunde verschlug einem den Atem.

Immer war es Luigia, die sie ihm behandelte, bis ihr eines

Tages, da der Knochen schon ganz zerfressen war, der Stumpf dieses armen Beines in der Hand blieb. Mit engelhafter Geduld und Sanftmut hat sie dem Unglücklichen bis zu seinem letzten Atemzuge beigestanden.»

Eine ein wenig makabre Szene, mag der eine oder der andere einwenden und seine recht empfindliche Nase rümpfen. Das Schlimme daran ist nur, daß Luigia Poloni nicht das Geschick zufiel, über derartig schaudererregende Fälle zu lesen. Denn sie kamen ihr unter die Hände! Und gar nicht mal so selten. «Über derartige Dinge», versichert uns Schwester Paola, «könnte ich sehr viel erzählen, doch dieser eine möge für alle anderen Fälle stehen.»

Die zweite Episode ist genauso umwerfend, wenn auch in anderer Hinsicht.

Eines Tages erscheint Luigia Poloni im Büro des Inspektors. Sie hat einige Fragen hinsichtlich der Eingewiesenen.

Noch ehe er sie zu Wort kommen läßt, macht Signor Luigi Schiavo (der auch die «Vorstellungen» am ersten Tage besorgt hatte) sie in einem eiskalten Tone darauf aufmerksam, daß sie ein anderes Mal aufmerksam das Schild zu lesen hat, das an die Tür genagelt ist. Dort steht eindeutig geschrieben, daß der Zutritt all denen verboten ist, die nicht zum Büropersonal gehören. Es handelt sich um eine unwahrscheinliche Art von «Befugten Zutritt verboten!»

Luigia Poloni geht fort, ohne ein Wort zu sagen.

Wahrscheinlich denkt sie, daß es, wer weiß, vielleicht auch ein Schild gegeben hat, das es dem «Büropersonal» untersagte, sich einem vom Brand zerfressenen Bein zu nähern . . .

Was sie selbst jedoch betrifft, so wird sie in Zukunft mehr acht auf Schilder haben, nicht nur auf die Bedürfnisse ihrer Brüder.

Aber «alles ist Gnade»! Auch die ungeschlachte Dummköpfigkeit der Menschen, die ihre «Kleinheit» hinter Schildern verbergen . . .

Der Ritter vom heiligen Tratsch
König Spießers Tafelrunde

Es kommt zu einem bedauerlichen Vorfall, der Don Carlo die letzten Zweifel hinsichtlich Gottes Willen nimmt (vorausgesetzt, daß er noch welche hat).

Folgendes ist passiert:

Erst im Juli 1842 kann die kleine Gemeinschaft – die inzwischen gewachsen ist und sich jetzt aus acht Personen zusammensetzt – ein eigenes Haus beziehen.

Es wurde Pater Cesare Bresciani abgemietet, der endlich den lange ersehnten kaiserlichen Bescheid hinsichtlich der Gründung seiner Kamillianer-Gemeinschaft erhalten hat.

Und Don Steeb bezahlt die Jahresmiete – 70 Taler – so wie er ja auch bereits für die Kosten der Verpflegung aufgekommen war. Dies wird eine «Konstante» in Don Steebs Verhalten sein: Luigia Poloni soll die Möglichkeiten haben, ihre Funktion als Oberin des Instituts in absoluter Ruhe, ohne Sorgen wirtschaftlicher Art, auszuüben, während er sich die Spesen und die entsprechenden verwaltungstechnischen Kopfzerbrechen vorbehält.

Das neue Haus, das an das der Kamillianer angrenzt, besteht aus acht kleinen Zimmern, einer Küche, dem Refektorium, dem Gemüsegarten.

Ein Zimmerchen wird als Kapelle eingerichtet. Doch es ist recht eng und niedrig. Stellt man dort, als Ehrengast, das Standbild der schmerzensreichen Jungfrau auf, so entstehen Raumschwierigkeiten, die gar nicht leicht zu lösen sind. So wird die «Anordnung» bis ins kleinste gehend ausgetüftelt, wobei man die Größe und den Umfang der Personen berücksichtigen muß! Und so kommt man zu dem Ergebnis, daß nur zwei stehen können. Vier sind gezwungen, auf den Knien zu bleiben, um nicht mit dem Kopf an die Decke zu stoßen. Und die anderen beiden dürfen von draußen reingucken . . .

Die Wohnung der «Schwestern» lag an der augenblicklichen Via Valverde, an der Ecke des Vicolo della Madonnina (der jetzigen Via Carlo Steeb).

Pater Bresciani hatte es gestattet, daß sich die Schwestern eines Korridors in seinem Hause bedienten, um zum Armenhaus zu gelangen und auf diese Weise ein Stück öffentlicher Straße zu vermeiden.

Diese Einzelheit ist alles andere als nebensächlich. Tatsächlich brachten die Schichtwechsel häufige «Passagen» vom Schwesternheim zum Armenhaus und umgekehrt mit sich. Besonders zu später Stunde, da die Beleuchtung nur spärlich war und die Straßen von zuchtlosen Söldnerbanden durchstreift wurden, konnte man häßlichen Abenteuern entgegengehen. Die kleine Gasse zur «Madonna» lag zudem völlig im Dunkel und konnte einem schon Angst machen, auch wenn man keine Frau war ... Weshalb dieser interne Gang wie von der Vorsehung geschaffen schien.

Und ausgerechnet dieser Korridor ist es, der den «Skandal» auslöst.

Es sind noch keine zwei Monate vergangen. Und schon beginnen Gerüchte zu kreisen, Verdächtigungen aufzukeimen. Zunächst handelt es sich nur um Geflüster, Andeutungen, besorgte Seufzer. Doch dann schwillt die Boshaftigkeit immer mehr an, nimmt riesige Ausmaße an. Die Klatschsucht – was nicht ungewöhnlich ist, und zwar auf allen Breitengraden – findet besonders nahrhaften Boden in den Sakristeien.

Meine Güte! Ein Mönchskloster und ein Schwesternheim so dicht beieinander, noch dazu durch einen Gang verbunden ... Wirklich unerhört! Wo hätte man je etwas Ähnliches erlebt?

Es scheint sogar, als ob der eine oder andere Priester (wie Don Luigi Artini), der die Absicht hatte, Kamillianer zu werden, sich die Sache nun anders überlegt angesichts der Proportionen, die der «Fall» annimmt, und des Getratsches, das darüber in der Stadt gemacht wird.

Die größten Eiferer schlagen vor, eine Trennmauer zu errichten.

Doch es fehlt nicht an solchen, die vorschlagen, die «Schwestern» unverzüglich zu vertreiben.

Der gute Pater Bresciani, der zunächst erstaunt, ungläubig, dann entsetzt ist, hat es jetzt sogar mit der Angst bekommen. Er fürchtet, daß seine neue Gründung infolge dieser verwickelten Geschichte einen Rückschlag erleiden könnte.

Er gibt sich große Mühe, die unnachgiebigsten «Klatschbasen» zu beschwichtigen, bietet die größte (und selbst humoristischste) Gewähr: «. . . Sagt ihnen, daß die Schwestern immer die öffentliche Straße benutzen werden; daß Ausgänge und Fenster verrammelt werden, damit jede Gefahr beseitigt werde, zu sehen und gesehen zu werden.»

Schließlich macht er sich Mut, indem er die Diplomatie zum Teufel jagt, und läßt jene Priester wissen, daß sie, wenn ihre Berufung zu Kamillianern schon zu Beginn schwanke und dazu noch wegen törichter Gerüchte, sich nur verstecken mögen. «Ich fürchte, daß ihre Berufung keine echte war, weshalb sie dessen nicht würdig sein werden, das Kreuz des heiligen Camillo zu küssen.» Schließlich mußte ja mal ein klares Wort gesprochen werden.

Der Fall wurde von keinem Geringeren als dem Generalvikar der Diözese beigelegt, welcher «Don Steeb dazu überredete, die Schwestern über die Straße gehen zu lassen».

Da wir Don Carlos seriöses Wesen und seine Kohärenz, sein Gefühl für Würde kennen, möchten wir annehmen, daß er, was ihn persönlich betraf, sich nie der Erpressung durch diese mutwillige Boshaftigkeit gebeugt hätte.

Wenn er nachgegeben hat, so muß er das einzig und allein aus Gehorsam getan haben (zumal der «Vorwand» kanonischerseits bereitlag: die Klausur der Patres sollte gewahrt werden), und auch um seinem Freund, Pater Bresciani, weitere Belästigungen zu ersparen.

Auf jeden Fall können die Eiferer jetzt endlich ruhig schlafen, nachdem sie diesen «Skandal» aus der Welt geschafft haben, der ihre zarten Gewissen so geplagt hatte und zu dessen Aufbauschung sie selbst beigetragen hatten. Sie müssen jetzt die kostbaren Energien und die Puste auftanken, die sie für die Verbreitung der Sache aufgebracht hatten.

Die Sache wurde zum Schweigen gebracht, glücklicherweise (und es kommt ihnen nicht mal der Zweifel, daß es vielleicht gar nicht angebracht war, darüber Worte zu verlieren).

Die «Gerüchte» sind verstummt, «Gottseidank» (sie haben gewiß keine Gewissensbisse, daß sie sie angefacht hatten).

Wer weiß, ob diese Eiferer einmal weiter gedacht haben als an jenen berüchtigten Gang. Das heißt an den Ort, in den er mündete. Und wer weiß, ob sie sich jemals darum gesorgt haben, Einblick in jenes Milieu zu nehmen, in dem diese «Schwestern» arbeiteten, die den anständigen Menschen so sehr zu schaffen machten ...

Nun, da die «Schwestern» auch in stockfinsterer Nacht durch ein Gäßchen gehen müssen, wo man schon das Gruseln lernen kann, da schlafen sie ruhig, diese «frommen Leute». Sie sollen ruhig gehen, wohin sie wollen, das interessiert uns nicht, doch sie sollen doch wenigstens vorsichtig sein ... Das übrige (das heißt die übelriechenden Säle des Armenhauses) interessiert uns nicht, das ist ihre Angelegenheit. Außerdem sind wir es ja nicht gewesen, die sie dorthin geschickt haben. Sie sollen sich also nur in Zukunft die Dinge besser überlegen, «damit die Wiederholung ähnlicher unschicklicher Zwischenfälle vermieden wird». Schließlich geht es ja um das Prestige der Religion.

Doch auch Karl ist beruhigt.

Jetzt ist er seiner Sache vollkommen sicher.

Es fehlte ihm nur noch der *Beweis der Niederträchtigkeit,* um die Gewißheit zu haben, daß alles bestens läuft, alles nach göttlichem Plan geht.

Da gibt es nichts zu zweifeln. Gewisse Leute haben ein untrügbares Gespür, mit dem sie instinktmäßig wertvolle, dauerhafte Werke auffinden, Dinge und Menschen, die wertbeständig sind. Und der Geifer der Niederträchtigkeit, des Getratsches, der blödesten Verdächtigungen, der Boshaftigkeit unter der Maske der Vorsicht, den sie ihnen ins Gesicht spritzen, bildet den besten Garantieschein für die Echtheit und Bedeutung des Objekts, auf das sie es gerade abgesehen haben.

Don Steeb kann beruhigt sein. Die ausschlaggebende Erprobung ist positiv verlaufen. Er hat einen Garantieschein empfangen, der keine Zweifel hinsichtlich der Güte und der Herkunft des Erzeugnisses aufkommen läßt.

Anstelle eines Korridors, der gesperrt wird, gibt es jetzt eine Straße, die sich weit auftut. Und draußen ist reine Luft.

«... Und Gott sah, daß es gut war.»

Und auch Karl, in aller Bescheidenheit.

Ich will deinen letzten Pfennig

Don Carlo hatte keine Korridor-Probleme in seiner Wohnung.

Nach dem Tode der Maddalena Bertolini hatte er ein Häuschen an der Kirche von Santa Eufemia bezogen.

Den Haushalt besorgte eine Frau in reifen Jahren: Francesca Mistrorigo aus Chiampo im Vicentinischen. Doch nach zwei Jahren starb auch diese (1838). Mit seinem Freund Luigi Marchesini reiste Karl nach Chiampo, um den Vater der Verstorbenen zu trösten und ihm die wenigen Gegenstände auszuhändigen, die sie zurückgelassen hatte. Dann kehrte er in sein Haus zurück, wo er sich, alt und krank, allein mit seinen Leiden fand (G. Casetta, *op. cit.*, S. 234).

Seitdem hatte er keine feste Haushälterin mehr. Irgendeine gute Seele kam gelegentlich, das Haus ein wenig in Ordnung zu bringen und ihn zu versorgen, wenn er krank war.

Es gelingt nicht, ihn aus dieser ernsten Einsamkeit herauszuholen, bis zum Jahre 1853, das heißt gut drei Jahre vor seinem Tode.

Nun verbringt er viele Stunden am Schreibtisch, damit beschäftigt, zu lesen, sich Notizen zu machen, Dokumente durchzublättern, zu übersetzen.

Ein Institut muß auch auf dem Papier zur Welt gebracht werden. Und er, der bereits für den größten Teil gesorgt hat, widmet sich auch dieser Arbeit mit äußerster Ernsthaftigkeit.

Es sind ja nun schon recht viele Jahre, daß er sich auf dem Gebiet der verschiedenen Formen geistlichen Lebens umschaut. Doch während seiner geduldigen und tiefschürfenden Erkundungen zeichnet sich ihm mit immer größerer Klarheit ein Vorbild ab, das ihn immer und immer wieder fasziniert: Vinzenz von Paul.

Sobald ihm die Regeln in die Hände gelangen, die der heilige Vinzenz seinen Töchtern der Caritas* gegeben hatte, fertigt Don Carlo einen Auszug davon an, fügt ein paar persönliche Bemerkungen hinzu (besonders hinsichtlich der «Devotionen») und rechnet damit, diesen Text seinem Institut vorlegen zu können, für das er auch schon einen Namen bereit hat: «Spitalschwestern des Heiligen Herzens Jesu.»

Irgend jemand muß ihm jedoch die Schwierigkeiten vor Augen gehalten haben, welche die Genehmigung einer weiteren religiösen Familie mit sich bringen würde.

Die österreichisch-ungarische Regierung duldete ja kaum die bereits existierenden Institutionen. Und gewiß sah sie die Entstehung weiterer nicht gern.

Die Texte der Konstitutionen wurden mißtrauisch und peinlich genau überprüft. Es reichte beispielsweise eine Andeutung auf die Spiritualität des hl. Ignatius von Loyola aus, um sofort eine antijesuitische Reaktion auszulösen.

* Es handelt sich nicht um den Originaltext, sondern um eine im Jahre 1836 in Wien erschienene Ausgabe desselben.

Daher war es besser, sich an eine schon bestehende Kongregation anzuschließen, die bereits gebilligt war, und deren Vorschriften und Regeln zu übernehmen, ohne sie im geringsten zu verändern, weil dies nur Verdacht erregt und den Gang der Dinge verlangsamt hätte.

Der gleichen Meinung war auch Msgr. Mutti, Benediktiner von Haus aus, der neue Bischof von Verona.

Wahrscheinlich war es Don Luigi Schlör, der Don Carlo auf die «Barmherzigen Schwestern» von Wien hingewiesen hatte, eine Kongregation, die die Kaiserin Karoline, Witwe von Franz I., im Jahre 1836 gegründet hatte und deren Regeln im wesentlichen die gleichen waren wie die des heiligen Vinzenz (mit leichten und augenfälligen Änderungen), die von Gregor XVI. genehmigt (September 1835) und von Ferdinand I. für die kaiserlich-österreichischen Staaten zugelassen worden waren (März 1835).

Don Carlo hielt den offiziellen Text der Ausgabe 1843 in Händen. Er übersetzte ihn unverzüglich und reichte ihn zur Bewilligung ein.

Später rief er den Maler Angelo Recchia zu sich und gab ihm ein großes Bild in Auftrag, in dem der heilige Vinzenz dargestellt wird, wie er Luigia Poloni das Buch mit den Ordensregeln überreicht.

Wie es seiner so genauen und bescheidenen Art entsprach, wollte er, daß man klar ersehen könne, daß einzig und allein der heilige Vinzenz als faktischer und rechtmäßiger Vater und Gründer des Instituts zu betrachten sei sowie als das Vorbild, an dem man sich zu inspirieren habe.

Tatsache bleibt jedoch, daß Karl darauf verzichten mußte, *seiner* Familie den Namen zu geben, den er ausgesucht hatte, sowie die Vorschriften, die er persönlich zusammengestellt hatte. Um die Sache der Bewilligung zu beschleunigen, sieht er sich außerdem gezwungen, diese seine Familie als einfache Abzweigung eines bereits existierenden Instituts hinzustellen.

Doch an Loslösungen ist er ja schon seit langer Zeit gewöhnt. Ein chinesischer Aphorismus gemahnt uns daran:

«Wer sich auf die Suche nach Gott begibt
und all sein Hab und Gut aufgibt, außer dem letzten Heller,
ist wirklich des Wahnsinns.
Denn mit dem letzten Heller erst erlangt man Gott.»

Karl ist nicht so wahnsinnig, daß er etwas für sich zu behalten trachtet. Er hat auch den letzten Heller Eigenliebe hergegeben.

Und nun, da er so unbeschwerten Schrittes einhergeht, muß er ja das Ziel erreichen.

Die Befreiungstheologie des Karl Steeb

Dem Schema des heiligen Vinzenz folgend setzt Steeb den Zweck seines Instiuts wie folgt fest: «... Unseren Herrn Jesus Christus zu ehren als Quell und Vorbild der wahren Nächstenliebe, indem man ihm mit Leib und Seele in den Gestalten der Armen diene, seien diese nun Kranke, Kinder, Gefangene oder andere, welche bei dem Gedanken erröten, ihre Armut bekennen zu sollen*.»

Betreuung und Pflege der Kranken war zweifellos seine erste Sorge. Die erste, in zeitlicher Reihenfolge gesehen, doch auch unter Berücksichtigung seiner persönlichen Erfahrungen. Doch gewiß nicht die einzige und ausschließliche.

Sein Denken und Fühlen galt gleichzeitig einer anderen

* *Manuskript der Regel.* Es wird gut sein, sich ins Gedächtnis zu rufen, daß dieses «Manuskript der Regel» nichts anderes ist als eine einfache Übersetzung, und zwar aus Steebs eigener Feder, von derjenigen der «Barmherzigen Schwestern» zu Wien; es handelt sich somit im wesentlichen um die Regel des heiligen Vinzenz.

Sorge, welche die erste ergänzte und ihre logische Fortsetzung darstellte: nämlich Unterrichtung der Mädchen.

Indem er sich sein liebstes Vorbild vor Augen hielt, pflegte er zu sagen:

«Der heilige Vinzenz beschränkte das liebevolle Wirken seiner Töchter nicht nur auf die Pflege der Kranken, sondern dehnte es auch auf die Unterrichtung armer Mädchen aus; zu diesem Zweck enthält die Regel des Instituts allgemeine Vorschriften für die Schullehrerinnen.

Damit nun auch dieses Institut einen Zweig für die Erziehung armer Mädchen habe, tragen die Oberen desselben dafür Sorge, daß einige der Bewerberinnen, die aufgenommen zu werden wünschen, bereits im Besitz des rechtmäßigen Befähigungsnachweises seien, um unterrichten zu können, andernfalls sie sich bestreben müssen, denselben zu erlangen» (Positio, Doc. XXII, S. 249–250).

Es trifft zu, daß die ersten Werke des Instituts in der Betreuung der Leidenden bestanden. Doch sobald sich das neue Werk ausbreiten kann und seine Wurzeln bis außerhalb des Stadtbereichs Veronas reichen, findet Steebs weiterer Traum – das heißt die Erziehung und Unterrichtung armer Mädchen – seine unmittelbare Verwirklichung durch Schulen, Waisenhäuser, Betreuung der Gefangenen und der ausgesetzten Kinder.

Vielsagend sind die Worte des Erzpriesters von Este nach dem Eintreffen der Schwestern: «So danke ich also der göttlichen Vorsehung von ganzem Herzen ... meine Gebete erhört zu haben, nämlich den Armen von Este ständigen Beistand zu geben und zu sichern sowie eine christliche Erziehung für ihre Töchter ...»

In diesem Städtchen «werden den Mädchen in der schulfreien Zeit das Schneidern und Sticken beigebracht, das Flikken und Stricken, das Waschen und Bügeln, das Anlegen von Zier- und Gemüsegärten, und zwar einer jeden gemäß ihrer

Eignung, ihrem Alter, ihrer körperlichen Kraft und ihrer Widerstandsfähigkeit» (G. Casetta, *op. cit.*, S. 455).

Man muß berücksichtigen, daß zu jener Zeit, besonders in den Dörfern, der Schulunterricht recht armselig war. Was sich da «Schule» nannte, bestand oft nur aus einem einzigen großen Raum, in dem die Kinder zusammengepfercht und überwacht wurden, während die Eltern bei der Arbeit auf den Feldern waren. Und die da «Lehrerin» genannt wurde, war in Wirklichkeit eine einfache Aufsichtsperson, die weder über Titel noch Bildung verfügte und diese Arbeit gegen eine Vergütung in Naturalien verrichtete, das heißt, die lebenswichtigsten Nahrungsmittel dafür empfing ...

Auch in der Entwicklung des Instituts in erzieherischer Richtung zeichnet sich also die grundlegende Wahl ab, die Karl getroffen hatte: Sie galt den Armen, den vom Schicksal weniger Begünstigsten, den Verlassensten.

Steeb richtete das Institut nicht allgemein auf das erzieherische Wirken aus, sondern auf jenes, das den Armen gilt.

Das erzieherische Engagement gehört in der Mentalität des Gründers zu einer Auffassung, die wir wie folgt bezeichnen können: umfassendes, das heißt, nicht partielles oder an bestimmte Sektoren gebundenes *Üben der Barmherzigkeit.*

Sich das Elend, das Schicksal eines Menschen zu Herzen nehmen, bedeutet, sich mit der Gesamtheit seines Wesens zu beschäftigen. Barmherzigkeit üben bedeutet letzten Endes, sich um die menschliche Förderung eines Menschen zu kümmern.

Der französische Philosoph Paul Ricoeur spricht hinsichtlich des karitativen Gebietes von *kurzen und langen Beziehungen.*

Kurze Beziehungen sind jene Gesten der Güte, der Wärme, der Zärtlichkeit, die jedermann aufzubringen vermag: ein paar Almosen, ein Stück Brot, ein trostreiches Wort, Gastlichkeit, ein Kleid, das man einem schenkt, der keines hat.

Einen «beispielhaften» Fall solch einer kurzen Beziehung finden wir im Gleichnis vom barmherzigen Samariter.

Lange Beziehungen sind hingegen solche, die sich nicht darauf beschränken, einem bestimmten, bedürftigen Individuum seine Fürsorge zu widmen, sondern versuchen, seine häusliche Lage, die Ursache seines Elends zu erfahren. Es handelt sich also nicht darum, bei einem gelegentlichen Notfall auszuhelfen, sondern darum, die ökonomisch-politisch-gesellschaftlichen Strukturen zu verändern.

Ein ganz banales Beispiel. Wendet sich einer mit einem angeschlagenen Auge an mich, so versuche ich, ihn zu behandeln, zu heilen, ihm zu helfen, gewiß. Doch komme ich nicht umhin, nach den Ursachen dieses blauen Auges zu forschen: Handelte es sich um einen Sturz, eine Anomalie des Blutes, einen Autounfall, ein Handgemenge? Und sollte vor meiner Tür sein Feind lauern, der jedesmal auf ihn einschlägt, was soll ich dann tun? Gewiß darf ich mich nicht darauf beschränken, das Auge zu verbinden, ich müßte es dann nach ein paar Tagen wieder tun, und das unzählige weitere Male ... Meine Aufgabe besteht vielmehr darin, jenes Individuum, das da vor der Tür lauert, daran zu hindern, auf diesen armen Teufel einzuschlagen.

Wir können sagen, daß Steeb nicht zwischen langen und kurzen Beziehungen gewählt hat. Er hat sich, das steht fest, letztgenannten gewidmet (in seiner bescheidenen Geste, sich über einen Verwundeten, einen von der Seuche Befallenen, ein Waisenkind zu neigen), doch hat er darüber die erstere der beiden Arten nicht vergessen (wenn auch nicht durch Veränderung der politischen und sozialen Strukturen, so doch gewiß in dem Bemühen, wenigstens gewisse Ursachen des Elends zu beseitigen).

Mit anderen Worten: Don Carlo hat sich nicht nur darum bemüht, Abhilfe für das Elend der Menschen zu schaffen, sondern er hat sich angestrengt, einige Gründe für dieses

Elend abzuschaffen. Zum Beispiel das Unwissen, welches bewirkt, daß der Arme, der Sohn des Armen, dazu verdammt ist, nicht so zu sein wie die anderen, weshalb er am Ende immer der Unterlegene ist, unfähig, seine Rechte geltend zu machen, seiner Würde zur Anerkennung zu verhelfen.

So läuft hier alles innerhalb einer streng logisch entwickelten Grundsatzentscheidung ab, die für die Armen entschieden Partei nimmt. Das erzieherische Wirken ist ein Akt der Barmherzigkeit, insofern als seine Zielsetzung darin besteht, den Armen aufzurichten, ihn in seiner Würde und seiner grundlegenden Gleichheit zu fördern. Er willigt nicht darin ein, daß er von der Kultur ausgeschlossen bleibe, wie es den Machthabern gefiele, die gern fortfahren würden, ihn zu unterdrücken und auszubeuten.

Das ist die Auffassung Karl Steebs von der Barmherzigkeit, auch bei seinem Engagement als Erzieher: *sich über den Armen neigen, um ihn wieder auf die Beine zu stellen.* Der Arme darf nicht nur *Objekt* von Fürsorge und Aufmerksamkeit sein, sondern muß zum *Subjekt* seiner eigenen Geschichte werden. An diesem Punkt wird eine entscheidende Grenze überschritten: sie trennt die noch so gut gemeinte paternalistisch gespendete Liebesgabe von der Erfüllung der Bruderpflicht gegenüber dem Menschen und der ihm geschuldeten Würde. Hier endet die Betreuung und beginnt die Befreiung.

Liturgie der Liebe

Die Richtung, die Steeb seiner religiösen Familie aufprägt, hat also einen entscheidenden Ausgangspunkt: die Wahl der Armen. Der Arme als Privilegierter. Die Bedürfnisse der Armen als vorrangiges Kriterium, dem alle anderen Anforderungen unterzuordnen sind.

Die Regel enthält einen äußerst vielsagenden Abschnitt in dieser Hinsicht:

«Sie werden sich mit aller Sorgfalt der Unterrichtung armer Mädchen widmen, und zwar nicht nur derer, die ihre Schule besuchen, welchen Alters sie auch seien und zu welcher Stunde sie sich einfinden: besonders aber derer, die um ihre Nahrung betteln gehen und die sie nicht abweisen dürfen, *selbst wenn sie während ihrer Tischzeit kommen sollten* und nicht warten können; doch außerdem auch derjenigen, die aus Verwilderung oder Schüchternheit nicht den Mut haben sollten, zu erscheinen. Diese werden sie mit herzlicher Zuneigung zu sich rufen, liebreich aufnehmen, und um sich auf die Ebene ihrer Schwäche zu stellen, mögen sie mit ihnen unter vier Augen sprechen; mit der gleichen oder gar noch größerer Sorgfalt werden sie sich derer annehmen, die fast nie die Schule besuchen, zum Beispiel derer, die das Vieh auf die Weide zu führen haben; um diese zu unterrichten, werden sie jeden Augenblick und jede Gelegenheit wahrnehmen, das heißt im Dorf, auf den Feldern, auf den Straßen, wo sie zusammentreffen.»

Der Arme ist also dermaßen «privilegiert», daß seinen Anforderungen die der Schwestern untergeordnet werden, und zwar in Hinsicht auf Stundenplan, Regeln, Disziplin ihrer Lebensführung. Mit anderen Worten: Die Anforderungen einer Gemeinschaft sind den Anforderungen des Armen unterzuordnen und mit diesen in Übereinklang zu bringen, nicht etwa umgekehrt. Und damit dies möglich sei, ist eine gewisse Elastizität des Stundenplanes und eine gewisse Biegsamkeit des Programmes erforderlich.

Es gibt keine strengen Schemen, sondern eine gewisse Anpaßbarkeit an die unterschiedlichen Umstände und Milieus: «. . . Sind Kranke zu besuchen, so wird das eine der Schwestern übernehmen, während die andere den Unterricht besorgt. Doch wenn sich keine Kranken an dem Ort befinden, so werden alle beiden unterrichten . . .»

Da Karl seine «Töchter» den Armen zu dienen ausschickt, wird dieser Dienst in einer *Dimension* vorgestellt, die ich fast *liturgisch* nennen möchte.

Es scheint so, als seien die Schwestern dazu gehalten, heilige Gesten zu vollbringen, die einen Teil der Liturgie der Barmherzigkeit bilden. Sie müssen darauf vorbereitet sein, mehr denn Wunden und Krankheiten, das Mysterium zu behandeln. Das Mysterium Christi, das in der Person des Armen gegenwärtig ist.

«Da ihre Hauptbeschäftigung darin besteht, den armen Kranken zu Diensten zu stehen, werden sie das mit aller nur denkbaren Herzlichkeit, Gewissenhaftigkeit und Eifer tun, wobei sie bedenken müssen, daß sie dieses Liebeswerk nicht so sehr den armen Kranken antun, sondern vielmehr Jesus Christus selbst.

Deshalb werden sie selbst ihnen Nahrung und Arzneien bringen und sie mit allem Mitleid, aller Sanftmut, Herzlichkeit und Ehrfurcht behandeln. Selbst solche, die sich als lästig und unzufrieden erweisen, und für die sie Abscheu empfinden oder geringere Zuneigung. Sie sollen sich große Gewissensbisse machen, falls sie die Leiden der Armen durch ihr Verschulden vergrößern sollten, indem sie ihnen nicht die erforderliche Hilfe im rechten Augenblick oder auf die vorgeschriebene Weise leisten: sei es aus Nachlässigkeit oder aus schuldhafter Vergeßlichkeit oder aus *übergroßer Anhänglichkeit an ihre geistlichen Übungen, die sie unterbrechen oder vernachlässigen müssen, um den armen, bedürftigen Kranken beizustehen.*»

Wie man sieht, kehrt auch hier, gleichsam als Leitmotiv, die Aufforderung wieder, selbst die «frommen Übungen» den Anforderungen und dem Stundenplan dieser Liturgie der Caritas unterzuordnen.

Wer diese Liturgie «zelebriert», der soll möglichst selbst arm sein. Karl Steeb und Luigia Poloni bevorzugen bei der Auswahl der Antragstellerinnen solche Mädchen, die aus bescheidenen häuslichen Verhältnissen kommen. Und das nicht deswegen, weil sie ... robustere Schultern haben und mehr aushalten können (das wäre eine Auslegung unter den Gesichtspunkten der *efficency* und der Nützlichkeit, die der Mentalität der Gründer äußerst fern stand!), sondern aus einer Intuition heraus, die bereits der heilige Vinzenz hatte: Nur die Hände der Armen eignen sich dazu, das Brot auf dem Tisch der Armen zu brechen. Nur der Arme kann mit dem Armen in Gemeinschaft treten.

Und endlich gibt es bei dieser Liturgie keine wichtigen Rollen und andere, die weniger edel wären. Alle Dienstleistungen, vor allem die niedrigsten, sind als gleichermaßen ehrenvoll zu betrachten: «... Sie sollen die niedrigen Dienste bevorzugen, vor denen man eine natürliche Abscheu empfindet, und nicht die, welche als ehrenvoller und angenehmer erachtet werden; sie sollen stets den letzten Platz für sich selbst nehmen und den der anderen ablehnen, stets glauben, besser behandelt zu werden, als sie es im Vergleich zu ihren Sünden verdienen.»

Und wiederum: «Aus Liebe zu Gott sollen sie freudig die Unbequemlichkeiten und Widerwärtigkeiten ertragen, das Gespött und die Verleumdungen, mit einem Wort: alle die Ungerechtigkeiten, die man ihnen antun kann, wenn ihr Werk auch noch so gut gewesen ist ...»

Mit anderen Worten, in der großen Liturgie der Liebe muß alles Danksagung sein, auch die erlittenen Demütigungen, Verleumdungen und Ungerechtigkeiten.

In der Liturgie der Caritas ist kein Platz für Selbstmitleid.

Selbst noch aus der Tiefe der Bitternis muß das *Halleluja* erschallen.

Es wird gut sein, das näher auszuführen.

Spricht man von dem «Geist» des Instituts der Schwestern der Barmherzigkeit, so muß man aufpassen, worauf man sich eigentlich bezieht.

Eine Untersuchung, die beanspruchen wollte, diesen Geist lediglich aus der schriftlich niedergelegten Formulierung zu entnehmen, aus seiner unvermeidlichen «juristischen» Fassung, würde zu unvollständigen Ergebnissen, ja selbst zu Mißverständnissen führen.

Beschränkt man sich darauf, Regeln, Konstitutionen, Richtlinien und diverse Normen zu lesen und zu studieren, so erhält man nur einen beschränkten, sogar enttäuschenden Einblick.

Nein. Der «Geist» der «Barmherzigen Schwestern» läßt sich nicht auf ihre schriftlich festgelegte «Lebensmethode» zurückführen, sondern vielmehr auf das Leben selbst.

Einen Strom kennt man nicht, wenn man nur seine Ufer betrachtet, und eine Straße kann nicht mit ihren Verkehrsschildern gleichgesetzt werden.

Der Geist der ersten christlichen Gemeinde ist nicht in einem Gesetzbuch festgehalten, sondern in der Geschichte ihrer Apostel.

Zunächst kommt das Leben, dann erst die Tinte.

Und das Papier wird das Leben nie erschöpfend wiedergeben.

In Karl Steebs religiöser Familie erkennt man einen Stil, eine Aussagekraft, eine Lebensdynamik, eine originelle Auslegung der Rolle der Barmherzigkeit, die nicht immer mit der öffentlichen Formulierung übereinstimmt. Letztgenannte ist ja viel enger gefaßt.

Liest man die Regeln und die nachfolgenden Dokumente, so wird man schwerlich einen Hauch von Originalität verspüren (unter anderem sind die Regeln ja, wie schon gesagt, von einem bereits existierenden Institut ausgeliehen worden.)

Die *Originalität* läßt sich nicht feststellen auf dieser offiziellen, juristischen Ebene, die gewöhnlich das Studiengebiet der Gelehrten ausmacht.

Die Originalität ist gegeben durch eine Gegenwart, die auf den verschiedenen Arbeitsgebieten «erfunden» wurde, durch einen Stil, der in den Umgebungen und Situationen jener Zeit «kreiert» wurde, durch eine Aussage, die als Antwort auf eine konkrete Wirklichkeit «improvisiert» wurde.

Diese Originalität also wurde nicht am Schreibtisch, Bücher befragend, fabriziert. Sie wurde unter Einsatz der eigenen Person geschaffen, zunächst von Steeb (und zwar auf allen Gebieten des Wirkens), sodann von Luigia Poloni, dann von den ersten «Töchtern» und von denen, die später gefolgt sind. Es handelt sich also um eine Originalität, die auf existenzieller Ebene liegt und gewiß nicht «vorgefertigt» war.

Der Geist, gewiß, er ist – unbewußt – von den Menschen in ihrer direkten Berührung mit der Wirklichkeit ausgefeilt worden. Und es ist ein Geist, der sich leichter erahnen, spüren, gewahren als erklären und in die üblichen Schemen einordnen läßt.

Die schriftliche Formulierung, die juristische Fassung, haben das Leben in eine gewisse Richtung geführt. Doch das Leben selbst hat stets sein unverwechselbares Gepräge bewahrt, seinen charakteristischen Rhythmus, auch wenn er sich nicht messen läßt.

Das Papier, das offizielle Dokument, «deckt» nur einen kleinen Teil des Geistes. Und es wäre lächerlich, wollte man beanspruchen, diese beiden Dinge gleichzusetzen, die ja zwei grundverschiedenen und keineswegs kommensurablen Ebenen angehören.

Was nun den Fall der Barmherzigen Schwestern anbelangt, so wird ein aufmerksamer Beobachter der Wirklichkeit auf den ersten Blick das abgrundtiefe Mißverhältnis zwischen

Reichtum, Inbrunst, Phantasie des Lebens und der Armut, Nüchternheit, Fadheit der offiziellen Dokumente feststellen.

Einerseits gibt es dort diese sehr weiten Horizonte, die Interesse erregen und recht viele Überraschungen versprechen und andererseits finden wir recht enge und «normale» Auffassungen.

Beobachtet man die Menschen, während sie sich bewegen, bei ihren Gesten, so bemerkt man einen spontanen und freien Dynamismus (nur freie Geschöpfe können auf solche Weise «dienen»).

Macht man hingegen bei dem Papier halt, so scheinen sie sich wesentlich furchtsamer und verlegener zu bewegen.

Mir liegen die «Historischen Anmerkungen» vor Augen, die Paola Vicentini, das jüngste Mitglied der allerersten Schar, diktiert hat.

Oh, ich weiß, sie sprach, wie ihr der Schnabel gewachsen war, und ihre Satzgebilde hatten oft nichts mit der Grammatik und der Syntax gemein. Weshalb man eine andere einschalten mußte, die die Feder mit ausreichender Ungezwungenheit in der Hand zu halten wußte.

Analysiert man diese «Anmerkungen», so werden berufsmäßige Historiker mit Hilfe ihrer Präzisionsinstrumente darin gewiß recht viele Ungenauigkeiten entdecken, grobe Irrtümer in Hinblick auf Daten und Namen. Und sie werden daraus schließen, daß diese Aussage vom wissenschaftlichen Standpunkt aus nicht als «glaubwürdig» betrachtet werden kann.

Doch was macht das schon? Diese Seiten haben die Frische und den Zauber der «Blüten». Wer auch mit dem Herzen darin zu lesen vermag, nicht nur mit dem wissenschaftlichen Apparat, der wird ein vollkommen überzeugendes und beeindruckendes Bild jener Familie und des Geistes, der sie beseelte, vermittelt bekommen.

Und diese Bemerkung gilt auch für die anschließenden Jahre.

Ich warne Unkundige: wir haben zu berücksichtigen, daß *der Geist* der Barmherzigen Schwestern nichts Abstraktes ist, sondern *die Menschen selbst.*

Der Geist des Institutes sind die Geschöpfe, die ihn verkörpert und vertreten haben. Verkörpert, veranschaulicht haben, nicht etwa, nachdem er ihnen gleichsam vom Himmel zugefallen war oder aber von irgendeinem Lehrstuhl oder einer Kanzel, sondern indem sie ihn an Ort und Stelle, in den Laboratorien des Lebens, als Antwort auf die Herausforderungen einer unbequemen Wirklichkeit «erfanden».

Befragt man die offiziellen Dokumente, so geht man zwar sicher (aber es ist eben die gleiche Sicherheit einer Reise auf der Autobahn, die die zauberhafte Erforschung des Geländes zu beiden Seiten ausschließt); man kann sich auch ganz genaue Notizen machen, man kann all diese Klassifizierungen vornehmen, die sich als so bequem erweisen.

(Es wäre ungefähr so, als wollte man den Reiz eines Ballspiels nur dadurch begreifen, daß man seine Spielregeln durchliest ...)

Befragt man die Menschen, beobachtet man sie bei ihrem Wirken, so erhält man wesentlich überzeugendere Auskünfte über den unter ihnen herrschenden Geist. Auch wenn die üblichen Schemen oft auf den Kopf gestellt werden und man durchaus nicht sicher ist, alles begriffen und erfaßt zu haben und auf dem Papier «festhalten» zu können, was man da aus dem Leben ausgeschnitten hat.

Vergessen wir nicht, daß noch keine Methode erdacht wurde, den Geist «in den Griff zu bekommen» ...

Es ist ein gefährliches Unterfangen. Ich bin mir vollkommen darüber im klaren.

Dennoch will ich es wagen.

Karl Steeb hat uns nicht die Gestalt der Barmherzigen Schwester beschrieben. Er hat nicht ausdrücklich gesagt, wie er sie haben wollte.

Doch ihre Züge trug er gewiß, wenn auch nicht auf dem Papier, so doch gewiß in der Tiefe seines Wesens verzeichnet. Die Physiognomie stand ihm klar vor seinem geistigen Auge.

Wir wollen versuchen, eine Art von Identikit zu zeichnen, wobei wir seinen ... Geschmack berücksichtigen wollen, doch vor allem das von ihm gelieferte Beispiel, die Konstanten seines eigenen Verhaltens. Mit anderen Worten: Wir wollen die wesentlichen Züge der Barmherzigen Schwestern festhalten*.

1. Demut

Die Schwester darf nicht ihre Fähigkeiten, ihre besonderen Gaben, ihre Güte ausposaunen, sondern muß die Barmherzig-

* Selbstverständlich ist hier nicht der Ort – wenn auch nur summarisch –, Theologie des religiösen Lebens zu treiben. Man setzt als «entscheidende» Tatsache voraus, daß eine Barmherzige Schwester in ihrer vollkommenen Gottgeweihtheit die zentrale Antriebskraft all ihres Handelns findet. Indem sie sich selbst Gott zum Geschenk gemacht hat, hat sie sich auch ihren Brüdern geschenkt.

Die Weihe geht über in ein «Gemeinschaftsopfer». Das heißt: Das Opfer wird auf den Altar Gottes gelegt. Und Gott nimmt es an und gibt es an die Menschen zurück. Weshalb die Schwester, wenn sie auch nicht aufhört, ausschließlich Gott anzugehören, auch den Brüdern gehört.

Ebenso wird es überflüssig sein, daran zu erinnern, daß die grundlegende und wesentliche *Identität* immer die bleibt, welche ein Geschöpf, durch die Taufe, nach dem gestorbenen und wiederauferstandenen Christ gestaltet.

In diesen Seiten will ich mich darauf beschränken, einige Züge der Schwester herauszustellen, die mir als «artgebunden» erscheinen, weil ich eine «gemeinsame» Physiognomie vermute, die durch die Weihe der Taufe und die religiöse Weihe bestimmt wurde.

keit Gottes, von der sie nur ein einfaches Instrument ist, *verkünden.*

Wahrhaft demütige Schwester ist jene, in der die Demut eine Leere geschaffen hat, welche von der Liebe Gottes ausgefüllt wurde. Und diese Liebe wird notwendig auf die Mitmenschen ausgeschüttet. Weshalb man auch hinsichtlich der Demut sagen kann, daß das letzte Kriterium, die wichtigste Prüfung, in der Liebe besteht. Ein verknöcherter, alter Mensch ist gewiß kein demütiger Mensch. Demut und Blutleere stellen einen Widersinn dar. Wird die Demut mit aller Konsequenz gelebt, so muß sie sich immer in einem Überfluß an Gaben, in größerer Glut und Transparenz des Geschöpfes ausdrücken, das da die Barmherzigkeit Gottes widerspiegelt und überbringt.

2. *Einfachheit*

Die Schwester muß einen «Prozeß der Vereinfachung» ihres Lebens durchführen, Dinge sichten, Werte ordnen, alles, was sich da als «sperrig» erweist, entfernen, muß sich nutzloser Dinge entledigen.

Die Leere ist nicht Einfachheit. Ein Mönch aus der Antike hat bemerkt: «Der größte Teil der Menschen ist wie Sägespäne, die sich um eine zentrale Leere zusammengeballt haben.» Einfachheit ist hingegen dann vorhanden, wenn es, anstelle einer zentralen Leere, einen Mittelpunkt der eigenen Existenz gibt, um den Gedanken, Handlungen, Worte, Haltungen kreisen. Und alles auf diese Mitte bezogen wird.

Die Sünde ist im wesentlichen Auflösung, Desintegration des Menschen, Loslösung der verschiedenen Teile vom Kern der Mitte, um anarchischen und unharmonischen Kreisbahnen zu folgen.

Dann nämlich wird Einfachheit zum Zeichen des Sieges über die Sünde. Ein Geschöpf lehnt sich auf gegen einen Zustand der Atomisierung, der Bruchstückhaftigkeit, des Chaos, um wieder zur Einheit zu gelangen, zur Harmonie, zur Kohärenz, das heißt zum Zusammenhang seines ganzen Wesens.

Die Barmherzige Schwester erlangt die Einfachheit über zwei Pole der Anziehung: Gott und die Armen.

Eine Schwester, die neben Gott und dem Wohle der Armen unversehens noch ein drittes Element einführen wollte (das heißt ihr eigenes Ich, ihr Prestige, das Streben nach Erfolg), so daß sich gewisse Handlungen von ihr anhand dieses unangebrachten Elements erklären und rechtfertigen lassen, wird eine *komplizierte Schwester.*

Eine einfache Schwester hingegen erklärt sich einzig und allein aus Gott und dem Nächsten.

3. Nächstenliebe

Sie ist die besondere Note des Christen. Und sie ist die besondere Note der Barmherzigen Schwester, deren Lebensgrund, deren Wahrheit, deren Botschaft nur in der Liebe liegt.

Die Schwester ist jemand, der an die Liebe glaubt. Und an die Liebe glauben bedeutet auch, ausschließlich auf die Kraft der Liebe bauen.

Und hierauf gründet sich die *Kohärenz* der Schwester. Und hier zeigt sich ihre spezifische Eigenart.

Wenn es eine *Spezialisierung* der Schwester gibt, so müßte diese im *Aufheben von Entfernungen* bestehen. Was, praktisch gesprochen, bedeutet, «Nächster zu werden».

All das bringt ein gewisses Maß an Risiko, Unternehmungsgeist, Mut, Einsatz, Armut, Opferbereitschaft mit sich. Bedenken wir, daß die Entfernungen zwischen den Menschen und Gott, und die Entfernungen der Menschen untereinander, die Folge der Sünde darstellen. Satan ist der große, unvergleichliche Fachmann auf dem Gebiet der «Erzeugung» von Distanzen. Die Schwester sollte darin spezialisiert sein, Distanzen zu «annullieren».

Die besondere Note der Schwester liegt also in der Nächstenliebe, die sie denjenigen zuwendet, die da abseits stehen, dem «Abschaum», den «Ausgestoßenen».

4. Gerechtigkeit

Das Ausüben der Nächstenliebe entbindet nicht vom Ausüben der Gerechtigkeit.

Die Frage, die sich ein jeder in dieser Hinsicht stellen sollte, kann wie folgt formuliert werden: Was kann ein Armer, ein Kranker, ein Leidender, irgendein Mensch, dem ich mich nähere, von einer Barmherzigen Schwester zu erhalten beanspruchen? Was sollte sie rechtmäßigerweise in ihrer Eigenschaft als Schwester den anderen geben?

Die Schwester weiß, daß nach den Worten der Bibel die *Werke des Glaubens*, die nicht von *Werken der Gerechtigkeit* begleitet werden, zum Fluche werden.

5. Mut

Wir haben gesagt, daß die Schwester sich definiert als «jemand, der an die Liebe glaubt».

Demzufolge muß der Mut aufgebracht werden, auf das eigene Herz zu bauen, auf die Kräfte der eigenen Liebe (Phantasie, Kreativität, Intuition, Feingefühl), und nicht auf menschliche Diplomatie, mehr oder weniger zweideutige Taktiken, auf die Unterstützung der Mächtigen, auf die Gunst dieser oder jener einflußreichen Person ... Die Barmherzige Schwester beansprucht nur ein einziges, unbequemes Privileg: lieben zu dürfen.

Bangigkeit, Ängstlichkeit sind unvereinbar mit dem Stil dieser Kongregation, der ja der Stil der Liebe ist. Nun aber steht Liebe im Gegensatz zur Angst. «Furcht ist nicht in der Liebe, sondern die vollkommene Liebe treibt die Furcht aus» (1 Joh. 4, 18).

Mut zur Liebe zu haben, bedeutet auch, nicht leichtfertige Erfolge mit anderen Mitteln zu erbetteln. Erfolge oder Niederlagen nicht anhand menschlicher Logik oder Buchführung zu bewerten. Warten zu können, Geduld zu haben, Samenkörner tief in den Boden zu versenken, ohne ungeduldig auf die Ergebnisse zu harren. Daran zu glauben, daß alles gut wird, selbst wenn alles schief geht. Daran zu glauben, daß man «aktiv» ist, so man liebt, auch wenn man nichts machen kann.

Die «gekreuzigte» Liebe ist es, die über alle menschliche Schlechtigkeit die Oberhand gewinnt.

6. Freiheit

Eng mit dem Mut verbunden ist die Freiheit. So wie der Mut, ist auch die Freiheit ein wesentlicher Bestandteil der Liebe.

Die Freiheit einer Barmherzigen Schwester liegt in einer Linie mit ihrer Berufung, sich Gott zu schenken und den Brüdern zu dienen.

Diese Freiheit muß verteidigt werden:

- gegen alle Versuchungen der Leichtfertigkeit und des Kompromisses;
- gegen zweideutige Stellungnahmen, die ihre Aussagekraft trüben könnten;
- gegen all die Entscheidungen, die nicht klar und deutlich aussagen, daß man mit den Armen für die Armen Partei nimmt;
- gegen die Möglichkeit, sich zu jemandes Instrument zu machen, wer es auch immer sei.

7. Einsatz für gültige Ziele

Eine Barmherzige Schwester ist immer im Einsatz. Nicht etwa im Sinne eines Menschen, der nie Zeit hat, der sich tummelt, der sich umtut, der überaktiv ist, sondern vielmehr in dem Sinne, daß er nur auf große Dinge achthaben kann (das heißt solche, die Gott und den Dienst an den Brüdern angehen), weshalb er nichts übrig hat für Torheiten und Scheinwerte.

8. Transparenz

Es handelt sich darum, alle Rückstände, Trübungen ... Eitelkeiten zu beseitigen, die es nicht zulassen, die Gegenwart, das Herz, die Züge im Antlitz des anderen, das heißt Gottes, in aller Augenfälligkeit wahrzunehmen.

In diesem Zusammenhang wird vor allem die Fähigkeit verlangt, sich selbst auszulöschen. Nur wenn man sein eigenes egoistisches, habsüchtiges, infantiles Ich ausschaltet, wird man für Gott und die Brüder verfügbar.

9. Dunkelheit

Transparenz und ... Dunkelheit. Es scheinen zwei einander sich widersprechende Merkmale zu sein. Und doch sind sie es nicht. Man kann, man muß transparent sein und eine strahlende Aussage abgeben, selbst wenn man niedrigen Arbeiten nachgeht, die nichts hermachen, im Dunkel verrichtet werden, von den anderen abgelehnt, von den meisten ignoriert werden.

Eins ist es, zu glänzen, ein anderes, zu erleuchten.

Eins ist es, zu blenden, ein anderes, zu wärmen.

Die Schwester braucht weder zu glänzen noch zu blenden, sondern lediglich zu erhellen und zu wärmen. Und all das hängt nicht von oberflächlichen Bewertungen der Arbeit ab, die sie verrichtet.

Es muß eine gewisse Natürlichkeit, eine gewisse Spontaneität in der Übernahme der undankbarsten Aufgaben, der abstoßendsten Verrichtungen geben.

Sie muß Geschmack an Beschäftigungen finden, denen es an äußerem Glanz fehlt.

Muß Vorliebe für ... wenig angenehme Arbeiten haben.

Interesse für Werke, die im Stillen verrichtet werden.

Darf keinerlei Anspruch auf Anerkennung stellen.

Muß auf die letzten Plätze zueilen.

Paradoxerweise kann man behaupten, daß die Barmherzige Schwester um so erkennbarer wird, je mehr sie ignoriert wird.

Je mehr sie sich der allgemeinen Aufmerksamkeit entzieht, desto interessanter wird sie.

10. Aufnahmebereitschaft

«Aufnehmen» ist eins der Schlüsselworte der Barmherzigkeit. Tatsächlich ist es nicht möglich, sich das Leid eines Menschen «zu Herzen zu nehmen», wenn dieser Mensch in seiner Gesamtheit nicht aufgenommen wird. Und es muß konkrete, wahrnehmbare, offensichtliche Zeichen dieser Aufnahme geben.

Die Aufnahme ist das «ja», das die Schwester den Menschen antwortet, die ihren Aktionsbereich betreten. Und das in Nachahmung des Gottes der Barmherzigkeit, bei dem es – wie der Apostel Paulus sagt – kein «ja» und «nein» gibt, sondern nur das «ja» für seine Geschöpfe, auch wenn sie sündigen.

11. Fähigkeit konkreten Tatsachen zu entsprechen

Als Johannes Jesus eine Botschaft sandte, um Beweise hinsichtlich seiner messianischen Sendung zu erhalten, beschränkte sich Jesus darauf, ihm sagen zu lassen: «Geht hin und berichtet dem Johannes, was ihr hört und seht: Blinde sehen, Lahme gehen, Aussätzige werden rein, Taube hören, Tote stehen auf, Armen wird das Evangelium verkündet» (Matth. 11, 4–5).

Und so hält es auch die Barmherzige Schwester.

Sie hat es nicht nötig, theoretische Definitionen ihrer Identität abzugeben.

Die «Beweise» ihrer Berufung liegen in den Taten.

Nicht sie ist es, die sich zu definieren hat. Nicht sie ist es, die das Recht hat, sich theoretisch zu rechtfertigen.

Es sind die anderen, die Angaben und Informationen über sie zu liefern haben, ob sie tatsächlich eine Barmherzige Schwester ist oder nicht.

Es sind die Armen, die Leidenden (die da aufgenommen

sind in Spitäler, Irrenhäuser, Sanatorien, Hospize, Gefängnisse, Schulen), welche letzten Endes ihren Personalausweis beglaubigen werden.

«Geht hin und berichtet, was ihr hört und seht ...»

Die, welche ich geheilt, getröstet, unterstützt habe; die, denen ich Vertrauen und Hoffnung wiedergegeben habe; die, denen ich Liebe geschenkt habe, werden dir sagen, wer ich bin ... Diejenigen, über die «ich mich geneigt habe», die, denen ich ihre Last habe tragen helfen, sie werden dir Angaben über mein Leben machen ...

Das heißt: die getrockneten Tränen, die «gemeinsam» getragenen Kreuze, die geschenkte Freude, die unter Überwindung der natürlichen Abscheu behandelten Wunden, die «gebeugten» Menschen, die wiederaufgerichtet wurden, die für die anderen aufgebrachte Zeit, Geduld und Kraft: das sind die «Beweise» für die Existenz der Barmherzigen Schwester.

Ihre Gestalt schält sich heraus aus den Berichten der Armen und der Leidenden.

Die Definition aus einem Buch ist zu eng für sie. Sie muß aus den Mauern eines Spitals oder aus dem Herzen der Menschen entnommen werden.

Der theologische Staatsstreich der Schwestern

Als Karl Steeb seinen «Töchtern» den Text der vinzentinischen Regeln vorlegte, kam es zu einer kleinen doch beredten Episode der Auflehnung.

Über einen Punkt waren sie nämlich sehr befremdet und machten einmütig ihre Einwendungen, und das war der, welcher es ihnen nur dreimal in der Woche gestattete zur Kommunion zu gehen und an einigen seltenen Feiertagen.

Die Gemeinschaft, die seit längerer Zeit an die tägliche

Kommunion gewöhnt war, konnte diese unvorhergesehene Einschränkung einfach nicht vertragen.

Die Erörterungen wurden immer erregter, man unternahm etwas. Und währenddessen sammelte man stichhaltige Gründe, damit diese unangenehme Neueinführung annulliert würde.

Gerade in jenen Tagen wurde bei Tisch ein Buch gelesen, das ausgerechnet das häufige Kommunizieren zum Thema hatte. Alle spitzten die Ohren, in der geheimen Hoffnung, das Büchlein möge Wasser auf ihre Mühlen schütten.

Doch eines Abends wendete die Vortragende rasch die Seite um, um festzustellen, was tags darauf gelesen würde. Der Verfasser beharrte leider auf seiner gestrengen Position, indem er behauptete, daß es vorzuziehen sei, nur zwei- oder dreimal in der Woche mit Andacht zum Abendmahl zu gehen, anstatt es täglich nüchtern und aus Gewohnheit zu tun (seine Beweisführung war, wie man auf den ersten Blick sieht, recht dürftig, was ihre theologische Gewichtigkeit anbelangte; doch gewisse Lehrmeister sind ja äußerst geschickt und nonchalant wenn es darum geht, «Gründe» nach Maßgabe ihrer vorgefaßten doktrinalen Standpunkte zu fabrizieren).

Man beriet sich hastig untereinander.

«Das vorzulesen, hieße sich selbst das Wasser abgraben», erklärt Schwester Paola.

Es wurde ein kleiner Streich ausgeheckt. Der zur Rede stehende Satz wurde radikal in sein Gegenteil umgemodelt.

Tags darauf las die vortragende Schwester mit größter Natürlichkeit vor, «welche Freude und Ehre die tägliche Kommunion dem Herrn bereite gegenüber jener anderen, die nur selten und aus Achtung vor dem Sakrament gehalten werde ...» (es ist schon eine ergötzliche Episode: eine kleine Schar von Schwestern, die, jeder theologischen Schulung ermangelnd, dieses ganze Gedankenschloß, das da von berühmten Lehrmeistern, Befürwortern des jansenistischen Rigorismus jener Zeit, in aller Ernsthaftigkeit errichtet wurde, ganz unbekümmert umwerfen ...)

Und schon machen sie sich an die Eroberung ihrer Oberin:

«Haben Sie gehört, Mutter? Das ist die Doktrin! So setzen Sie sich also in Bewegung ...»

Die Gründerin konnte sich nichts Besseres erwarten. Auch sie war tief davon überzeugt, daß diese jungen Frauen, die einen schweren Dienst am Tische des Herrn verrichteten, die Notwendigkeit verspürten, täglich an die Tafel der Eucharistie zu treten.

Endlich gewährte dann der Bischof, auch dank dieses vorwitzigen Schachzugs, die ersehnte Änderung jenes Punktes der Regel.

Im übrigen gab Karl seiner religiösen Familie eine Spiritualität, die recht typisch für das XIX. Jahrhundert in Italien ist. Wir dürfen ja schließlich nicht verlangen, daß die Gründer auch auf diesem Gebiet schöpferisch und ihrer Zeit voraus sind ...

Andererseits nahmen sich fast alle Gründungen jener Zeit klassische Modelle zum Vorbild. Man gelangte zu einer Art Synthese zwischen den Lehren der verschiedenen Schulen. Besonders berücksichtigt wurden Ignatius von Loyola, Franz von Sales, Vinzenz von Paul, Alfons von Ligurien.

Dieses Zurückgreifen auf Schulen der Vergangenheit verrät den Wunsch, die erst vor kurzem erlebten theologischen Kontroversen, durch welche sich die Spaltung der Lager vertieft und die gegensätzlichen Stellungen festgewurzelt hatten, zu überwinden, um auf einem «sicheren» Boden außerhalb der Erörterungen wieder zu einer Einheit zu gelangen.

Die Frömmigkeit weist ausgesprochene Züge der «Buße» und der «Wiedergutmachung» auf, hat augenfällig emotive Akzente (beredt sind die Devotionen des Herz-Jesu-Kultes, der Fünf Wunden, der Schmerzensreichen Jungfrau, des Heiligen Blutes). Es handelt sich um eine Frömmigkeit, die sich gewiß nicht dem Risiko der Sentimentalität und des Individualismus entzieht, die aber dennoch ein ausgezeichnetes Gegengift oder Korrekturmittel für den jansenistischen Rigorismus bildet.

Steeb seinerseits besteht in besonderem Maße auf den Devotionen der Passion des Herrn, des Hl. Herzens, des Unbefleckten Herzens Mariae, des Namens Mariae, der Schmerzensreichen Jungfrau, der Unbefleckten Empfängnis (unter diesem Titel wird die Jungfrau zur Hauptbeschützerin des Instituts).

Also nichts Neues auf diesem Gebiet.

Tatsächlich aber werden die Devotionen anhand der rauhen täglichen «Praxis» geprüft, weshalb sie fest an die unbequemen Anforderungen des Lebens angeknüpft bleiben.

Die Betrachtung der Passion Christi bleibt beispielsweise nicht Zweck ihrer selbst und «fromme Übung», sondern drängt einen dazu, unmittelbar an dem Kreuzweg des Menschen, besonders des Armen, teilzunehmen.

Und sowohl in der Kirche als auch im Krankenhaus gibt es nur ein einziges «heiliges Antlitz», das von den Backenstreichen entstellt wurde, das auf recht großen Einsatz erfordernde Übungen wartet.

An jenem Tag fand er kein passendes Versteck

Das Problem der Berufungen wurde rasch gelöst. Besser gesagt, es bildete nie ein Problem.

Karl tut es mit einer knappen Zeile ab: «Da die Zahl dieser frommen Töchter wuchs . . .»

Schwester Paola versucht, recht bildhaft sprechend, eine Erklärung zu geben: «Währenddessen begann das Institut bekannt zu werden, und der Herr segnete sein Werk, indem er Arbeiter in seinen Weinberg schickte.»

Es handelt sich fast um eine natürliche Angelegenheit. Um einen Vorgang, den man vorausgesetzt hatte.

Da gibt es diese Gemeinschaft, die ganz darin aufgeht, ein Ideal durch und durch zu leben, in allen daraus sich ergebenden Anforderungen. Dieses Leben, aufgebaut auf Opfer und Kompromißlosigkeit, vermag auch den anderen etwas zu sagen.

Es gibt dort eine Stätte, wo es nach «Evangelium riecht». Und recht viele fühlen sich davon angezogen.

Die Berufung ist, im wesentlichen, nicht nur Mysterium, sondern eine Frage der Ausstrahlung, der Ansteckung, der Lust, «so wie die» zu sein . . .

«Wir waren froh in unserer Armut, genau in der Observanz der Regeln, inbrünstig Liebende beim Gebet, mutig bei den Abtötungen . . .»

Gleichsam als wollten sie vorschlagen: Paßt gut auf, wir sind in der Lage, euch einen Stil der Armut zu bieten, ein Leben reich an Innerlichkeit, Einsatz aus Liebe, Aufruf zur Aufopferung. Hier gibt es eine Menge zu tun. Und es gibt auch viel zu «sein». Auf jeden Fall werdet ihr von den «anstrengendsten Arbeiten» befreit sein, denn die sind ausschließliches Privileg der Gründerin. Wenn es euch interessiert . . .

Es gibt auch viel Fröhlichkeit bei uns; während der Erholung werden keine langen Gesichter geduldet.

Die Tracht wird jetzt allerdings nicht mehr beim Drogisten bestellt. Einige «gute Seelen» bringen uns Stoffreste verschiedener Farben, ganze Haufen abgelegter Kleider. Wir färben alles schwarz ein und nähen es dann, wie es angemessen ist. Und so herrscht wohl nicht gerade Eleganz, doch wenigstens die Armut läßt nicht zu wünschen übrig. Kurz und gut, nach der Mode der Armut gibt es nichts daran auszusetzen.

Gewiß, auf dem Gebiet der Arbeit geht nicht alles so ganz glatt ab. Die Umwelt ist feindselig. Die Autoritäten sind auf die Gründerin nicht gut zu sprechen. Der Chronist berichtet, daß sie «miteinander wetteiferten, sie zu demütigen und zu kränken».

Und selbst die «Töchter» werden nicht verschont.

Es gibt immer ein paar «Mutige», die vor den Mächtigen Kratzfüße machen, doch den Schwachen gegenüber anmaßend und arrogant auftreten.

Es gibt immer irgendwelche «Zwerge» (ganz gleich, wie hoch sie gewachsen sind), die ihre Unzufriedenheit an Wehrlosen auslassen.

Immer gibt es irgendeinen «Hitzkopf», der glaubt, sein Prestige zu kräftigen und seine Position zu stärken, wenn er den Demütigen gegenüber den großen Mann herauskehrt.

Immer gibt es irgendeinen «armen Teufel», der sich einbildet, sich selbst zu erhöhen, indem er die Kleinen erniedrigt, oder aber denjenigen «abbaut», der über eine unendlich überlegene moralische Statur verfügt. Das war schon immer so.

Luigia Poloni hat ihre «Töchter» gelehrt, wie sie auf gewisse Angriffe zu reagieren haben:

«Wir wollen nachprüfen, ob wir Anlaß dazu gegeben haben. Wenn das zutrifft, so demütigen wir uns vor Gott und dem Nächsten und versuchen wir, uns zu bessern. Wenn unser Gewissen uns jedoch keine Antwort gibt, so wollen wir uns keine Sorgen machen, denn da wir nur zu dem Zwecke wirken, Jesus zu gefallen, brauchen wir uns nichts daraus zu machen, wenn die Menschen uns ihre Anerkennung verweigern oder undankbar sind . . .»

Auf jeden Fall triumphiert die Güte am Ende immer über die Niederträchtigkeit der Menschen.

Letzten Endes ist der Starke gerade der, welcher, trotz allem, den Mut aufbringt, stärker zu lieben.

Mit der Zeit bessert sich die Lage im Hospiz eindeutig; selbst der hartnäckigste Widerstand streckt am Ende die Waffen.

Der erste, der seine Meinung über Luigia Poloni und die

Schwestern ändert, ist ausgerechnet der Inspektor, Luigi Schiavo, der Mann, der die Vorstellung besorgt und auf das berüchtigte Schild hingewiesen hatte ... Im Gegenteil, er entwickelt sich zum Freunde. Er wird einmal einer der meistangehörten Ratgeber von Steeb sein. Von nun ab will er dem Institut seine Erfahrung als Verwaltungsfachmann zur Verfügung stellen, damit die zahlreichen und verzwickten bürokratischen Angelegenheiten erledigt werden können.

Nunmehr kann die Geschichte dieser religiösen Familie, erst im wesentlichen Personengeschichte, *auch* eine Geschichte der Daten werden.

Es handelt sich um eine kleine Geschichte, die sich in die große jener Jahre einfügt.

Inmitten der großen Geschichte der Kriege jener Zeit verläuft diese andere, bescheidene, deren demütige Hauptdarsteller sich voll und ganz dafür einsetzen, aufzubauen und wiederaufzubauen, anstatt sich eine Kollektion von Trümmern zuzulegen.

Daher ist es wohl gerecht, auch diese «kleinen» Daten zu zitieren.

Januar 1844: Es erschließt sich das zweite Arbeitsfeld in Verona. Diesmal ist es das Spital, wohin einige der Schwestern gerufen werden, um in der Abteilung «Frauenkrankheiten» zu wirken*.

1845: Ort der Handlung ist wiederum das Spital, doch diesmal die chirurgische Abteilung.

1846: und nochmals das Spital: Die Schwestern übernehmen die Verantwortung für die psychiatrische Abteilung und die der «chronischen Erkrankungen».

* Don Carlo hatte es nicht gestattet, daß die Schwestern die gynäkologische Abteilung und die der Geschlechtskrankheiten übernehmen sollten. Und zwar nicht aufgrund einer unwahrscheinlichen Abscheu oder einer absurden Diskriminierung. Er machte hingegen darauf aufmerksam, daß das Institut, erst vor kurzem gegründet, noch nicht über Menschen verfügte, die die für dieses besonders heikle Gebiet erforderliche Reife besaßen.

März 1846: Luigia Poloni wird zur Direktorin des Hospizes ernannt, ein Amt, das bisher immer einer Dame aus dem stadtansässigen Adel vorbehalten war. Gleichzeitig kann die Gründerin sich auch der Waisen annehmen, und auf diese Weise leitet sie die spezifisch erzieherische Tätigkeit des Instituts ein.

28. Dezember 1847: Kaiser Ferdinand I. unterzeichnet das Dekret zur Genehmigung des Instituts (der Vorgang hatte, ehe er abgeschlossen werden konnte, etwa zwei Jahre Zeit gebraucht).

Da nun die Anerkennung durch die Regierung erlangt war, konnte Steeb endlich die kanonische beantragen (hinsichtlich der Regeln brauchte man nicht zu warten, da diese ja bereits für das Institut «Barmherzige Schwestern» von Wien seit 1835 gebilligt worden waren).

10. September 1848: Msgr. Mutti unterzeichnet das Dokument der kanonischen Stiftung.

Am gleichen Tage findet in der Kirche der heiligen Caterina neben dem Hospiz die erste feierliche Zeremonie der Profeß statt, wobei der Bischof von Verona, der von Parma sowie zahlreiche Priester, Zivilautoritäten und Freunde zugegen sind.

Eine Schwester, die schwer erkrankt war, hatte bereits einige Monate zuvor in ihrer Kammer die Profeß ablegen dürfen.

Eine andere hingegen war gestorben, noch ehe sie die Gelübde ablegen konnte. Man sollte an den Namen dieser jungen Frau erinnern, die ja rechtmäßig dem Institut angehört: Rosa Santi. Sie hatte drei Jahre lang im Spital gearbeitet und ein strahlendes Zeugnis der Güte und Großherzigkeit abgelegt.

Dreizehn lautet die Zahl derer, die zugelassen sind, am 10. September die feierlichen Gelübde auszusprechen. In der ersten Reihe steht, wie es nur natürlich ist, Luigia Poloni, die ihren Namen in Schwester Vinzenza umwandelt.

«Ich, Vinzenza Maria, unwürdige Dienerin und arme Sünderin, erkläre vor Gott, der mich geschaffen, erlöst und geheiligt hat, daß ich mich aus meinem freien Willen, in aufrichtiger Absicht dazu entschlossen habe, der Kongregation der Barmherzigen Schwestern beizutreten, um mich dem Dienste Gottes zu weihen, zur Rettung meiner Seele, zur Rettung meines Nächsten und zum Dienst an den Kranken, den Armen und den Hilfsbedürftigen. Ich verzichte somit aus freiem Entschluß auf alle Eitelkeiten der Welt, auf alle Genugtuungen und auf allen irdischen Lohn. Ich gelobe ...»

Drei Novizinnen hatten währenddessen das Ordenskleid angelegt.

Diesmal ist Karl Steeb bei der feierlichen Zeremonie zugegen.

Aber er steht in einem Eckchen, im Hintergrunde, so als wolle er um Verzeihung für seine Gegenwart bitten und sich entschuldigen, daß er diesmal nicht, wie sonst, die Möglichkeit gehabt habe, «sich zu verstecken».

Schwester Paolo jedoch entgeht nichts. Und sie versichert uns, daß dem «Vater» die Freude «in den Augen glitzerte» (wenn ich mich nicht irre, ist das die erste Aussage zum Thema Freude).

Er selbst wiederholt wohl nur die übliche schematische Erklärung: «Es gefiel der göttlichen Vorsehung, sich meiner so schwachen Person als eines Instrumentes zu bedienen, um in dieser Stadt das wohltätige Institut der Barmherzigen Schwestern einzuführen ...»

Die letzten Noten des «Te Deum» verklingen, und die Hauptpersonen der Feierlichkeit schreiten auf den Ausgang der Kirche zu.

«Als wir das Hospiz betreten und eine kleine Stärkung zu uns genommen hatten, kehrten wir zu unseren üblichen Beschäftigungen zurück ...», erinnert sich Schwester Paola.

Die *historischen Daten* eines Instituts, das sich die Nächstenliebe zum Ziel gesetzt hat, müssen unter dem Zeichen der Nächstenliebe gefeiert werden. Die Feier gilt den Armen. Sie sind die Hauptpersonen, die Rechtsinhaber.

Karl hat, was ihn betrifft, jenen Tag so gelebt wie ein Ereignis, das zwangsläufig eintreten mußte; das nur die Außenwelt zur Kenntnis zu nehmen, zu bemerken hatte ...

«Alle Dinge ereignen sich in uns
längst ehe sie geschehen.» (Novalis)

Jenen Tag hatte er lange, lange vorher gelebt.

Jenes Datum war bereits einige Jahrzehnte zuvor in seinem Kalender eingetreten.

Dieses «Ding» hatte sich bereits seit der Zeit in ihm ereignet, da er einen gewissen Traum gehabt hatte.

Und nun war der Traum endlich mit der Wirklichkeit zusammengetroffen.

Und er hatte sich darauf beschränkt, jenes Zusammentreffen zu fördern, es möglich zu machen.

Dummheit ist keine Tugend

Karl verläßt seine Wohnung immer seltener. Das Bein wird ihm zur wahren Qual, und sein Atem geht schwer von den immer wiederkehrenden Asthma-Anfällen.

Außerdem muß man ja sein Alter berücksichtigen: Er ist über fünfundsiebzig.

Das Institut verfügt über eine durchaus solide Struktur und vermag sogar, ohne deshalb in seinen Grundfesten erschüttert zu werden, eine aufsehenerregende Anordnung zu vertragen wie die der Entfernung der Vikarin aus disziplinarischen Gründen.

Steeb geht nur aus, wenn es irgendwelchen Ärger gibt. Und das ist gewiß nicht selten der Fall.

«Wenn die Mutter auf Gleichgültigkeit, Vulgarität, manchmal auch Boshaftigkeit stieß und energisch aufzutreten hatte, um die grundlegendsten Ansprüche ihrer Töchter zu verteidigen, so hatte Karl Steeb seinerseits immer mit der Schwerfälligkeit des bürokratischen Apparates, mit der Knauserigkeit der Verwaltung zu ringen, die mehr darum besorgt war, die Ausgaben niedrig zu halten, als um das tatsächliche Wohlergehen des Kranken» (G. Casetta, *op. cit.*, S. 323).

Im Spital zum Beispiel gibt es immer jemanden, der Geschmack daran zu haben scheint, Ärgernis zu erregen.

Einige Schwestern übernachten gewöhnlich im Spital, um jederzeit für die dringlichsten Fälle einspringen zu können. Ihre Unterkunft ist wirklich sehr primitiv. Die Verwaltung hat jedoch versprochen, ein besser ausgestattetes Heim zu stellen.

Währenddessen müssen die Schwestern damit vorliebnehmen, im Saal der Geistesgestörten zu nächtigen.

Die Versprechungen scheinen vergessen worden zu sein. Man sorgt dafür, dem Gedächtnis der Direktion nachzuhelfen.

Als einzige Antwort darauf sorgt der Chefarzt dafür, in dem gleichen Saale auch noch ein paar rasende Irrsinnige unterzubringen. Es ist leicht, sich vorzustellen, wie die armen Schwestern, die doch tags darauf wieder hart an die Arbeit mußten, ihre Nächte verbrachten ...

Und als ob das noch nicht reichte, tadelte der «Herr Professor Chefarzt» gewohnheitsmäßig die Schwestern, wenn sie sich der kleinsten Versehen schuldig gemacht haben, in Gegenwart der Kranken, wobei er die gemeinsten Ausdrücke benutzt.

Die Geistesgestörten haben natürlich ihren Spaß daran, in ihrer Plumpheit die Worte zu wiederholen, die da dem Munde des Arztes entschlüpft sind.

Diesmal ist es Luigia Poloni, die entschieden eingreift, um dieser unmöglichen Situation ein Ende zu machen.

Und Karl erhebt seine Stimme anläßlich des Beschlusses des Spitals, den bereits äußerst bescheidenen Betrag, der den Schwestern zugewendet wurde, zu reduzieren.

Es handelt sich um eine kleinliche Geste, und er spricht es mit aller Offenheit aus, wenn auch in seiner üblichen friedfertigen Art.

Er ist entrüstet, fühlt sich beleidigt.

Er unterstreicht, daß «die karitative Tätigkeit der Schwestern aller Eitelkeit entbehrt und sich nicht zum Ziel gesetzt hat, Beifall zu ernten».

Dann macht er darauf aufmerksam, daß sechzehn Krankenschwestern im Einsatz stehen anstatt der elf, die ein reguläres, wenn auch erbärmliches Gehalt empfangen. Und das nur deswegen, weil das Institut um das «größere Ansehen der Krankenanstalt» besorgt ist und die Bedürfnisse der Kranken berücksichtigt.

Es ist seltsam, die Verwaltung, während sie doch einerseits großzügig Lobe austeilt und feierlich bei öffentlichen Anlässen bewegten Herzens den «guten Schwestern» ihren Dank ausspricht, dann zusehends ... zurückhaltend, vorsichtig, gemäßigt, knauserig wird, wenn es darum geht, ihnen zu entrichten, was ihnen zusteht. Aber vielleicht ist es nicht so sonderbar, und die Sache erklärt sich aus einer nur allzu offensichtlichen Logik. Denn Worte, das weiß man, kosten nicht viel ...

Don Carlo zeigt aber bei solchen Gelegenheiten nicht nur seine mutige Unumwundenheit, sondern auch einen ausgeprägten Sinn für Gerechtigkeit.

Obwohl es sich bei seinem Institut um ein karitatives Werk handelte, hatte er, obwohl es doch recht arm war, nie die Befreiung von der Steuerpflicht beantragt.

Doch seinerseits verlangt er nun, daß die anderen seinen «Töchtern» gegenüber die grundlegendsten Normen der Gerechtigkeit einhalten.

Sie haben zu «dienen», einverstanden. Doch der Vater läßt nicht zu, daß irgendeiner sich ihrer «bediene», um Profit daraus zu schlagen.

Eine Sache ist ihre Berufung, eine andere das Ausnutzen.

Kurz, es geht um eine Frage der Würde.

Über alles stellt Don Carlo jedoch immer das *Interesse* des Kranken. Und wenn er angesichts der Knausrigkeit der anderen nachgibt, so tut er es erst, nachdem er seine eigene Auffassung klar zum Ausdruck gebracht hat, und zu dem Zwecke, daß der Vorteil der Armen nicht darunter zu leiden habe.

Beredt ist auch seine Sorge, seinen «Töchtern» eine würdige Beisetzung zu sichern.

Mit wirklich edlen Worten schreibt er an die Stadtverwaltung:

«Der Unterzeichnete, bewegt von der allgemeinen Sympathie, die ganz Verona diesem neuen und so armen Institut beweist, erfleht hiermit, daß seine Töchter, nachdem sie ihr Leben lang zum Wohle ihrer Mitbürger gewirkt haben, auf dem städtischen Friedhof eine besondere Grabstätte erhalten mögen, wo ihr Staub beieinander ruhen kann, der einst diese Leiber geformt hatte, die, von ein und demselben Geist beseelt, sich ganz dem Wohle der anderen gewidmet hatten . . .»

Kurz und gut: Er war ein guter, sanftmütiger, verständnisvoller, nachgiebiger Vater. Der jedoch sehr gut zwischen Uneigennützigkeit und Dummköpfigkeit zu unterscheiden wußte, zwischen Vorsicht und Furcht.

Er war ein Vater, der den Mut hatte, von seinen «Töchtern» alles zu verlangen. Der jedoch von den anderen Respekt für ihre Arbeit forderte.

Ein Vater, der nichts für sich selbst beansprucht. Der jedoch mutig aus sich herausgeht, wenn die Kleinlichkeit und der Egoismus der Menschen das Maß des Erträglichen überschreitet.

«Das Institut wurde immer größer; doch wenn der Familienvater viele Arbeiter in seinen Weinberg sandte, so schickte er auch Ländereien, die es zu bebauen hieß», erklärt Schwester Paola.

Das erste Feld, das es zu beackern gibt außerhalb der Stadt Verona, ist Cologna Veneta in der Provinz von Vicenza.

«Die auserbetenen Schwestern waren drei, unter denen ich zur Oberin bestimmt wurde», erzählt wiederum Schwester Paola mit großer Einfachheit; damals zählte sie wenig mehr als dreißig Jahre.

Es ist der 1. Dezember 1851. Ein weiteres «historisches» Datum für das Institut, das die Grenzen seiner Geburtsstadt überschreitet. Die Schwestern sollen im Spital wirken. Die Gründerin, kurz die «Mutter» genannt, ist sehr krank und kann sie nicht begleiten.

«Wir bestiegen die Eisenbahn und fuhren bis Locara, wo damals eine Bahnstation war. Als wir ausgestiegen waren, fanden wir zwei wacklige, offene Kaleschen auf uns warten. Es war kalt, die Straßen waren äußerst schlecht, so daß die Pferde nicht vorwärts kamen, weshalb wir aussteigen und ein gutes Stück Wegs zu Fuß machen mußten.»

Man begleitet die Schwestern in den Dom zur feierlichen Vesper. Dann gehen sie sich das Krankenhaus anschauen. Sie finden es «in größter Unordnung wegen des Schmutzes, der dort herrschte».

Auch die Zimmer, die den Schwestern zugewiesen waren, ergaben keinen trostvolleren Anblick. «Alles war völlig verdreckt.»

Niemand sorgte sich an jenem Abend darum, den Neuankömmlingen das Abendbrot zu bringen. Zum Glück hatten sie etwas Mundvorrat bei sich (das hatte ihnen die Mutter vorgeschlagen, die in Empfangsfeierlichkeiten eine gewisse Erfahrung haben mußte ...). «Andernfalls», so läßt sich die zur Oberin beförderte Chronistin aus, «hätten wir im Dezember Fastenzeit halten müssen.»

Das «Handbuch» des Instituts bereicherte sich seit jenem Tag um ein weiteres Gebet:

«Herr Gott, der Du von Deinen treuen Dienern nicht Zeichen oder Wunder verlangst, sondern nur, sich gegenseitig zu lieben, weil Du die Liebe bist und der, welcher in der Liebe lebt, in Dir lebt und Du in ihm, wir empfehlen unsere Schwestern in der Ferne Deiner Obhut an ...»

Das Gebiet ihrer Tätigkeit in Cologna erstreckte sich sehr bald auf weitere Werke: Handarbeitsschule, Waisenhaus, Kindergarten.

Danach geht es nach Montagnana (1852), Diözese von Padua: Spital. Sodann nach Este (1853): Spital und Hospiz. Anschließend nach Zevio (1854), Monselice (1855), Lonigo (1857).

Bei dieser letztgenannten Gründung konnte Steeb die von ihm begonnenen Verhandlungen nicht selbst zum Abschluß bringen. Der Vertrag trägt das Datum des 29. August 1856 und stellt die letzte offizielle Urkunde dar, die aber von Don Steeb wenigstens noch unterzeichnet wurde.

Überall finden die Schwestern nur ... unendliche Arbeitsmöglichkeiten vor.

Die Örtlichkeiten befanden sich fast immer in entsetzlichem Zustand. Oft fehlte es an sanitären Einrichtungen, an fließendem Wasser.

Hier zum Beispiel die Beschreibung eines baufälligen Häuschens, das in Monselice als «Spital» ausgegeben wurde: «Vom Dach tropfte das Wasser in die Krankenzimmer, die Steinfußböden waren abgenutzt und bröckelten auseinander, die Latrinen infizierten die Luft ... Es gab keinen Operationssaal, und die chirurgischen Eingriffe wurden vor den Augen der Kranken durchgeführt ...»

Die Unterkunft der Schwestern war höchst erbärmlich.

Nach Zervio waren die Schwestern von Luigia Poloni begleitet worden.

«Was die Mutter zu leiden hatte, als sie das Elend jenes Ortes erblickte! Die Wohnung entbehrte wirklich des Notwendigsten. Die Betten hatten keine Decken, obwohl doch die Jahreszeit so eiskalt war, in der Küche gab es keinerlei Geschirr, nicht einmal ein Kochtopf ließ sich auftreiben.»

An jenem Abend war die Gründerin gezwungen gewesen, nach Verona zurückzukehren, denn dort gab es kein Bett für sie, auch nicht das bescheidenste. Tags darauf wollte sie wiederkehren, um den Töchtern das «Fehlende» (das heißt: alles) zu bringen.

Ehe sie wieder abreiste, sagte Luigia Poloni mit tränenerstickter Stimme ganz einfach: «Ich lasse euch in Gesellschaft des Gekreuzigten.» Und wohl nie mochte ein Ausspruch angebrachter gewesen sein ...

Die Situation von Este war durchaus nicht glänzender.

Das Militärgericht, das vom Feldmarschall Radetzky eingerichtet worden war, hatte eine beeindruckende Reihe von Todesurteilen gegen politische Aufwiegler und mutmaßliche Anstifter von Volksaufständen ausgesprochen. Die Menschen (Männer und Frauen), die da an der Friedhofsmauer hingerichtet worden waren, ließen sich nicht mehr zählen.

Die Stimmung des Ortes war haßerfüllt und die Erinnerung an die jüngst erlebten Szenen der Gewalttätigkeit ließ sich nicht auslöschen.

Vor allem waren viele Waisen hinterblieben. Und diese lebten zusammen mit den Alten im Armenhaus.

In jenen trostlosen Räumen wurde die Kälte im Winter unerträglich. Knaben und Mädchen umzingelten dann die «Mütter». Die Allerjüngsten legten, einander abwechselnd, ihre Händchen in die der Schwester, welche sie ihnen warmrieb ... Eine Szene, die keines Kommentars bedarf.

Die Gründung der Filialen ermöglicht es uns, der Gestalt von Karl Steeb ein paar weitere Züge hinzuzufügen.

Er ist es, der mit eifriger Genauigkeit die Verhandlungen führt, wobei er sich manchmal von seinem fachkundigen Freund Luigi Schiavo helfen läßt. Er schreibt an die Verwalter, trifft Verabredungen, vereinbart Termine für Zusammenkünfte, sucht die Beichtväter aus, setzt sogar das Eintrittszeremoniell fest. Nichts überläßt er dem Zufall.

Bis jetzt könnten wir meinen, uns noch auf bürokratischem Gelände zu befinden – wenn es sich auch um eine äußerst genaue und gewissenhafte Bürokratie handelt.

Doch nun geht Karl sogar noch so weit, daß er sich um die Bedingungen kümmert, unter denen seine «Töchter» zu reisen haben. Tatsächlich empfiehlt er ihnen, da sie sich auf die Reise nach Este begeben, dieselbe in zwei Etappen zu machen, mit Übernachtung in Padua. Und er ordnet an, daß sie sich in den frühesten Morgenstunden auf den Weg machen sollen, um die große Hitze jenes Sommers zu vermeiden.

Es mag einem als ein Paradox erscheinen. Dieser Mann schickt die Schwestern – darunter auch Zwanzigjährige – unbekümmert unter die Cholerakranken (so geschehen während der entsetzlichen Epidemie des Jahres 1855). Und andererseits sorgt er sich darum, daß sie nicht zu sehr den Strahlen der Sonne ausgesetzt sein mögen . . .

Und doch gibt es eine perfekte Logik in diesen anscheinend so widersprüchlichen Haltungen.

Handelt es sich um den Dienst ihrer barmherzigen Mission, in Situationen der Gefahr, so weiß Karl, daß es Gott zusteht, die Schutzmaßnahmen zu treffen, wenn er will. In solchen Notfällen ist er eben der Verantwortliche.

Geht es aber um die Gesundheit, den Schlaf unter normalen Bedingungen, so hat Gott nichts mehr damit zu tun. Die Menschen sind ja schließlich auch zu etwas da. Und das Herz, der gesunde Menschenverstand, die Augen wurden gerade deswegen dem mitgegeben, der für Menschen verantwortlich ist.

In solchen Fällen ist sich Karl darüber klar, daß er Vorsorge zu treffen hat. Schließlich ist es ja Aufgabe des «Vaters», sich auf die Seite des Lebens zu schlagen, das Leben zu schützen.

Also ist alles andere widersinnig. Er hat sehr klare Vorstellungen über die Rollenverteilung. Er ist nicht einer von denen, welche die Aufgabe, die Gott gerade ihnen anvertraut hat, auf Gott «abzuwälzen» suchen.

Seine Theologie ist recht präzise in dieser Hinsicht.

Der arme Held und die reiche Null

Eines Maimorgens, im Jahre 1852, ließen sie ihn aus seiner Wohnung in Corte S. Salvar holen.

Im Regierungspalast stand er dann dem Marschall Radetzky von Angesicht zu Angesicht gegenüber, welcher ihm von seiten der österreichischen Regierung das goldene Kreuz mit Krone *pro piis meritis* überreichen sollte.

Das Ganze kam nicht völlig überraschend. Seit einiger Zeit hatte er beharrliche Manöver um seine «arme Person» bemerkt, die von wichtigen Persönlichkeiten durchgeführt wurden, welche dann, ihrerseits, «an höchster Stelle» Bericht erstatten mußten.

Es war ihm nicht gelungen, sie alle zu verscheuchen, schon um nicht unhöflich zu erscheinen.

Als man ihn darum gebeten hatte, sein Curriculum zu schreiben, hatte er – wie wir bereits gesehen haben – einen lakonischen «Waschzettel» auf die Beine gestellt, der ganz offensichtlich in aller Eile und Verlegenheit geschaffen worden war.

Dieser flüchtige, kurze Text hatte die hohen Regierungsfunktionäre dazu veranlaßt, ihre Untersuchungen im Kreise seiner Freunde anzustellen. Und auf diese Weise kam eine dermaßen überzeugende Dokumentation zustande, daß eine öffentliche Ehrung voll und ganz legitimiert werden konnte.

Und so war also Don Steeb weiter in diese Sache verwickelt und wußte nicht, wie sich davon befreien, oder mochte es auch nicht mehr tun.

Er identifizierte sich ja nunmehr bereits mit dem Institut, und es erschien ihm nicht gerecht, eine Anerkennung zu verweigern, die, im Grunde genommen, «der armen Null» nichts hinzusetzte, wohl aber, wenigstens zum Teil, seine Töchter für die bittere Medizin entschädigte, die sie zu Beginn und bei Weiterführung ihres Werkes zu schlucken bekamen.

Und so standen sich also zwei alte Männer gegenüber. Der Marschall zählte 86 Jahre, Don Steeb 79.

Das Urteil über die Gestalt von Radetzky ist immer auf Widerspruch gestoßen. Einge bezweifeln sogar seine militärischen Fähigkeiten und definieren ihn geringschätzend als den «Flüchtling von Ulm»! Andere hingegen behaupten, daß er sich seine ruhmreiche Karriere im Schweiße seines Angesichts Sieg um Sieg erkämpft habe.

Da gibt es welche, die in ihm nur einen «grausamen Henker» sehen, einen sturen, sadistischen, kleinen Spieß, der grob und brutal war. Andere hingegen definieren ihn als einen «großen Herrn, rauh, aber großmütig ... ein altes Schlachtroß, gewitzt und entschlossen».

Sicher jedoch ist eines: er glaubte nur an das Schwert und an die Disziplin. So wie es auch allgemein als bekannt gilt, daß er mit den Kanonen ... schnell bei der Hand ist. Weshalb er sich in allen Ländern Europas so recht verhaßt gemacht hat.

Karl hingegen kennt keine andere Kraft als die der unbewaffneten Schwäche.

Seine Strategie ist ausschließlich die der Barmherzigkeit! Im Duell fordert er nicht auf Säbel, sondern auf Liebe.

Seine einzige Waffe ist die Sanftmut. Eine Sanftmut, die

nur dank einer außerordentlichen inneren Freiheit und eines vollkommen geistlichen Friedens möglich ist.

«Selig sind die Sanftmütigen, denn sie werden das Land zum Besitz erhalten» (Matth. 5, 5).

Radetzky gibt sich der Illusion hin, das Land zu besitzen, das er unter Blutvergießen und Schlachten erobert hat.

Karl gibt sich mit dem Besitz jener kostbaren Erde zufrieden, die das menschliche Herz bedeutet.

Daher hört er unbewegt zu, wie die vom Kaiser Franz-Joseph unterschriebene Urkunde verlesen wird: «Ich, der Unterzeichnete, verleihe dem Priester Karl Steeb das goldene Kreuz mit Krone in Anerkennung der Verdienste, die er sich durch sein Wirken für die leidende Menschheit erworben hat.»

Als er mit seinem schleppenden Schritt in seine ärmliche Wohnung zurückkehrt, hat noch niemand etwas erfahren! Erst am 3. Juni wird die Bevölkerung von Verona durch den Lokalanzeiger über jene Zeremonie unterrichtet.

In der Meinung des Volkes wurde das Ereignis vorbehaltlos gebilligt, obwohl von einer Regierung inszeniert, deren Beliebtheit beim Volk mit schwindelerregender Geschwindigkeit immer mehr abnahm und der offenen Feindschaft zusteuerte.

Noch einmal stellt sich Karl, der demütige Priester, der die Armen auserkoren hatte, über die Parteien. Und die heftigsten Antagonismen stimmen, wenigstens einen Augenblick lang, darin überein, sein Werk zu billigen und zu belohnen.

Er jedoch blieb nicht lange stehen, um das goldene Kreuz zu bewundern.

Bald würde sich das makabre Kreuz von Belfiore vor seinem Blick abzeichnen. An einem der Galgen, neben dem des Priesters Grazioli, hängt ein Freund von ihm, Carlo Montanari.

Es sind nicht die goldenen Kreuze, in deren Licht Karl die Bilanz seines Lebens zu ziehen pflegt.

Er war in sein Quartier in Corte S. Salvar zurückgekehrt.

Wenn seine Gebrechen es ihm erlaubten, so ging er mühsam, zu Fuß, ins Lazarett oder ins Hospiz. Etwa eine halbe Stunde Weg.

Ansonsten bediente er sich eines Laufburschen, der seine Briefe bestellte.

Es bedurfte schon großer Überredung, ihn aus seiner Einsiedelei herauszureißen und davon zu überzeugen, im Mutterhaus Wohnung zu nehmen. Gegen Ende des Jahres 1853, nach dem Ankauf des Hauses des Signor Bianchi, gab er endlich nach. Ausschlaggebende Gründe waren: der Zustand seiner Beine, die ihn kaum noch zu tragen vermochten, die Verschlechterung der politischen Lage, die sich wie Gewitterwolken gleich über der Stadt zusammenballte und nichts Gutes ahnen ließ.

Seine Gegenwart, obwohl so zurückhaltend und verschwiegen, teilte sich seiner Umgebung mit. Er war ein erleuchtendes, vertrautes Zentrum für alle.

Sein Tageslauf spielte sich fast vollkommen in dem Zimmerchen ab, das von dem großen Kruzifix beherrscht wurde; dort nahm er Beichten ab, gab Ratschläge, erteilte die Absolution, betete. Dieser oder jener spähte sogar verstohlen durch die Ritzen in den Wänden, um ihn beim Beten zu betrachten.

Der Friede jener Jahre wurde jedoch unversehens von der Cholera zerstört: Das geschah im Sommer 1855*.

In der Regel hieß es: «Sie sollen die niedrigsten und anstrengendsten Arbeiten wählen, die abstoßendsten, die, welche andere ablehnen ...» Die schreckliche Epidemie bot in dieser Hinsicht große Arbeitsmöglichkeiten und bildete einen ausschlaggebenden Test in diesem Sinne.

* Bereits im August 1849 hatte es eine traurige Vorankündigung der Seuche gegeben, die zahlreiche Opfer gefordert hatte.

«Der Gründer und die Mutter hatten keine Mühe, Personen für die Betreuung der Kranken im Lazarett aufzutreiben: alle Schwestern baten auf den Knien um die Gnade, den Cholerakranken dienen zu dürfen. Doch da man sie nicht allesamt entbehren konnte, suchten sie die Widerstandsfähigsten aus, die, welche nach ihrer Ansicht am meisten geeignet waren, die Strapazen einer ununterbrochenen Anstrengung zu ertragen» (G. Casetta, *op. cit.*, S. 509–510).

Vier Schwestern gingen also in «Quarantäne» und bald folgten ihnen zwei weitere nach.

Die Älteste zählte vierundzwanzig Jahre, die Jüngste neunzehn! Schwester Modesta hatte am Morgen des 7. August das religiöse Gewand angelegt und am Nachmittag desselben Tages war sie bei den Cholerakranken. Während sie noch in der Kirche weilte, um zu beten, hatte die Mutter sie rufen lassen:

«Meine Tochter, geh in die Kapelle zurück, tritt nah an das Tabernakel heran und leiste das Opfer deines Lebens, denn ich muß dich ins Quarantänelager führen und du könntest die Krankheit bekommen und noch sterben, ehe es Abend wird . . .»

Es ist Schwester Modesta selbst, die da erzählt: «Alle Abende kam die Gründerin uns besuchen; sie ließ uns in den Hof kommen, jeweils zu zweien oder dreien, um uns ein wenig Mut zuzusprechen, und damit wir auch ein wenig freier atmen konnten . . .»

Doch überall gab es zu tun. Im Spital waren über sechshundert von der Epidemie angesteckt.

Im Laufe dreier Monate verzeichnete man in der Stadt über eintausendzweihundert Fälle, davon siebenhundertneunzehn mit tödlichem Ausgang.

Als endlich die Plage der Cholera zu Ende ging, begann eine ganze Reihe schwerer Schicksalsschläge auf Karls Schultern herniederzuhageln.

Viele der Schwestern hatte die entsetzliche Erfahrung der Epidemie psychisch völlig zermürbt.

Bald starb dann noch die Novizenmeisterin, die auch Oberschwester im Spital war.

Zwei blutjunge Schwestern waren in den beiden Monaten zuvor gestorben.

Doch der schwerste Schlag sollte noch kommen. Und er schien ihm den Atem zu nehmen, die wenigen Energien, die noch in diesem von seinen Gebrechen erschütterten Leib verblieben waren.

Während der letzten Jahre hatte die Gesundheit der Stifterin zu ernsten Sorgen Anlaß gegeben. Andererseits war sie ja immer kränklich gewesen (in ihrer Familie hatte die Schwindsucht mehrere Opfer, auch jugendliche, gefordert).

Während der Monate der Cholera mußte Luigia Poloni oft die Zähne zusammenbeißen, um von ihrer Schwäche nicht überwältigt zu werden.

Eines Tages hatte sie dann eine verdächtige Schwellung an der Brust bemerkt. Leider wußte sie, was Krebs war, da sie ja täglich im Krankenhaus Erfahrungen sammelte.

Sie beschloß, Don Steeb darüber zu informieren. Er wollte es kaum glauben und schickte sie zum Arzt.

Es wurde ein sofortiger chirurgischer Eingriff beschlossen.

Ganz spontan schickte man sich allgemein zum Beten an, nicht nur im Institut, sondern auch in zahlreichen Familien der Stadt.

Karl, der es nicht fassen konnte, drang in den Herrn, er möge ihn nehmen, der ja bereits alt und verbraucht sei, und dafür seiner Familie die weitaus nützlichere Mutter lassen.

Als Luigia Poloni auf dem Operationstisch lag, umklammerte sie das Kruzifix . . . als einzige Anästhesie.

Der «Vater» hatte währenddessen die Schwestern in der Kirche versammelt und durchlebte mit ihnen dort jene nichtendenwollende Dreiviertelstunde der Angst.

Der Arzt berichtet: «Die Operation dauerte lange, die Patientin verlor viel Blut, erlitt ungeheure Schmerzen, welche sie ohne einen Laut der Klage mit großer Tapferkeit ertrug.»

Drei Tage später, als der Verband abgenommen wurde, mußte man sich dem beugen, was da nur allzu offensichtlich war: Das Übel hatte nicht haltgemacht, sondern weiter um sich gegriffen.

Es wurde eine Behandlung für extreme Fälle versucht: das Verätzen. Das Auftragen des Ätzmittels auf die bloße Wunde sollte sich als noch grausamer erweisen als die Operation selbst.

Ehe sie sich dieser Tortur unterzog, bat Mutter Vinzenza Schwester Mansueta:

«Wollen wir doch dieses Sofa nahe ans Fenster stellen, damit sie mehr Licht haben ... Und nimm das Bild vom heiligen Joseph und stell es vor mich hin, damit ich es ansehen kann, während der Arzt seine Arbeit tut ...»

«Vierzig Tage lang sah sie dem Tod ins Angesicht und mühte sich bei ihren Tätigkeiten ab, das heißt der Leitung des Hauses und den Vorbereitungen für die Stiftung von Monselice. Der Gründer und die Schwestern glaubten, mit ihr zu sterben, die sich ihrerseits sehr zusammennahm, um ihre Lieben bei dem Glauben zu lassen, es gehe ihr gut» (G. Casetta, *op. cit.*, S. 526–527).

Da sie ihren Töchtern, deren große Abgespanntheit ihr bekannt war, nicht noch zusätzliche Arbeit verschaffen wollte, stand sie des Nachts auf, um das Verbandzeug zu waschen, das der Behandlung ihrer Wunde diente.

«Eines Tages ließ sie sich all ihre kleinen Habseligkeiten bringen und verteilte sie unter die ‹Töchter›, wobei sie eine jede dieser armseligen Gaben mit tief aus dem Herzen kommenden Worten begleitete.»

«Ein anderes Mal bat sie darum, daß man ihr die abgetragensten Kleider bringe, die man im Hause habe; sie wählte davon die schlechtesten aus und befahl, daß man ihren armen Kadaver damit für die Beisetzung einkleiden solle. Und das war ihr noch nicht genug. ‹Arm bin ich›, sagte sie wiederholt, ‹und wie eine Arme will ich sterben und begraben werden.› Sie bestellte einen sehr billigen Sarg, verbot, daß man sie mit Pomp zum Friedhof begleite, und meinte, daß ein Laternlein ausreichen würde . . .» (Mario Vanti, *op. cit.*, S. 295).

Sie rief alle im Mutterhaus weilenden Schwestern zu sich (denen der Tochterhäuser hatte sie es untersagt, herzukommen: Der Dienst an den Armen und Kranken war wichtiger).

Das Sprechen fiel ihr äußerst schwer, doch mit großer Anstrengung brachte sie diese Worte hervor:

«Meine Töchter, nur eins lege ich euch ans Herz: die Nächstenliebe. Darin besteht mein Testament. Haltet es so, daß die Nächstenliebe unter euch herrsche und ihr euch gegenseitig liebt und achtet. Wenn es erforderlich ist, so macht einander schonend auf eure Fehler aufmerksam, doch beschuldigt euch nie. Seid stets bereit zur Versöhnung. Die Nächstenliebe ist die Tugend, die ich immer in unserem Institut zu erhalten getrachtet habe. Ihretwegen habe ich den Schlaf, den Appetit, die Gesundheit verloren. Sechzehn Jahre lang habe ich gekämpft, um sie fester in unserer Gemeinschaft wurzeln zu lassen, wobei ich kräftig mit dem Teufel zu ringen hatte, der sie zu stören versuchte. Nun, es ist mir gelungen, und ich bin wirklich froh, so gehandelt zu haben.

Meine Töchter, denkt daran, daß ihr alle arm seid, und daß man euch hier ohne eine Mitgift zu verlangen aufgenommen hat. Wenn ihr euch wie Schwestern liebt, und wenn Gott an mir Barmherzigkeit übt und mich in jenem seligen Vaterland aufnimmt, so werde ich mich eurer erinnern, werde eure Fürsprecherin vor dem Throne des Herrn sein, damit euch nichts mangele, sowohl am Geiste wie auch am Leibe . . .»

Sie segnete sie alle und verabschiedete sie. Dann gab man ihr die Krankenölung.

Zwei Tage danach stand Karl ihr in ihrem Todeskampfe bei. Als er die Hand erhob, um ihr die Absolution zu erteilen, deutete auch die Kranke eine Segensgeste an, was sie «mit heiterer Miene tat». Wenige Augenblicke später schloß sie die Augen. Es war der 11. November 1855. Sonntag. Sie zählte dreiundfünfzig Jahre.

Der Arzt, der sie behandelt hatte, konnte sich nicht der Bemerkung enthalten: «Ihr Leben war einzig und allein in die Tat umgesetztes Evangelium.»

Es ist nicht schwer, sich Karl Steebs Gemütszustand auszumalen.

Gerade als er zur Ruhe gekommen war, weil das Institut nunmehr bereits in der Lage war, sich zügig auf eigenen Beinen zu bewegen, da er endlich abseits stehen durfte, erleidet er plötzlich diesen schweren Verlust, der alle Pläne über den Haufen wirft und alle Vorhersicht zunichte macht.

Er hatte doch immer gewünscht, sich zurückzuziehen – so wie es der Ozean tut, um die Kontinente auftauchen zu lassen, – damit die anderen Platz bekommen. Und nun, da er bereits zweiundachtzig Jahre alt ist und seine Kräfte auf ein kleines Flämmlein niedergebrannt sind, muß er sich noch einmal «in den Vordergrund drängen», die Last einer Zukunft auf sich nehmen, die seinen Plänen brutal widerspricht ...

«Wenn Gott etwas ausradiert, so geschieht es, weil er etwas schreiben will», versichert Bossuet.

Karl hat in seinem Leben nichts anderes getan, als jene geheimnisvolle und einsatzerfordernde Schrift aufzuschlüsseln – nach dem Geheimcode des Glaubens.

Und auch dieses Mal, da er noch ganz wund ist von dieser brutalen Ausradierung, die ihn ins Herz getroffen hat, beugt er sich nieder, um zu entziffern, was Gott wohl von dieser *armen Null* will.

... Doch wie kantig, scharf und ... wenig zierend ist diese Handschrift!

O ja. Es handelt sich um einen «unverbesserlichen» Gott, der auch einem alten Mann von zweiundachtzig Jahren, der nicht mehr weiter kann, neue Lasten aufbürdet.

Nach Hause

Léon Bloy hat gesagt: «Es ist klar, daß Jesus, in seiner Eigenschaft als *Pontifex,* die Absicht hat, mich genau so zu erproben, wie Ingenieure eine Brücke erproben, das heißt dadurch, daß er mir die schwersten Lasten aufpackt.»

Auch Karl Steeb muß den Eindruck haben, daß er noch einmal von diesem «Brückenbauer» einer solchen Probe unterzogen wird.

Auf jeden Fall hatte auch er anläßlich des Dramas, das Luigia Polonis Tod bedeutet hatte, keinerlei Zeichen der Angst oder Verlorenheit von sich gegeben.

Er machte einen ruhigen, heiteren, langmütigen Eindruck, war mit allen sehr umgänglich.

Was ihn diese Ruhe gekostet haben mag, das dürfte man wohl ermessen können, wenn man außer den zuletzt erlebten Erschütterungen auch seinen Gesundheitszustand berücksichtigt.

In den Spitälern jener Zeit wütete die «Anstaltsgangräne», die jemanden wie ihm, der Ulzerationen an den Beinen hatte, den Tod bringen konnte. Dennoch hat Don Steeb ganze Jahrzehnte lang gewohnheitsmäßig diese Orte aufgesucht. Seine Beine waren ständig offen, die Wunden oft vereitert. Dazu kamen noch seine Leberkoliken, das Bronchialasthma und die Schlaflosigkeit. Wenn man das alles zusammenzählt, so wird man sich darüber klar, wie sehr Karl sich seit vielen Jahren – anhand grausamer täglicher Übungen – darauf trainiert hatte, stets – wie man so sagt – «sich gleich zu bleiben».

Es handelt sich bei ihm also um eine Ruhe, die er nicht dadurch erreicht hatte, daß er sich aus den stürmischen Zonen heraushielt, sondern gerade dadurch, daß er mitten darin gelebt hatte. Sein Gleichgewicht erstaunt uns, da es sich aus der Zerbrechlichkeit eines kranken Körpers einerseits und den Stürmen der äußeren Geschehnisse andererseits ergab.

Es war erst ein Monat nach Luigia Polonis Tod vergangen, als man, in Anwesenheit des Bischofs, Msgr. Riccabona, zur Ernennung der neuen Mutter schritt. Die Wahl fiel auf Lucilla Ambrosi (elf Stimmen von siebzehn). Das Institut konnte also unter einer sicheren Führung weiterlaufen.

In Verona, wo gerade der Alptraum der Cholera aufgehört hatte, atmet man auf und feiert an allen Ecken und Enden das Fest der Unbefleckten Empfängnis.

Karl hegt eine geheime Hoffnung: die neue Kirche einweihen zu können, die ja der Unbefleckten gewidmet ist, und dort die Messe zu zelebrieren.

Der Bau erhebt sich gerade dort, wo früher der Garten des Signor Bianco war.

Von Bresciani ist diese Bemerkung: «Er schleppte einen elenden Rest Leben mit sich herum.»

Doch die Energie und das Licht, das noch aus diesem fast verloschenen Leib ausstrahlt, haben etwas Wunderbares an sich.

«Er fährt fort, sich um die Gründungen und die einzelnen Schwestern zu kümmern; er diktiert Briefe, deren Ton noch erstaunlich lebhaft ist, die Zeugnis von seiner unveränderten Willensstärke ablegen und seinem stets lebhaften Tatendrang» (G. Casetta, *op. cit.*, S. 543).

Im November erscheint sein Gesundheitszustand allerdings verzweifelt.

Doch unglaublicherweise fängt er sich noch einmal. Er nutzt die Gelegenheit aus, um die Beendigung der Arbeiten im Innern der Kapelle energisch vorwärts zu treiben.

Und am 8. Dezember kann er auch diesen letzten Traum verwirklichen.

Er ist es, der beim Morgengrauen die erste Messe in der neuen Kirche zelebriert. Nur die Schwestern sind zugegen. Er hat es so gewollt. Er ahnt, daß es seine letzte Messe sein wird.

Erst nach dieser Feier im Familienkreis werden die Türen dem Publikum geöffnet und Karl selbst unterhält seine Gäste.

Bresciani kommentiert dazu: «Wenn man nur einen Augenblick lang sagen kann, daß das Paradies auf Erden sei, so war es dieser Augenblick.»

Um die Mittagszeit, als die letzten Ehrengäste gegangen und die Freunde verabschiedet waren, entschuldigte sich Don Steeb bei Schwester Mansueta:

«Sagt Schwester Giuseppina, daß ich mich hinlege. Ich bin müde, außerdem fühle ich mich nicht wohl.»

Den ganzen Vormittag muß er sich übermenschlich angestrengt haben, um sich auf den Beinen zu halten.

Am 14. Dezember ruft er die im Mutterhaus anwesenden Schwestern zu sich:

«Geliebte Töchter, ich habe euch diese Kapelle eingerichtet, ehe ich sterbe. Ich habe eure Freude gesehen ... Nun werdet nicht traurig: bald werdet ihr mein eigenes Opfer gemeinsam mit dem Meßopfer darbringen.»

Schwester Mansueta scheint mir die Szene am glaubwürdigsten zu beschreiben, so ganz in aller Schlichtheit im Stile von Karl: «Der Gründer wollte uns um sich haben, und indem er die Rechte hob, von Don Giacomo gestützt, richtete er ein inständiges Gebet für das Institut zum Himmel, segnete die Anwesenden, die Abwesenden, die Kommenden. Ich hatte das Glück, an seiner Seite zu stehen!»

Während der Nacht steht ihm sein Freund, Pater Bresciani, bei, und Don Giacomo Salvi, ordentlicher Beichtvater.

«Der vom Brenner gekommene Samariter» beendet seine Reise um drei Uhr in der Nacht.

Es hätte eine kurze Reise werden sollen. Eine Handelsreise. Statt dessen hat sie sich weit länger hingezogen, als seine Angehörigen es vorgesehen hatten. Und ist in einer ganz unerwarteten Richtung verlaufen.

Es hat Überraschungen, unvorhersehbare Wendungen gegeben auf dieser Reiseroute. Begegnungen, die im Reiseprogramm nicht vorgesehen waren.

Es hat einen Traum gegeben, dem er mit der Naivität eines Knaben und der Hartnäckigkeit eines Deutschen nachgegangen ist, bis er ihn in der Welt der Wirklichkeit durchgesetzt hat.

Doch vor allem war sein Weg von ausgestoßenen Menschen überlaufen. Und er hat sie Tausende von Malen vollführt, jene Geste, mit der er sich über das Elend der Menschen «neigte», bis sein Leib daran zerbrach.

Dieser schweigsame Samariter, dieser Fremde, der die Rückreise versäumt, dieser Neuankömmling, der stets einer der ersten ist, dieser Mann, der seine eigenen Angelegenheiten und regelmäßig sich selbst vergißt, beschließt seine Fahrt am 16. Dezember 1856.

Diesmal, nach dreiundachtzig Jahren, ist es ein anderer, der sich über ihn «neigt».

Karl ist nach so langer Zeit heimgekehrt.

Und da ist der Vater, der ihm lächelnd einen herzlichen Empfang bereitet. Er hat das Erbe für ihn aufbewahrt...

Er ist ein Vater, der eine besondere Schwäche für Söhne dieses Schlages hat, die es nie lernen wollten, «sich nur um ihre Angelegenheiten zu kümmern», die dem gesunden Menschenverstand immer zuwiderhandeln, die anscheinend die «schlechte Gesellschaft» der Armen absichtlich suchen, die ständig über ihren Nächsten stolpern...

Es ist die Begegnung nach dem ausdauernden Warten der beiden Beteiligten.

Da die Reise beendigt ist, darf man sich zu Tisch setzen.

In dem Saal, wo das Tafelgelage stattfinden soll, und wo es von einer Unmenge seltener Individuen wimmelt, gibt es einen Ehrenplatz für «eine arme Null», für eine Null mit Herz.

Hier muß Karl Steeb sich zum ersten Male bei seinem Lieblingsspiel für besiegt erklären.

Ein unermeßlicher Lichtstrahl ist auf ihn gefallen.

Man hat ihn «erkannt». Bei Namen genannt.

Zum letzten Mal hat Gott etwas «ausradiert» und darunter kommt zum Vorschein, was er seit Ewigkeiten dort geschrieben: der Name des Karl Steeb.

Diesmal hat es keinen Sinn mehr, sich zu verstecken.

Das Senfkorn

Paul Claudel hat folgende Inschrift auf seinen Grabstein ritzen lassen:

Hier ruht
die Hülle und der Same
Gottes

Dieses Wort paßt ausgezeichnet auf die Gestalt und das Werk von Karl Steeb.

Sein Leben belegte das Bild des Evangeliums vollkommen, das von dem Samen spricht, der da zu vergehen, unter der Erde zu verwesen habe, um Keimlinge zu treiben und Frucht zu tragen.

Keiner mehr als er hat Geschmack daran gehabt, sich zu verbergen, keiner mehr als er hat die Tiefe geliebt.

Er hat zu warten verstanden, ohne jemals auf seine Träume zu verzichten.

Es ist ihm gelungen, sehr weit voraus zu sehen, ohne darüber des Augenblicks zu vergessen, ohne deswegen den anstrengenden täglichen Einsatz zu umgehen.

Er war fähig gewesen, Geschehnisse «vorwegzunehmen», ohne je den Anschluß an die Wirklichkeit zu verlieren.

«Die Berufung zum Propheten wird glaubwürdig, wenn ein Mensch sich selbst vergißt, um nur die in der Demut erprobte Liebe sprechen zu lassen» (P. Talec).

In diesem Sinne hat Karl Steeb die Berufung und die Statur eines Propheten.

Doch es geschah vor allem nach seinem Tode, daß man sich von der gewaltigen Aussaat dieses Zeugen der Barmherzigkeit Rechnung ablegen konnte.

Er selbst hat seine wunderschöne Vaterstadt nicht wiedergesehen. Doch dafür sollten seine «Töchter» dorthin kommen, die gerade in Tübingen zwei Häuser eröffnet haben.

Tatsächlich hat sich sein Institut nicht darauf beschränkt, die gut befestigten Grenzen von Verona zu überschreiten, sondern ist recht weit vorgedrungen: bis nach Berlin und nach Afrika, in die Schweiz und Lateinamerika, wobei es sich den beiden großen Gebieten der Assistenz und des Unterrichtswesens widmete.

Augenblicklich sind die Barmherzigen Schwestern etwa zweitausenddreihundert. Die Häuser des Instituts kommen auf zweihundertvierzig, wovon sich zweiundzwanzig außerhalb Italiens befinden.

Ich, der ich mich ein wenig bei ihnen auskenne, glaube dafür garantieren zu können, daß die «Töchter» eine grundlegende Lektion vom «Vater» gelernt haben: die des Schweigens. Ich könnte es auch so ausdrücken: die Fähigkeit, sich in Taten auszudrücken.

Ich mache mir die Bemerkung von Pater Mario Vanti voll zu eigen: «Der Geist dieses Instituts besteht darin, Gutes zu tun, ohne Lärm darum zu machen, denn der Lärm tut dem Guten nicht wohl. Gutes tun, und dann nicht mehr daran denken. Es vergessen, um ständig den Ansporn zu spüren, immer wieder von vorn anzufangen.»

Ich sehe die eine oder andere, wie sie leichtfüßig in die Krypta des Mutterhauses hinabsteigt. Sie zieht ein rotes Gardinchen beiseite, das die Urne mit Karl Steebs sterblichen Überresten verbirgt. Einige Augenblicke lang betet sie, dann folgt noch ein Moment des Schweigens, gleichsam als wolle sie sich eine Lektion ins Gedächtnis zurückrufen ...

Und schon geht sie wieder, auf Zehenspitzen, so wie er es mochte.

Und auf Zehenspitzen geht sie auch sonst. Um nicht das Gute zu «stören», das man tut.

Die Barmherzigkeit, so sagten wir, konjugiert das Verb «sich neigen». Und das ist ein Tätigkeitswort, das sich nicht mit großem Gelärme vereinbaren läßt, es drückt eine Geste aus, die stillschweigend ausgeführt werden muß.

«Wir übermitteln nur das, was wir leben. Leben geht nie verloren: Stets ist es fruchtbar, auch wenn es unterirdische Wege geht» (G. Bessière).

Über dieses gewaltige Vermächtnis an Leben, das Steeb hinterlassen hat, konnte man noch kein abschließendes Inventar aufstellen ... Täglich taucht eine weitere «Position» auf, eine wichtige «Hinterlassenschaft», ein erstaunliches Geschenk, eine Erinnerung, eifersüchtig von irgend jemand gehütet.

O nein. Man kann keine Inventur über das Leben machen.

Angesichts des Lebens hört man nie auf, zu bewundern.

Unser Leben beginnt heute!

Manch einer liebt das Papier. Besonders wenn es die gelbliche Patina des Alters aufweist. Da gibt es Menschen, die sich in Archiven, in Bibliotheken und Museen wohlfühlen, wo sie die Möglichkeit haben, herumzusuchen, Mappen durchzublättern, Dokumente einzusehen, Daten einzuholen, mehr oder weniger berühmte Namen zu entziffern und recht verwickelte geschichtliche Ereignisse zu entwirren.

Solche Menschen, die mit der Vergangenheit auf du und du stehen, sich mit viel Geduld und Genauigkeit erfordernden Untersuchungen abgeben, haben uns ein kolossales Monument von Karl Steeb errichtet. Und wir haben ihrer kostbaren Bemühung alle Anerkennung zu zollen. Die Arbeit dieser Gelehrten überzeugt vor allem da, wo es keine persönlichen Bewertungen gibt, sondern die Fakten in ihrer wesentlichen Struktur herausgearbeitet werden und wo, vor allem, die Geschehnisse in ihrer Evidenz sprechen sollen.

Dank dieser unermüdlichen Besucher von Archiven und Bibliotheken verfügen wir über einen «historischen, einen unantastbaren, konkreten Don Steeb», den man von allem Legendenhaften befreit und vor allem der Zeit, den Orten und seinen Werken nach gut eingeordnet hat, den man den Fehlinterpretationen entrissen und dem man seine wahre Authentizität wiederverliehen hat.

Ich hingegen kann mit solchen vergilbten Papieren nicht viel anfangen. Ich besuche zwar Museen, doch halte ich es nicht lange darin aus. Ich meine, dort zu ersticken. Ich bin nun mal für frische Luft.

Ich liebe das Leben, nicht das Papier.

Verstehen wir uns recht: Um nicht als Schwätzer zu gelten, habe auch ich mit Interesse die historischen Werke studiert, die Karl Steeb gewidmet sind. Mit aller Aufrichtigkeit kann ich behaupten, auch nicht ein Komma der vielen Dokumente unbeachtet gelassen zu haben. Ich habe sie analysiert, klassifiziert, habe mir Karteikarten zugelegt und sie auch ausgefüllt.

Und so habe ich also ein ruhiges Gewissen hinsichtlich der Vergangenheit, der geschichtlichen Wahrheit.

Trotzdem muß ich gestehen, daß ich es vorziehe, Auskünfte über Karl Steeb einzuziehen, indem ich die Gegenwart befrage.

Meine Forschungstätigkeit ist auf das Leben ausgerichtet, nicht auf die Archive.

Und deshalb trete ich, wenn ich Informationen benötige, in die Krankenhäuser ein, in die Sanatorien, die Schulen, die Irrenanstalten, und wende mich an die unzähligen «Töchter» dieses nach Verona verpflanzten deutschen Apostels.

Ich beobachte sie bei ihrem Tun. Und ich bemühe mich, aus ihren Gesten und Haltungen zu ersehen, wer dieser Karl Steeb war und welche Botschaft er der Welt gebracht hat.

Da gibt es die offiziellen Geschichtsschreiber des Instituts, nun gut. Doch wenn man es sich ein wenig überlegt, so entdeckt man, daß die wahren Historiker die Töchter des Gründers sind.

Alle Barmherzigen Schwestern sind *mitverantwortlich* für das Leben und die Gestalt des Karl Steeb.

So geschriebene Geschichte läßt sich nicht in die Schränke mit den Werken der Vergangenheit verstauen, sie dauert an, betrifft die Tageschronik, ergibt sich aus den gewöhnlichsten Verrichtungen, wie sie der graue Alltag erfordert.

Der größte Teil derer, die das Gottesvolk bilden, hat keine Zeit, Archive aufzusuchen, hat auch gar keine Lust, bei Fachkundigen anzufragen. Aber das macht nichts. Es gibt ja Hunderte, die die Geschichte verbreiten, die Botschaft der Barmherzigkeit überbringen.

Ein falsches Datum, ein hinkendes Zitat, ein gefälschtes Dokument spielt dabei kaum eine Rolle.

Wichtig ist bei diesen aus dem Leben gegriffenen Geschichten, sich nicht bei den Zügen eines Antlitzes zu irren, nicht die Größe eines Herzens zu verkleinern, kein Licht auszublasen.

Das wahre «Leben» von Karl Steeb wird von seinen Töchtern geschrieben, tagtäglich, und von keinem anderen. Sie sind die glaubwürdigsten Quellen, die aufschlußreichsten Dokumente, die überzeugendsten Texte.

Ich bin sicher, daß auch er, der Gründer, dieses Risiko auf

sich nimmt, seine Gestalt auf diese Weise in unserer heutigen Zeit verbreitet und übersetzt zu sehen.

Kurz: das Risiko des Lebens, nicht des bedruckten Papiers. Das Risiko der Aktualität, nicht des Museums.

Wollen wir von historischer Rekonstruktion sprechen, so vergessen wir nicht, daß die überzeugendste Rekonstruktion nicht aus mehr oder weniger vergilbtem Papier, aus Daten, aus Namen besteht, sondern, daß sie menschliches Material, lebende Gestalten erfordert: Arme, Hirn und Herz.

Ein Karl also, der den Fachleuten entwendet wurde – welche, dessen bin ich sicher, die ersten sein werden, die diesen Verlust begrüßen – und der all den Kleinen geschenkt wurde.

Ein Don Steeb, der von seinem Denkmal herabsteigt, um sich auf das Abenteuer des Heutigen zu begeben, um die Wege des Hier und Jetzt zu gehen.

Und alle haben die Möglichkeit – fast möchte ich sagen: das Recht –, ihn zu erkennen.

Auch er liebt das Leben, und nicht den Staub der Bücherregale.

Die Nische des Heiligen ist ihm zu eng, er braucht Bewegung.

Mehr als die Anwesenheit bei öffentlichen Feiern zieht er die auf der bescheidenen Bühne des harten täglichen Lebens vor, die gar nicht vom grellen Lampenlicht hervorgehoben wird.

Gleichsam als wolle er seinen Töchtern sagen: «Unser Leben beginnt heute!»

Ökumene der Armen

Das Leben des Karl Steeb hat sich unter dem Zeichen der Einheit abgespielt.

Der Mittelpunkt dieser Einheit kann leicht festgestellt werden. Es handelt sich dabei nicht um eine Idee, eine Formel, eine Doktrin, sondern um einen Menschen: Jesus Christus.

Die ausschlaggebende Bekehrung, das entscheidende Ereignis, die Neuigkeit – deren Datum gar nicht so leicht zu bestimmen ist – war die Bekehrung zum Christus.

Von jenem Augenblick an ist es ihm nicht mehr gelungen, die Liebe zu Gott von der Liebe zum Menschen zu trennen.

Von jenem Augenblick an hat er gespürt, wie dringlich es ist, den Abstand zwischen dem Worte Gottes und der leidenden Menschheit an annullieren, das heißt jener Gemeinschaft von Armen, deren Leiber das Zeichen und die Narben von der Sünde der Welt tragen.

Seine Verpflichtung, das Evangelium zu verbreiten, kam aus seiner Zuwendung zum Elend der anderen, einem Elend, das nicht «exkommuniziert» bleiben darf, das heißt von der Heilsbotschaft abgesondert.

Karl hebt den Bann auf, den der Egoismus und die Gleichgültigkeit verhangen hatten, und zögert nicht, sich bis zum Äußersten mit den Letzten, mit dem Abschaum der Gesellschaft zu kompromittieren.

Er kann es nicht dulden, daß die *Einladung* den rechtmäßigen Empfängern vorenthalten wird. Und damit diese Einladung eintreffe, identifiziert er sich mit ihnen, packt er sich ihre Last auf die Schultern. Die Aussöhnung zwischen Christus und der leidenden Menschheit, zwischen der Kirche und der Welt der Armen, kann nicht durch Gipfelkonferenzen erfolgen oder anhand von Taktiken, in «Studien- und Planungsämtern» ausgearbeitet, sondern einzig und allein auf der Ebene des Kreuzes, in dem Bemühen, die Last zu teilen.

Karl hat das Evangelium nicht mit Worten verkündet.

Sein Wirken geschah durch die Taten.

Und die Armen, die «trauten» natürlich diesen Taten.

Nun kann und muß Don Steeb auch unter den getrennten Christen Zeichen der Einheit und der Aussöhnung sein.

Er hat immer über den Parteien gestanden, obwohl er ... ganz offen für Christus und die Ärmsten der Armen Partei genommen hatte.

Man würde ihm einen äußerst schlechten Dienst erweisen, wollte man sich seines Abenteuers *bedienen* und es in polemischem Sinne ausnutzen, es als eine Waffe gegen das andere Lager verwenden. Oder aber, auf der anderen Seite, von vornherein die Substanz seiner Botschaft abstreiten, nur weil er auf die Seite des Gegners übergewechselt ist.

Es wäre ungerecht, seine Konversion auf eine «Wahl» der katholischen Kirche reduzieren zu wollen und dabei das viel weiter greifende, komplexere und tiefere Phänomen der täglichen Bekehrung zu übergehen, welche stets schwere Entscheidungen von ihm forderte und ihm immer neue und unbequeme Horizonte erschloß.

Es wäre kleinlich, wollte man seine Größe mit der Episode des Übertritts gleichsetzen, sei es um ihn zu verherrlichen oder zu bedauern – das heißt isoliert, losgelöst von all dem anderen, was er nach sich zog –, ohne der umwälzenden Bedeutung seiner *Kleinheit,* seines *Sichverlierens* tiefer nachzuspüren, angesichts derer wir alle fragwürdig werden – ausnahmslos.

Karl Steebs Zeugnis kann uns allen heilsam gefährlich werden.

Seine Botschaft schleudert ein gerüttelt Maß Gewissensbisse sowohl auf das eigene als auch auf das gegnerische Lager. Gerade weil es sich um eine Botschaft handelt, die sich über alle Trennungen und Polemiken erhebt und auf ein einziges Lager abzielt: die Kinder Gottes, das Erbteil Christi!

Wenn sich wirklich jemand Karls Leben zu eigen machen will, so möge er wissen, daß seine Gesellschaft, obwohl so rücksichtsvoll, durchaus nicht bequem und nicht frei von Beunruhigungen ist.

Geht man an seiner Seite, so wird man sich darüber klar, daß wir – allen «bewährten» Systemen zum Trotz – allzu oft vom Wege abkommen, daß wir nicht die vom Evangelium vorgezeichnete Bahn einhalten.

Zu zahlreich sind all die Beunruhigungen, die dieser Samariter um sich zu verbreiten weiß, als daß man sie nur einem der beiden Lager zuweisen könnte. So ist es also viel besser, daß wir alle uns «ihrer bedienen», und zwar reichlich, um einzugestehen, daß wir uns in unserer Ruhe stören lassen müssen.

Wir müssen in unserer falschen Sicherheit erschüttert werden, in unseren so bequemen Vorurteilen, bei unseren billigen Einteilungen.

Und vor allem müssen wir uns unserer grenzenlosen Dummheit bewußt werden, dem Hauptquell aller Vorurteile.

Vor kurzem ist eine Umfrage gehalten worden über Texte, die in katholischen Seminarien benutzt werden, über verschiedene protestantische Veröffentlichungen und über die Mentalität der «Praktizierenden» einer venezianischen Pfarrgemeinde.

Das Ergebnis bestand in etwa dreißig Vorurteilen der Protestanten im Hinblick auf die Katholiken und in neunundvierzig Vorurteilen der Katholiken im Hinblick auf die Protestanten.

In vielen Fällen ist der polemische Geist noch so vorherrschend, daß man es bei der Wahl der Argumente nicht so genau nimmt.

Und oft schreckt man nicht davor zurück, schmutzige Wäsche hervorzuholen ...*

Karl Steeb will an erster Stelle Zeichen der Einheit in dieser Aufforderung zur ... Ernsthaftigkeit sein. Was sagen soll: einander besser kennenlernen, die Dummheit exkommunizieren, Vorurteile in den Bann tun, das Mißtrauen austreiben.

Und dann gibt es diese zweite, leise, doch eindringliche Auf-

* Bei uns in der BRD mögen viele Dinge erheblich weiter entwickelt sein als in Venedig. Aber wer möchte behaupten, derartige Probleme existierten bei uns nicht mehr? N. d. R.

forderung: angesichts der Welt der Armen, der das Evangelium überbracht werden muß, können wir uns den Luxus unserer unfruchtbaren Polemiken, unserer eigensinnigen Meinungsverschiedenheiten nicht leisten.

Was unter unserer Spaltung zu leiden hat, das ist die Hoffnung der Armen, die stets zu kurz gekommen ist.

Die Überwindung der Dummheit und der daraus stammenden Vorurteile bedeutet also, sich zur Ernsthaftigkeit und zu gegenseitigem Respekt zu verpflichten.

Doch auch die Kontroversen (die im Lichte der heutigen Zeit gesehen einen Anachronismus darstellen) müssen überwunden werden aus der klaren Erkenntis der zu vielen Dinge, die es zu tun gibt, der zahlreichen Erwartungen, die bisher enttäuscht wurden.

So gesehen, müssen wir den Mut haben, die Frage an uns zu stellen: und wenn wir uns von den Armen *retten* ließen? Wenn wir einwilligten, alle *gemeinsam* in der Welt der Armen *zu Fall zu kommen*? Vielleicht würden wir alle uns als ein wenig *andere* wieder aufrichten. Anstatt unter uns selbst Trennungen vorzunehmen, würden wir uns nur in das Elend der anderen teilen. Und gerade das Kreuz des anderen zu teilen, kann das Zeichen der Einheit sein.

Wir sollen der Welt eine «frohe Botschaft» überbringen. Einverstanden! Doch dann müssen wir auch darin einwilligen, daß die Armen uns, tagtäglich, die «traurige Botschaft» bringen, daß sie noch immer darauf warten, das Evangelium zu empfangen ...

Ich meine, daß Karl Steeb uns gerade diesen Vorschlag unterbreiten möchte: Wie wäre es, wenn wir uns alle darauf einigen wollten, dieser Botschaft der Armen als einem «Evangelium» besonderer Art endlich unser Herz zu öffnen?

Einen Karl Steeb können wir den Barmherzigen Schwestern nicht als Alleinbesitz überlassen.

Er ist Zeichen der Einheit, wie wir sahen.

Das aber ist ein Zeichen, das selbst seine «Töchter» nicht monopolisieren können.

Er steht also oberhalb der Parteien. Doch auch über jeder Kongregations- und Gruppenpolitik.

Karl Steeb ist eine *öffentliche* Persönlichkeit, die dem ganzen Gottesvolk gehört und nicht von einem religiösen Institut für Privatzwecke beschlagnahmt werden kann.

Wir erlauben uns daher, ihn aus Gründen des öffentlichen Interesses zu enteignen. Andererseits haben die Schwestern keinerlei Schwierigkeit, diesen ihren kostbaren Besitz zu aller Verfügung zu stellen.

Ist der Vorhang der Feierlichkeiten wieder herabgelassen, das Festprogramm abgelaufen, sind die Mikrophone nach den Gedenkansprachen wieder ausgeschaltet, so entreißen wir den seligen Karl Steeb ruhig den Lichtern der Sankt-Peters-Kirche und lassen uns von ihm beim Aufstellen unserer Tagesprogramme beraten.

Er, dieser vom Norden gekommene Samariter, ist ein Fachmann der Reisewege. Unter den Kuppeln droht er zu erstikken, selbst unter der gewaltigen von Sankt Peter. Er braucht das Freie, denn längs der Straßen gibt es immer jemand, der ihn braucht.

Und wir könnten unter denjenigen sein, die da, beiseite gestoßen, auf das von der Vorsehung bestimmte Vorbeikommen dieses Samariters warten.

Wir,
die wir unserer Hoffnung beraubt sind,
denen man die Tränen genommen hat,
die wir verwundet sind, weil zu viele desertierten,

von Kompromissen geschwächt,
am Geschwätz verblutet,
jeder Andacht bar,
die wir nicht mehr im Gebet zu atmen wissen,
den Blick von Gleichgültigkeit getrübt,
halbtot vor Angst...

Wir brauchen eine kräftige Dosis vom Radikalismus des Evangeliums, wie Steeb es gelebt hat.

Wir brauchen seine Schocktherapie, die auf dem Achthaben auf Gott und dem Achthaben auf den Nächsten basiert.

Wir müssen sofort mit seiner Schweigekur beginnen, damit unser Gerede erträglich werde.

Karl ist eines Tages von daheim fortgegangen. Er ist nie wieder zurückgekehrt.

Sein Weg hat ihn sehr weit geführt, hat ihn in ein Abenteuer gestürzt, das gekennzeichnet war von ständigen Aufenthalten und einem «erregten Umhereilen», wobei er die Geste des «Sichneigens» und das Üben des «Sichversteckens» abwechselnd vollzog.

Christus hat gesagt: «Bleibt in meiner Liebe» (Joh. 15, 9).

Aber er hat auch erklärt: «Ich bin der Weg.»

Und nun handelt es sich darum, in der Liebe dessen zu bleiben, der der Weg ist.

Karl erläutert uns dieses Paradox des Evangeliums.

Um zu «bleiben», muß man zunächst «ausgehen». Aus sich selbst. Aus dem Hause unseres privaten Wohlergehens, aus der Sicherheit unserer Systeme, aus der Lauheit einer individualistischen und blutleeren Frömmigkeit. Nur dann können wir dem *anderen* begegnen.

Um zu «bleiben», muß man recht viel Wegs zurücklegen, auf sämtlichen Straßen des Menschen.

Karl Steeb regt uns dazu an, den grundlegenden Widerruf zu leisten: *Dem Egoismus abzuschwören.*

Danach kann man sich auf den Weg machen.

«... Er brachte ihn zu seiner Herberge ... Am anderen Tag zog er zwei Denare heraus und gab sie dem Wirt ...» (Luk. 10, 34–35).

Der Samariter, der da vom Norden gekommen war, hat keine Herberge aufgebaut, um dort möglicherweise Verwundete abzuliefern.

Er zieht es vor, Menschen aufzubauen, die wie er leidenschaftlich für die Mitmenschen empfinden, wie er innezuhalten vermögen, wie er die Angewohnheit haben, das Verb «sich neigen» zu konjugieren, wie er verstehen, sich selbst zu vergessen.

Und all diese Menschen tragen mit ihm den Titel von «Seligen». «Selig sind die Barmherzigen ...»

Als Dolmetscher hatte er begonnen, und in der Sprache der Liebe hat er sich allen verständlich machen können.

Vielleicht wäre es nicht schlecht, in unserer entmenschlichten Welt, in dem heutigen Sprachengewirr, diesen alten Dolmetscher noch einmal in Anspruch zu nehmen, der sich doch so gut verständlich zu machen wußte.

Wenn wir es wollen, kann er sofort beginnen.

Er ist bereit, unsere Träume zu «interpretieren». Das heißt, uns unsere Möglichkeiten zu zeigen.

Seine Lehre bedarf weder großer Hörsäle noch gelehrter Texte. Man braucht nur auf die Straße zu gehen. Und sich mit ihm, diesem alten Priester, der schleppend einhergeht – auf den Weg zu machen; mit Sicherheit weiß man dabei nur, daß man ... wer weiß wo enden wird ...

Karriere werden wir dabei allerdings nicht machen, so wie er es auch nicht getan hat.

Die Laufbahn des Samariters ist tatsächlich gekennzeichnet durch periodische Rückversetzungen, nicht etwa durch Beförderungen. Ein Samariter kommt nicht so sehr empor, er kommt vielmehr herunter, auf die Ebene dessen, der da auf ihn wartet, der ihn anruft, der da leidet.

Ein Samariter ist nie ein «Parvenü», denn er langt ja nie bei seinem Ziele an.

Und wir hinken immer nach, und das nun schon jahrhundertelang. Wahrscheinlich weil wir uns so sehr als «Emporgekommene» betrachten, haben wir den Weg für die Herberge gehalten (die Herberge unserer verpaßten Verabredungen).

Er, der Samariter, der sich in Wegen auskennt, bedeutet uns, daß man die Wahrheit nicht – hübsch eingepackt – an irgendeiner Straße findet. Die Wahrheit, die findet man, «indem man sie tut», wobei man ständig seinen Weg weitergehen muß.

Karl Steeb sagt uns, daß die aufregendste Entdeckung seiner so langen Reise im Grunde diese gewesen ist: *Nur Liebe ist Wahrheit.*

INHALTSÜBERSICHT